Dirk Jörke

Politische Anthropologie

Studienbücher Politische Theorie und Ideengeschichte

Herausgegeben von

André Brodocz, Technische Universität Dresden
Gary S. Schaal, Universität Stuttgart

Dirk Jörke

Politische Anthropologie

Eine Einführung

VS VERLAG FÜR SOZIALWISSENSCHAFTEN

Bibliografische Information Der Deutschen Bibliothek
Die Deutsche Bibliothek verzeichnet diese Publikation in der Deutschen Nationalbibliografie;
detaillierte bibliografische Daten sind im Internet über <http://dnb.ddb.de> abrufbar.

1. Auflage Dezember 2005

Alle Rechte vorbehalten
© VS Verlag für Sozialwissenschaften/GWV Fachverlage GmbH, Wiesbaden 2005

Lektorat: Frank Schindler

Der VS Verlag für Sozialwissenschaften ist ein Unternehmen von Springer Science+Business Media.
www.vs-verlag.de

Umschlaggestaltung: KünkelLopka Medienentwicklung, Heidelberg
Gedruckt auf säurefreiem und chlorfrei gebleichtem Papier
ISBN-13: 978-3-531-14908-0   e-ISBN-13: 978-3-322-80828-8
DOI: 10.1007/ 978-3-322-80828-8

Danksagung

Ohne die großzügige Förderung durch die Fritz Thyssen Stiftung für Wissenschaftsförderung, die mir auch einen Forschungsaufenthalt an der New School University, New York ermöglichte, wäre diese Arbeit wohl niemals entstanden. Ihr gilt mein erster Dank. Herzlichen Dank auch den Greifswalder Kolleginnen und Kollegen, die für ein ebenso angenehmes wie produktives Arbeitsumfeld Sorge tragen. Für Ermunterungen, hilfreiche Anmerkungen und kritische Kommentare zu einzelnen Kapiteln möchte ich mich bei Hubertus Buchstein, Bernd Ladwig, Stephan Moebius, David Strecker und den Teilnehmern des Greifswalder Kolloquiums zur Politischen Theorie bedanken. Selbstredend trägt allein der Verfasser die Verantwortung für verbleibende Schwächen. Einen besonderen Dank schulde ich Jonas Bauer, der mir bei der Korrektur des Manuskriptes wertvolle Hilfe geleistet hat. Schließlich möchte ich mich bei den beiden Herausgebern der Reihe Studienbücher Politische Theorie und Ideengeschichte, André Brodocz und Gary S. Schaal, bedanken.

Berlin, Oktober 2005
Dirk Jörke

Inhalt

Einleitung

Laut Immanuel Kant lassen sich alle Fragen der Philosophie in der einen nach dem Wesen des Menschen zusammenführen. Sie ist es, die uns in all unserem Streben nach Wissen, Gerechtigkeit und seelische Geborgenheit letztlich umtreibt. Am Ende des 20. Jahrhunderts und zu Beginn des neuen Jahrtausends hat diese Frage wieder Konjunktur und dies lässt sich auch als Zeichen einer Verunsicherung deuten. Der Mensch, so hat es den Anschein, ist uns fragwürdig geworden, er hat seine Konturen verloren, ist geradezu entzaubert worden. Künstliche Intelligenz, Gentechnologie und die Entdeckungen der Hirnforschung versprechen – oder drohen – unser Selbstverständnis und unseren Körper nachhaltig zu verändern. Doch nicht nur in den Feuilletons der Zeitungen findet seit einiger Zeit eine intensive Debatte über die Zukunft des Menschen statt. Er ist ebenso wieder zum Gegenstand der Geistes- und Sozialwissenschaften geworden, wovon zahlreiche Konferenzen und Publikationen zeugen.[1] Dies gilt nun auch für die politische Theorie. Vermehrt wird hier auf anthropologische Argumentationsmuster zurückgegriffen, etwa um die Überlegenheit liberal-demokratischer Regime und die Universalität der Menschenrechte zu rechtfertigen, oder aber auch um im Kontext der Debatten um Euthanasie, liberale Eugenik und künstliche Intelligenz möglichst präzise Kriterien für Beginn und Ende menschlichen Lebens zu gewinnen. Damit sind nur einige der Diskurse benannt, in denen der Rückgriff auf den Menschen in anthropologischer Allgemeinheit gegenwärtig wieder Anhänger findet. Man kann dabei geradezu von einer Renaissance der politischen Anthropologie sprechen. Auf den ersten Blick ist dabei verwirrend, dass gerade zu einem Zeitpunkt, an dem ‚der Mensch' seine Konturen zu verlieren droht, er innerhalb der politischen Theorie wieder Bedeutsamkeit erlangt. Dies kann man aber auch als eine Art Gegenreaktion auf eine postmoderne Verflüssigung des Humanen einerseits und der realen Gefährdungen andererseits interpretieren.

Die Ursachen dieser Renaissance und die Leistungsfähigkeit der gegenwärtigen Ansätze einer politischen Anthropologie sind Gegenstand dieses Studien-

---

[1] Hier sind die Sammelbände von Van Nispen/Tiemersma (1991), Fuchs/Göbel (1994), Honnefelder (1994), Weiland (1995), Barkhaus et al. (1996), Wils (1997), Brunner/Kelbel (2000), Czerwinska-Schupp (2003) sowie Fischer/Joas (2003) zu erwähnen; jüngst ist ferner ein Sammelband von Schmidinger/Sedmak (2005) erschienen, der seinerseits den zweiten einer auf sieben (!) Bände angelegten Reihe zur ‚Topologie des Menschlichen' darstellt.

buches.[2] In Zentrum steht dabei die Frage nach dem argumentativen Status, der anthropologischen Annahmen in der politischen Theorie zukommen kann. Denn dass der Rückgriff auf ein als unveränderlich wahrgenommes Wesen des Menschen eine politische Relevanz zukommen soll, ist vor dem Hintergrund einer starken Tradition der Anthropologiekritik durchaus erklärungsbedürftig.

Begriffsbestimmung

Der Begriff der ‚politischen Anthropologie' ist unscharf. Da ist zunächst ein Verständnis, wie es in der angelsächsischen, ethnologisch orientierten ‚anthropology' vorzufinden ist. Hier geht es gerade nicht um anthropologische Konstanten, seien sie nun körperlicher oder sprachlicher Natur, sondern um die kulturell gefärbten politischen Verhaltensweisen von Menschen in je spezifischen zeitlichen und räumlichen Kontexten. Eine politische Anthropologie in diesem Sinne versucht, die jeweiligen politischen Praktiken zu beschreiben und deutend zu verstehen.[3] Entgegen diesem angelsächsischen Begriffsverständnis wird im Folgenden jedoch ein Anthropologiebegriff zugrunde gelegt, der auf humane Universalien, mithin auf das Wesen des Menschen vor aller kulturellen Differenzierung abzielt.

Ist mit der Festlegung auf menschliche Universalien der Status des Anthropologiebegriffes geklärt, so bedarf es jetzt einer Bestimmung des Adjektivs ‚politisch'. Es existiert eine ganze Reihe von Bindestrichanthropologien; am prominentesten sind hier die biologische, ethnologische, philosophische und auch die strukturale Anthropologie. Dabei werden entweder je unterschiedliche Facetten des Menschen hervorgehoben (seine körperliche Konstitution, seine Sprachfähigkeit) oder es geht um einen spezifischen Blick auf den Menschen, der sich zwar der Ergebnisse etwa der biologischen Anthropologie bedient, diese jedoch zu systematisieren und in ein größeres Ganzes zu integrieren versucht, wie es bei den Vertretern der philosophischen Anthropologie der Fall ist. Schließlich gibt es mit der kulturellen und vor allem der historischen Anthropologie zwei Ansätze, die die Festlegung von anthropologischen Universalien ablehnen.[4]

Eine politische Anthropologie im hier zugrunde gelegten Verständnis schließt zunächst an die Vorgehensweise der philosophischen Anthropologie an.

---

[2] Die Beschränkung auf einige ausgewählte neuere Varianten der politischen Anthropologie hat zunächst praktische Gründe, die sich aus dem Umfang der Untersuchung ergeben. Dennoch wird der Anspruch erhoben, mit den hier vorgestellten Theorien zumindest die Hauptvertreter und grundlegenden Ansätze der gegenwärtigen Renaissance vorzustellen.
[3] Vgl. uva. Clastres (1976), Cohen (1978) und Claessen/Skalník (1981),
[4] Vgl. Rothacker (1944, 1965), Kamper (1973), Lenzen (1996).

Im Gegensatz zur ihr besteht der Gegenstand jedoch nicht in dem Menschen als Ganzem, sondern sie zielt auf die Begründung von politischen Werten und Institutionen mittels des Rekurses auf universelle menschliche Eigenschaften. Es handelt sich hierbei also gleichsam um eine Sonderform einer philosophischen Anthropologie, insofern es ja auch in dieser immer auch um die Rechtfertigung von Werten, Normen und Institutionen geht. Diese Besonderheit einer politischen Anthropologie ist nun darin zu sehen, dass sie auf die Rechtfertigung oder Fundierung grundlegender Rahmungen menschlichen Zusammenlebens abzielt, mit denen – in welcher Form auch immer – eine kollektive Zwangsgewalt einhergeht. Klassisches Beispiel hierfür sind rechtliche Normen. Aber auch bei der Begründung von überpositiven Menschenrechten können anthropologische Annahmen eine wichtige Rolle spielen.[5]

Nun ist an dieser Stelle eine weitere Differenzierung vorzunehmen. Es lassen sich implizite Anthropologien von expliziten unterscheiden. Im ersten Fall handelt es sich um grundlegende Annahmen über den Menschen, deren anthropologischer Gehalt jedoch nicht eigens thematisiert wird oder gar verneint wird. Ein Beispiel für eine derartige Vorgehensweise stellen die an Kant anschließenden Konzeptionen einer Diskursethik von Jürgen Habermas und Karl-Otto Apel dar. Bei dem Bemühen, eine gleichermaßen universalistische wie prozeduralistische Ethik zu fundieren, erscheint der Rückgriff auf anthropologische Universalien als eine inhaltliche, weil empirisch gesättigte Verunreinigung. Entsprechend bemühen sich beide Autoren, mit möglichst formalen Kriterien bei der Bestimmung des moralischen Gesichtspunktes auszukommen. Gleichwohl lässt sich bei beiden eine Art impliziter Anthropologie, „als mitgeführte, aber nicht weiter thematisierte und systematisch reflektierte Hintergrundvorstellung" (Rentsch 1999: 30), nachweisen.[6] Diese besteht in Annahmen über die menschliche Kommunikationsfähigkeit, deren Universalität jedoch von Kritikern bestritten wird.[7] Aber auch bei anderen Begründungsprogrammen lassen sich zumindest implizite Annahmen über den Menschen vorfinden, selbst dann, wenn diese explizit abgelehnt werden. Eine grundlegende Prämisse lautet daher, dass sowohl

---

[5] Dies wird uns in dem Kapitel über Otfried Höffe und Martha C. Nussbaum noch näher beschäftigen.
[6] Vgl. hierzu auch Rehbock (1997: 71 f.). Insbesondere bei Habermas ist der Status anthropologischer Annahmen jedoch sehr ambivalent. Von den Versuchen einer anthropologischen Grundlegung der Gesellschaftskritik in *Erkenntnis und Interesse* (Habermas 1968) über die mehr oder weniger deutliche Ablehnung inhaltlicher Kriterien im Rahmen des Begründungsprogramms einer Diskursethik (Habermas 1983) bis hin zur Vergegenwärtigung einer ‚Gattungsethik' in seiner jüngsten Stellungnahme zur liberalen Eugenik (Habermas: 2001) reicht das Spektrum anthropologischer Überlegungen; vgl. hierzu Honneth (2000: 66 f., 2003a, 2003b: 69 ff.) und Nolte (1984). Ich werde darauf im 5. Kapitel ausführlicher eingehen.
[7] Vgl. u.a. Welmer (1986), Rentsch (1999: 13 ff.).

Ethik als auch politische Philosophie ohne Annahmen über den Menschen, und sei es in negativer Absicht (der Mensch als das ,nicht festgestellte Tier'), nicht auskommen. Dennoch soll es auf den folgenden Seiten nicht vorrangig um den Nachweis derartiger impliziter Menschenbilder gehen.

Im Mittelpunkt der Untersuchung stehen somit diejenigen Ansätze, die mittels eines expliziten Rückgriffs auf Eigenschaften des Menschen in anthropologischer Allgemeinheit politische Regelungen und Institutionen zu rechtfertigen versuchen. Es ist diese Vorgehensweise, die hier als ,politische Anthropologie' bezeichnet werden soll. Dabei handelt es sich also um Begründungsprogramme, in denen von anthropologischen Universalien auf politisch-rechtliche Normierungen geschlossen wird. Diese erhalten somit ihre Legitimität durch den Verweis auf ihre universalistische Verwurzelung in der menschlichen Natur.

Überblick über die einzelnen Kapitel

Aussagen über den Menschen in anthropologischer Allgemeinheit sind von Beginn an ein grundlegender Bestandteil der politischen Ideengeschichte gewesen, obgleich das Wort ,Anthropologie' eine Erfindung der Neuzeit darstellt. Bereits bei Herodot und Thukydides lassen sich spezifische Menschenbilder finden, die ihnen als ein wesentlicher Bestandteil der Erklärung politischer Abläufe dienen. Zu einer gleichermaßen systematischen wie explizit normativen Wendung ist es bei Platon und Aristoteles gekommen; der Rückgriff auf anthropologische Bestimmungen liefert bei beiden die Basis der politischen Philosophie im Allgemeinen und der Rechtfertigung sozialer Hierarchien im Besonderen. Diese Argumentationsfigur wird trotz der bekannten Brüche mit dem antiken Weltbild in der Neuzeit beibehalten. Daran ändern auch die inhaltlichen Differenzen, etwa hinsichtlich eines vornehmlich pessimistischen Menschenbildes bei Hobbes und einer vorsichtig positiven Anthropologie bei Rousseau wenig. Das Unterfangen, unter Verweis auf ein vermeintliches Wesen des Menschen politische Ordnungsgefüge zu legitimieren, ist daher sowohl in der Antike wie auch in der frühen Neuzeit ein zentrales Merkmal politischen Denkens. Obwohl die großen anthropologischen Fundierungsversuche der Neuzeit mit den Namen Hobbes, Locke und Rousseau verknüpft sind, gehören Aussagen über die Natur des Menschen auch im 18. und 19. Jahrhundert zum Standardrepertoire der politischen Theorie, man denke hier nur an Kants berühmten Vergleich des Menschen mit einem ,krummen Holze' oder auch an Marx' Bestimmung des Menschen als produktives Gattungswesen. Einige Stationen dieser Ideengeschichte sind Gegenstand des ersten Kapitels. Neben der Darstellung grundlegender anthropologischer Begründungsprogramme wird es dabei auch um deren Gefahren gehen.

Einen neuen Schub hat die Anthropologie Ende des 19. Jahrhunderts im Fahrwasser der Untersuchungen Darwins zur Evolution des Lebens und der dadurch ausgelösten Entwicklung einer naturwissenschaftlich fundierten Biologie gewonnen. Waren frühe politische Anschlüsse vornehmlich polemischer Natur, so hat man sich in der ersten Hälfte des 20. Jahrhunderts um einen engeren Bezug zu den Ergebnissen der biologischen und ethnologischen Forschungen bemüht, wovon man sich nicht zuletzt eine naturwissenschaftlich gestützte Antwort auf die alte Frage nach dem Wesen des Menschen erhoffte. Im zweiten Kapitel werden mit Helmuth Plessner und Arnold Gehlen zwei Hauptvertreter der als philosophische Anthropologie bekannt gewordenen Denkrichtung vorgestellt. Die vergleichende Diskussion soll dabei nicht zuletzt der Illustration des unterschiedlichen Gebrauchs biologischer Theorien in normativen Überlegungen dienen.

An der philosophischen Anthropologie entzündete sich eine umfangreiche Kritik. Sie ist Gegenstand des nächsten Kapitels. Einflussreich ist hier insbesondere der von den Vertretern der Frankfurter Schule geführte Nachweis der grundlegend geschichtlich-gesellschaftlichen Existenzweise des Menschen gewesen, der Anfang der 70er Jahre erneuert wurde. Daran konnte dann der Vorwurf, Aussagen über vermeintlich anthropologische Konstanten besäßen zweifelhafte politische Implikationen, problemlos anknüpfen. Diese Kritik, folgt man Otfried Höffe, hat über lange Zeit zu einer Dominanz „nachanthropologischen Denkens" (Höffe 1992: 7) geführt. Aber auch der im Umfeld von Strukturalismus und Postmoderne proklamierte ‚Tod des Menschen' hat seine Wirkung nicht verfehlt. Es sollen im dritten Kapitel zunächst die wichtigsten Stationen dieser Anthropologiekritik nachgezeichnet werden, um daran anschließend aus den vorgebrachten Argumenten drei anthropologische Fehlschlüsse zu rekonstruieren. Die hierdurch gewonnene Unterscheidung zwischen naturalistischen, ethnozentristischen und rationalistischen Fehlschlüssen bildet dann die Folie, vor deren Hintergrund im weiteren Verlauf dieser Arbeit die gegenwärtigen Ansätze einer politischen Anthropologie diskutiert werden. Dabei wird zunächst von einer Unterscheidung zwischen externen und internen Varianten ausgegangen. Ein externer oder naturalistischer Ansatz versucht, unabhängig von kulturell bedingten Wertungen zu gleichsam naturwissenschaftlichen Aussagen über das Wesen des Menschen zu gelangen, um aus diesen dann normativ gehaltvolle Schlussfolgerungen zu gewinnen. Ein interner Zugang zu anthropologischen Fragen zeigt sich gegenüber naturalistischen Begründungen skeptisch. Ein objektiver Zugriff auf den Menschen sei nicht möglich, da die entsprechenden Beschreibungen immer und notwendig Bestandteil von kulturellen Praktiken oder auch Sprachspielen sind. Obgleich sich diese Abhandlung vornehmlich mit internen Formen auseinandersetzt, sollen im vierten Kapitel zunächst einige Hauptargumentationslinien und

Probleme naturalistischer Begründungsprogramme beispielhaft skizziert werden. Diese Auseinandersetzung ist dabei sowohl der gegenwärtigen Konjunktur biologistischer Argumentationsmuster als auch der Herausarbeitung einer Kontrastfolie für die internen Ansätze geschuldet.

Das fünfte Kapitel illustriert das Verblassen anthropologischer Motive im Werk von Jürgen Habermas auf dem Weg von einer Erkenntnisanthropologie hin zu der stark an Kant orientierten und gleichermaßen formalistisch wie kognitivistisch konzeptualisierten Diskursethik. Es ist die Kritik am Ungenügen und an den unausgesprochenen Prämissen von formalistischen Ethiken, für die Habermas hier beispielhaft steht, die wesentlich zu der gegenwärtigen Renaissance der politischen Anthropologie beigetragen hat.

Im sechsten Kapitel werden mit Martha Nussbaum und Otfried Höffe zwei Ansätze diskutiert und kontrastiert, die sich beide um eine anthropologisch angereicherte Begründung von Menschenrechten bemühen, dabei jedoch von unterschiedlichen Prämissen ausgehen. Nussbaum fasst das Ergebnis ihrer Untersuchungen in einer ,starken vagen Theorie des Guten' zusammen, die gleichermaßen inhaltlich wie universell sein soll. Sie enthält eine spezifische Liste von Gütern und Fähigkeiten, ohne die ein menschliches Leben gar nicht oder nur in einem äußerst unzureichenden Maße möglich ist. Von einer explizit politischen Anthropologie kann man bei Nussbaum insofern sprechen, als sie aus der Theorie des Guten spezifische politische Forderungen ableitet: Es ist Aufgabe der Politik, diese Güter und Fähigkeiten zu gewährleisten und so das gute Leben für jeden Menschen zu ermöglichen. Höffes Konzeptualisierung einer ,Partialanthropologie' will sich demgegenüber inhaltlichen Festlegungen hinsichtlich des guten Lebens weitgehend enthalten. Es geht ihm nicht um die Bestimmung der Kriterien gelingender Existenz, sondern um die Garantie derjenigen Elemente, die ein menschliches Leben erst ermöglichen, und hierzu zählt er vor allem die Garantie von Rechten. Steht somit bei Nussbaum der Mensch als soziales Wesen im Zentrum ihrer Forderungen, so ist es bei Höffe seine Konfliktnatur, die einen rechtlich geschützten Raum erforderlich macht.

Mit Charles Taylor und Axel Honneth kommen dann anschließend zwei Autoren zu Wort, für die der Mensch konstitutiv auf seine Mitmenschen verwiesen ist. Grundlegend für Taylors Anthropologie ist die Annahme, dass die Identität eines Menschen, sein Selbst, abhängig ist von dem sittlichen oder kulturellen Raum, in dem er aufwächst. Dies ergibt sich daraus, dass Menschen im Unterschied zu Tieren selbstinterpretierende Lebewesen sind. Ihre politische Dimension gewinnen diese anthropologischen Überlegungen bei Taylor insbesondere durch die Kritik der ,negativen Freiheit' und der daran anschließenden Ausarbeitung einer positiven Freiheitskonzeption, die der republikanischen Tradition nahe steht. In Honneths Theorie der Anerkennung lässt sich ebenfalls die Suche nach anthropologischen Konstanten ausmachen. Im Anschluss vornehmlich an Hegel und Mead hat er diejenigen Dimensionen intersubjektiver Anerkennung herausgearbeitet, deren Gewährleistung ihm zufolge die unhintergehbare Voraussetzung gelingender Selbstverhältnisse darstellen. Als ein Vertreter einer genuin politischen Anthropologie lässt sich Honneth insofern begreifen, als er mit seiner Anerkennungstheorie auch die normativen Grundlagen einer kritischen Theorie der Gesellschaft zu liefern beansprucht. Insbesondere die Missachtung der rechtlichen Anerkennung und die Verweigerung personaler Wertschätzung sind für ihn Ausdruck gesellschaftlicher Pathologien. Inwieweit es sich bei Taylor und Honneth jedoch um Aussagen über die Bedingungen menschlicher Selbstverwirklichung überhaupt oder nur um die spezifischen Voraussetzungen einer gelingenden neuzeitlichen Identität handelt, soll ebenfalls im siebten Kapitel diskutiert werden. Sowohl bei Nussbaum und Höffe wie auch bei Taylor und Honneth lässt sich somit ein mehr oder minder starker Rekurs auf vermeintlich universelle Eigenschaften und Bedürfnisse des Menschen beobachten. Und bei allen vier Autoren dient der Rückgriff auf anthropologische Konstanten der Rechtfertigung spezifischer politischer Institutionen.

Die gegenwärtige Diskussion der Konsequenzen gentechnologischer Eingriffe in das menschliche Erbgut hat Habermas erneut dazu veranlasst, seine Position zu revidieren. So hat er in *Die Zukunft der menschlichen Natur* mit Nachdruck darauf hingewiesen, dass durch die sich abzeichnenden Möglichkeiten einer liberalen Eugenik sich die „philosophische Ursprungsfrage nach dem ‚richtigen' Leben in anthropologischer Allgemeinheit" (Habermas 2001: 33) stellt. Es sind die Auswirkungen gentechnologischer Eingriffe auf das Selbstverhältnis betroffener Individuen einerseits und auf das gesellschaftliche Zusammenleben andererseits, die die Wiederaufnahme der Frage nach dem Wesen des Menschen oder nach der ‚Gattungsethik' – wie es bei Habermas heißt – besonders dringlich erscheinen lassen. Habermas selbst rekurriert an zentraler Stelle auf Helmuth Plessners Unterscheidung zwischen Leibsein und Körperhaben, um die negativen Konsequenzen einer liberalen Eugenik zu skizzieren. Der Rückgriff auf anthropologische Konstanten dient ihm hier also der Kritik gentechnologischer Eingriffe; damit liefert auch Habermas Ansätze einer Anthropologie in politischer Absicht, die im achten Kapitel diskutiert werden sollen.

Am Ende dieser Untersuchung steht dann der Versuch einer Bündelung und zusammenfassenden Bewertung der gegenwärtigen politischen Anthropologie. Dabei werde ich im Anschluss an die hier diskutierten internen Varianten dafür argumentieren, anthropologischen Annahmen in politischen Begründungsdiskursen lediglich einen korrigierenden und ergänzenden, jedoch keinen fundierenden Status einzuräumen.

1 Politische Anthropologie in der Ideengeschichte

Auch wenn eine Disziplin mit den Namen ‚Anthropologie' eine Schöpfung des 17. und 18. Jahrhunderts darstellt,[8] so lässt sich eine Beschäftigung mit der ‚Natur' des Menschen bereits bei den Sophisten im antiken Griechenland nachweisen. Und dies gilt in besonderer Weise für das Programm einer Nutzbarmachung von Aussagen über ‚den Menschen' zum Zwecke der Legitimierung politischer Ordnungen. Wenn wir also momentan eine Renaissance der politischen Anthropologie beobachten können, so steht sie in einer Tradition, die nahezu so alt ist wie philosophisches Denken überhaupt. Entsprechend gilt es, sich dieser Tradition zumindest in ihren wesentlichen Argumentationsmustern und auch Vereinseitigungen zu vergewissern. Dabei geht es zum einen darum, die oben aufgeführte Definition der politischen Anthropologie durch den Verweis auf klassische Formen zusätzlich zu untermauern, zum anderen soll aber auch eine Folie erarbeitet worden, vor deren Hintergrund sich die Frage nach der Kontinuität bzw. Diskontinuität aktueller Formen beantworten lässt. So finden sich bei einigen der gegenwärtigen Autoren explizite Verweise auf die Klassiker, etwa wenn Martha Nussbaum auf Aristoteles' Annahme einer grundlegend sozialen Natur rekurriert oder sich Otfried Höffe auf Hobbes und dessen Nachweis der Konfliktnatur des Menschen beruft.[9] Damit ist zumindest ein Hinweis auf die Kontinuität anthropologischer Argumentationsmuster gegeben. Zur Debatte stehen jedoch die Geltungskraft dieser Bestimmungen einerseits und deren inhaltliche Auswahl andererseits. Ist doch der Unterschied zwischen Aristoteles und Hobbes einer ums menschliche Ganze, mit entsprechenden institutionellen Konsequenzen. Die Aufarbeitung klassischer Positionen der politischen Ideengeschichte dient somit nicht nur der Gewinnung von Grundmustern anthropologischen Denkens. Darüber hinaus ist die Vergegenwärtigung der jeweiligen Referenzautoren auch für ein adäquates Verständnis gegenwärtiger Konzeptionen erforderlich.

Im Folgenden kann es freilich nicht darum gehen, eine vollständige oder systematische Darstellung der Geschichte der politischen Anthropologie von ihren Anfängen bis zur heutigen Renaissance, die den Kern dieser Abhandlung darstellt, zu liefern. Stattdessen geht es lediglich um anthropologische Begründungsmuster bei einigen ausgewählten ‚Klassikern' des politischen Denkens. Dabei sollen jeweils spezifische Gefahren dieser Begründungsfiguren aufgezeigt

---

[8] Zur Begriffsgeschichte vgl. Marquard (1971).
[9] Nussbaum (1986, 1992, 1993, 1999), Höffe (1987, 1992, 1995, 1996).

werden.[10] Im Einzelnen handelt es sich dabei um den Nachweis elitistischer und damit antidemokratischer Konsequenzen, die sich aus der antiken Seelenlehre bei Platon (1) und Aristoteles (2) ergeben. Wirkmächtiger als diese Facette antiken Denkens ist freilich die Vorstellung vom Menschen als ‚zoon politikon' gewesen, die ebenfalls mit Aristoteles' praktischer Philosophie verbunden ist.

Es ist die von den antiken Autoren vertretene Konzeption einer ‚objektiven Vernunft' oder Seinsordnung, mit der Hobbes brechen wird. Er begreift den Mensch atomistisch und ist bestrebt, das menschliche Zusammenleben mit den Mitteln der Geometrie und der Mechanik zu analysieren. Für ihn gibt es dann auch nicht länger eine höhere Seinsordnung, es ist allein eine ‚subjektive Vernunft', also das Interesse an Selbsterhaltung, auf die sich eine politische Theorie stützen kann (3). Auch bei Locke ist es das Interesse an Selbsterhaltung, das einen wesentlichen Bestandteil seiner Staatsphilosophie ausmacht. Im Unterschied zu Hobbes lässt er es dabei aber nicht bewenden, sondern er gilt bekanntlich als der Begründer des liberalen Konstitutionalismus. Die anthropologischen Motive und die spezifischen Vereinseitigungen, die bei Locke zu einer Apologie der bürgerlichen Gesellschaft führen, sollen in einem vierten Schritt aufgezeigt werden (4). Den Abschluss dieses Ausfluges in die politische Ideengeschichte bilden die anthropologischen Motive bei Marx. Zwar ist für ihn die menschliche Existenz grundlegend geschichtlich geprägt, doch gleichzeitig ist es ihm zufolge die produktive Bearbeitung der äußeren Natur, die sich für den Menschen als solchen als unhintergehbar darstellt. Dies führt in der Konsequenz zu einer Fetischisierung der Arbeit als die anthropologische Konstante schlechthin (5).

1.1 Die Parallelisierung von Staat und Seele bei Platon

> „Ihre Seele war, ehe die Philosophie sie in ihre Obhut nahm, völlig an den Körper gekettet und mit ihm wie zusammengeschweißt; sie war gezwungen, die Dinge durch den Körper wie durch einen Kerker hindurch zu betrachten, nicht aber durch die ihr eigene Kraft, und sich im Dunkel völliger Unwissenheit herumzutreiben; die Philosophie nun bemerkte den furchtbaren Druck dieser Einkerkerung, nämlich daß durch die Gewalt der Begierde der Gefesselte selbst gewissermaßen sein eigener Kerkermeister wird" (Phaidon: 82).

Für Platon ist der Mensch zunächst und zumeist durch seine Begierden und Leidenschaften bestimmt; hierin unterscheidet der Mensch sich nicht von den Tieren. In seinem Streben nach Nahrung, Schutz und Sexualität drückt sich seine

---

[10] Die folgenden Ausführungen besitzen dabei lediglich einen illustrativen Charakter; insofern wird auch auf eine Diskussion der Forschungsliteratur verzichtet.

animalische Natur aus. Es ist Aufgabe der Philosophie, dieses niedere Dasein zu überwinden, den Menschen zu seiner wahren Bestimmung zu verhelfen. Der Philosoph zielt auf die Befreiung der Seele vom Körper und seinen Leidenschaften. Allerdings ist dieser Weg nur wenigen vorbehalten, die meisten Menschen bleiben ihrem leiblichen Dasein verhaftet, bleiben durch Begierden bestimmt. Vor diesem Hintergrund sieht sich Platon vor die Herausforderung gestellt, wie trotz der ungünstigen natürlichen Anlagen ein wohlgeordnetes, tugendhaftes Gemeinwesen denkbar ist. Seine Antwort lautet: Erziehung und Führung. So findet sich im *Politikos* (266 e) auch das Bild von der ,zweibeinigen Herde'. Der Mensch ist ein Herden-Tier, „daher ebenso auf seinesgleichen angewiesen wie des Schutzes und der Führung bedürftig" (Kersting 1999: 95). Eine Herde bedarf also des Hirten, der weiß, was für sie gut ist. Der Hirte ist der, der über Vernunft verfügt, der Einsicht besitzt in das Wesen der Gerechtigkeit. Der Hirte ist der Philosoph. Ein Hirte ist freilich allein nicht in der Lage, die Herde zu hüten. Er kann zwar die Richtung vorgeben, doch um die Herde im Schach zu halten und sie vor äußeren Feinden zu schützen, benötigt der Philosoph die Hilfe von „Wachhunden". Die Wachhunde entsprechenden dem mittleren Stand in Platons idealem Gemeinwesen: die Wächter. In der *Politeia* heißt es demgemäß, dass die Natur der Wächter einem „jungen Hund von edler Rasse" (375 a) gleichen müsse; genauso wachsam wie scharf sollen sie sein. Dies bedeutet dann aber auch, dass nicht alle animalischen Eigenschaften schlecht sind. Richtig eingesetzt sind sie durchaus nützlich für das Gemeinwesen, und um dies zu gewährleisten, ist sowohl die Führung durch weise Herrscher als auch ein ausgefeiltes Erziehungsprogramm erforderlich. Letzteres nimmt daher einen breiten Raum in Platons politischer Philosophie ein. Dabei geht es ihm gleichermaßen um die sittliche Erziehung durch ausgewählte Erzählungen und musische Darbietungen – hier spricht sich Platon für eine Zensur aus – wie um die körperliche Ertüchtigung. Diese hat nicht nur die Steigerung der Kampfeskraft, sondern auch die Zähmung der Begierden zum Ziel. Selbst die Ernährung der Wächter wird zu diesem Zweck detailliert erörtert.

Zweck des politischen Zusammenlebens ist Platon zufolge die Gerechtigkeit; sie ist grundlegender Bestandteil des ,guten Lebens'. Die Gerechtigkeit der Seele und die Gerechtigkeit des Gemeinwesens sind dabei wechselseitig aufeinander angewiesen. Dieser Parallelismus von Polis und Seele ist eine der Hauptargumentationsfiguren der *Politeia*. Anthropologie und politische Philosophie werden also explizit verbunden. Ein Schachzug, der von erheblicher Tragweite ist, denn mit dem Verweis auf die natürliche Verschiedenheit der Menschen kommt es zu einer Rechtfertigung von Herrschaft. Platon unterscheidet zwischen drei Bestandteilen der Seele: Begehren, Tatkraft und Vernunft. Dieser Dreiteilung der Seele entspricht die Dreiteilung des Staates in Bürger, Wächter und

Herrscher. Platon zieht hier zwei Argumente zusammen. Das erste ist, dass bei jedem Menschen ein Seelenbestandteil jeweils dominiert. Daraus ergibt sich die Aufteilung in drei Stände, eben die der Bürger (Dominanz des Begehrens), der Wächter (Dominanz der Tatkraft) sowie der Herrscher (Dominanz der Vernunft). Das zweite Argument besteht darin, dass jedem Menschen im idealen Gemeinwesen die Aufgabe zufällt, für die er von Natur aus am besten geeignet ist. Den Bürgern obliegt aufgrund ihres Strebens nach Reichtum die materielle Reproduktion des Gemeinwesens, die Wächter sollen aufgrund ihrer körperlichen Stärke und einer damit einhergehenden Tapferkeit der inneren wie äußeren Sicherheit dienen, den Herrschern obliegt schließlich die politische Leitung, da nur sie Einsicht besitzen.

Da allein die Philosophen über genügend Vernunft verfügen, sind also nur sie zur Führung des Gemeinwesens in der Lage. Platon rechtfertigt die Herrschaft der Philosophen mit dem Argument, dass sie, da es ja um die Verwirklichung der gerechten Ordnung geht, die Experten der Politik sind. Allein sie können wissen, was für das Gemeinwesen und jeden Einzelnen gut ist. Daraus folgt die berühmt-berüchtigte Legitimation der Philosophenherrschaft: „Wenn nicht entweder die Philosophen Könige werden in den Staaten, oder die jetzt so genannten Könige und Gewalthaber sich aufrichtig und gründlich mit Philosophie befassen, und dies beides in eins zusammenfällt, politische Macht und Philosophie, [...] gibt es, mein lieber Glaukon, kein Ende des Unheils für die Staaten, ja, wenn ich recht sehe, auch nicht für das Menschengeschlecht überhaupt" (*Politeia* 473 d). Der breiten Masse mangelt es dagegen an Einsicht in die Politik. Die meisten Menschen werden durch Leidenschaften und dem Mehrwollen, dem Begehren getrieben, daher sind sie auch nicht in der Lage, ein gerechtes Leben zu führen. Sie stellen nicht nur eine ständige Bedrohung der sozialen Ordnung da, sondern verfehlen darüber hinaus auch noch ihre eigene Glückseligkeit. Es ist also gleichermaßen zum Wohle der Allgemeinheit wie zu ihrem eigenen Besten, wenn sie zur Tugend angehalten werden. Dazu bedarf es aber der Herrschaft durch diejenigen, die aufgrund ihres Vernunftvermögens, das Wesen der Gerechtigkeit erblicken können: den Philosophen. Diese werden unterstützt durch die Wächter, die sich durch Körperkraft und Tapferkeit auszeichnen. Ihnen obliegt nicht nur die Kriegsführung, sondern auch die Aufrechterhaltung der öffentlichen Ordnung. Die Wächter sind in Platons idealer Polis damit gleichsam die Exekutive und mithin der vermittelnde Stand zwischen Philosophenherrschern und einfachen Bürgern.

Platon vergleicht diese Kompetenz des Philosophen wiederholt mit derjenigen des Steuermanns. Er allein besitzt die Kompetenz, das Schiff sicher über die Meere zu führen. Und wie ein Schiff, muss nun auch das Gemeinwesen gesteuert werden, und hierzu sind die Wenigsten fähig (*Politeia* 488-497, *Politikos* 298-

300). Diese Analogie überzeugt jedoch nicht. Der Steuermann besitzt zwar die Kompetenz, das Schiff auf Kurs zu halten und es auch durch Stürme und Meerengen zu führen, aber die Entscheidung über das Ziel der Reise obliegt ihm in der Regel nicht. Seine Kompetenz ist vornehmlich technischer Natur. Übertragen auf das politische Gemeinwesen bedeutet dies, dass es sicherlich Experten geben muss für die Umsetzung politischer Entscheidungen; deren Genese und Legitimation muss aber nicht zwangsläufig in die Hände Weniger fallen. So sieht es auch Aristoteles, für den die Herrschaft von Experten sogar unvorteilhaft ist. Er führt hierfür in seiner *Politik* zwei Argumente an. Zum einen zeigt Aristoteles sich davon überzeugt, dass die Vielen immer mehr wissen als nur einige Wenige. Zum anderen argumentiert er, dass selbst weise Herrscher immer auch Menschen sind, die durch Leidenschaften bestimmt sind (*Politik* 1286 a). Dieser Argumentation könnte Platon zwar entgegenhalten, seine Philosophenherrscher sind so tugendhaft, dass sie sich nicht bestechen lassen. Hier mag man den Realitätsgehalt derartiger Annahmen bezweifeln. Wie dem auch sei, ein zweiter Einwand scheint gewichtiger zu sein. Es stellt sich nämlich die Frage nach der Legitimität des von Platon vertretenen Paternalismus, also der Auffassung, dass es bestimmte Menschen gibt, die besser wissen, was für mich gut ist, und zudem noch befugt sein sollen, mich zu diesem vermeintlich besseren Leben zu zwingen. Es ist dieser Aspekt an Platons politischer Philosophie, der ihm zu Recht von Popper (1957) den Vorwurf eingebracht hat, ein Feind der ‚offenen Gesellschaft' zu sein.

1.2   Aristoteles' Bestimmung des Menschen als ‚zoon politikon'

„Die einen sind Herdentiere, die anderen leben solitär […] wieder andere nehmen eine Zwischenstellung ein. Und von den Herdentieren leben die einen politisch, die anderen verstreut. […] Lebewesen, die politisch leben, sind die, die irgendeine Tätigkeit gemeinsam haben, was nicht auf alle Herdentiere zutrifft. Von dieser Art sind Mensch, Biene, Wespe, Ameise und Kranich, und von diesen stehen die einen unter einem Führer, die anderen sind anarchisch, zum Beispiel stehen die Kraniche und die Klasse der Bienen unter einem Führer, die Ameisen und unzählige Andere sind anarchisch" (*Historia Animalium* 487 b – 488 a).

Aristoteles betrachtet den Menschen als ein biologisch bestimmtes Wesen, das spezifische Eigenschaften mit anderen Tieren teilt. Dies gilt auch für die berühmte Definition als ‚zoon politikon', allerdings ist hierbei zwischen einer weiten und einer engen Bedeutung zu unterscheiden. Ein ‚politisches Lebewesen' in einem weiten Sinne ist der Mensch als ein notwendig soziales Wesen, das auf die Kooperation mit seinen Artgenossen angewiesen ist. Er teilt diese Eigenschaft mit anderen Lebewesen, wie Bienen, Kraniche und Ameisen. Für den Menschen ergibt sich diese Angewiesenheit zunächst aus der Hilfsbedürftigkeit des Neugeborenen, doch setzt sie sich auf der Ebene der Arbeitsteilung fort. Zwar kann ein erwachsener Mensch als Nomade sich durchaus selbst versorgen, doch stellt dies für Aristoteles kein gutes Leben dar. Dass bei den Menschen die Arbeitsteilung wesentlich differenzierter ist als bei den anderen sozialen Lebewesen, liegt an seiner Ausstattung mit Sprache und Vernunft. Hierdurch hebt sich der Mensch ab, und es ist die damit verbundene Befähigung zur Kultur, die den Horizont eines guten Lebens bezeichnet.

Bei Aristoteles lassen sich somit zwei Aussagen über die menschliche Natur finden, die für seine politische Philosophie von zentraler Bedeutung sind. Zum einen behauptet er, dass der Mensch ein soziales Wesen sei. Zum anderen, und hierin kommt das spezifisch Menschliche zum Ausdruck, zeichnet er sich durch Sprache und Vernunft aus. Beide zusammen ermöglichen eine besondere Form der Vergemeinschaftung: die Polis. Entscheidend ist, dass Aristoteles hiermit eine anthropologische Grundlegung seiner politischen Theorie zu liefern beansprucht. Für ihn vollendet sich das menschliche Leben in der Polis; diese stellt die Bedingung der Möglichkeit eines glücklichen, guten Lebens dar. Allein in der Polis kommt der Mensch zu seiner Bestimmung. Der Grund hierfür ist, dass erst dort ein politisches Leben im anspruchsvollen Sinne gewährleistet ist. Zum ersten Mal wird hier die republikanische These, dass zum erfüllten Leben gemeinsames politisches Handeln unabdingbar sei, artikuliert.

Die anthropologische Grundlegung ist nun darin zu sehen, dass dieser Drang zur Polis Aristoteles zufolge zur Natur des Menschen, zu seinem unveränderlichen Wesen gehört. Das Politische ist damit dem Menschen als solchem gegeben, unabhängig von der jeweiligen historischen Epoche, in der er sich befindet. Wie Otfried Höffe herausstellt, darf man dies aber nicht in dem Sinne verstehen, dass „das Politische in jedem beliebigen Exemplar und in jeder Entwicklungsstufe festgestellt werden könne" (Höffe 1979: 16). Vielmehr handelt es sich hierbei zunächst um einen unbewussten Drang, der erst auf einer höheren Entwicklungsstufe zur Entfaltung kommt. Verweise auf unpolitische Gemeinschaften können demnach die grundlegende Behauptung nicht ohne weiteres widerlegen. Dennoch erweist sich diese Vorgehensweise als problematisch, da Aristoteles zirkulär argumentiert. Er weist das, was er für gut hält, als naturgegeben aus, um dann im Anschluss das Gute aus dem Naturgegebenen wieder hervorzuzaubern. Der Verweis auf die Natur als etwas Unbedingtem kann heutzutage auch deswegen nicht länger überzeugen, weil sich die Grenze zwischen dem Natürlichen, Wesentlichen und dem Künstlichen, Kontingenten nicht mehr eindeutig bestimmen lässt.

Die Fragwürdigkeit dieser anthropologischen Fundierung des Politischen wird dadurch verschärft, dass der Verweis auf die Natur des Menschen bei Aristoteles zusätzliche normative Implikationen besitzt. Er behauptet nicht nur, dass der Mensch von Natur aus ein politisches und sprachbegabtes Wesen ist, sondern er verbindet damit auch spezifische Forderungen hinsichtlich der Gestaltung des Gemeinwesens. Diese erweisen sich aber als wenig überzeugend. So ist Aristoteles' Rechtfertigung der Sklaverei im ersten Buch der *Politik* gleichermaßen berühmt wie berüchtigt. Dies gilt auch für die seiner Ansicht nach natürliche Unterordnung der Frau gegenüber dem Mann. Beide Behauptungen ergeben sich aus einer Reflexion über die Natur des Menschen. Es gibt zwei Bestandteile: den Körper und die Seele. Die Seele besitzt eine natürliche Vorrangstellung, sie hat die Funktion, über den Körper zu herrschen, die körperlichen Begierden zu zügeln, aber auch Affekte einzudämmen. Die Seele ist somit der Ort der Vernunft.

Aristoteles geht dabei wie schon Platon davon aus, dass der Anteil der Vernunft von Mensch zu Mensch unterschiedlich ist. Es gibt Menschen, die mehr Vernunft – heute würde man wohl kognitive Kompetenzen sagen – als andere besitzen, die sich stärker von ihren Affekten und Begierden treiben lassen. Diejenigen, die über mehr Vernunft verfügen, sind nun ‚naturgemäß' zur Herrschaft über weniger ‚Vernünftige' bestimmt. Er rechtfertigt dies wie folgt: „Dabei ergibt sich offenbar, daß es naturgemäß und zuträglich ist, daß der Körper von der Seele beherrscht wird, und ebenso, daß der affektive Seelenteil von der Verstandeseinsicht und somit von dem Teil, der über die Vernunft verfügt, beherrscht wird, daß aber eine Gleichberechtigung oder ein umgekehrtes Verhältnis für alle Teile schädlich wäre" (*Politik*: 1254 b). Sklaven sind demgemäß diejenigen, die kaum Vernunft besitzen, oder zumindest nicht so viel, dass sie in der Lage wären, ihre Leidenschaften zu zügeln und ihren Körper vernünftig einzusetzen: „Es ist nämlich von Natur aus der ein Sklave, der einem anderen gehören kann – deshalb gehört er ja auch einem anderen –, und der nur soweit Anteil an der Vernunft hat, als er sie wahrnimmt, ohne aber über sie zu verfügen" (*Politik*: 1254 b). Und gerade weil er nicht in der Lage ist, einsichtig zu handeln, ist es für den Sklaven auch gut, dass er beherrscht wird. Er ist geradezu auf die umsichtige Führung durch seinen Herrn angewiesen; ohne ihn würde er auf eine nahezu tierische Weise dahinvegetieren. Kurzum, „für die Sklaven ist es zuträglich, Sklaven zu sein, und gerecht" (*Politik*: 1255 a). Dies gilt in abgestufter Weise auch für die Frau. Sie ist stärker durch Begierden und ihren Körper bestimmt als der Mann; also ist dieser der Beherrschende und sie die Beherrschte. Auf ähnliche Weise werden zudem soziale Klassenunterschiede verteidigt. Tagelöhner und Handwerker betrachtet Aristoteles als weniger wertvoll, da ihre Tätigkeiten vorwiegend körperlichen Charakters sind. Es kommt hierdurch zu einer Aufwertung des Denkens, der Theorie gegenüber der Praxis. Es ist daher wenig verwun-

derlich, dass für Aristoteles das Leben des Philosophen das höchste Glück verspricht. Ein Ziel, das freilich nur wenige erreichen können.

Für John Dewey kommt in Aristoteles' politischer Philosophie daher auch
der Klassencharakter der griechischen Polis zum Ausdruck: „Die wirklichen
Lebensbedingungen in Griechenland, besonders in Athen, als die klassische
europäische Philosophie formuliert wurde, schufen eine scharfe Trennung zwischen Tun und Wissen, die in eine vollständige Trennung von Theorie und Praxis verallgemeinert wurde. Sie reflektierte zu jener Zeit die ökonomische Organisation, in der ‚nützliche' Arbeit zum größten Teil von Sklaven geleistet wurde,
was die Freien von der Arbeit freisetzte und aus diesem Grunde ‚frei' machte"
(Dewey 1989: 13 f.). Es ist leicht zu sehen, wie die Berufung auf die Natur des
Menschen bei Aristoteles der Rechtfertigung von Standesprivilegien dient. Es
kommt zu einer Verschleierung von Machtstrukturen durch die Verwendung
zweifelhafter anthropologischer Aussagen.

1.3 Nur der Mensch kann sich selbst ein Wolf sein

Hobbes ist bemüht, eine naturwissenschaftliche Theorie der Politik zu liefern.
Das heißt, er distanziert sich von einer ontologisch-normativen Betrachtungswei-
se des Menschen und der Politik, wie sie im Anschluss an Aristoteles in der
Scholastik vorherrschend gewesen ist. An deren Stelle tritt die Orientierung an
den Methoden der frühneuzeitlichen Wissenschaften, die namentlich von Francis
Bacon und Galileo Galilei begründet worden sind. Paradigmatisch für diese
neuartige Form der Wissenschaft sind Physik und Geometrie gewesen. Von der
Geometrie übernimmt Hobbes den Gedanken, dass wir nur das genau erkennen
können, was wir selbst konstruieren, dessen einzelne Bestandteile und deren
Zusammenwirken wir kennen. Diese Überlegung führt Hobbes zur Methode der
‚resolutio': „Denn aus den Elementen, aus denen eine Sache sich bildet, wird sie
auch am besten erkannt. Schon bei einer Uhr, die sich selbst bewegt, und bei
jeder etwas verwickelten Maschine kann man die Wirksamkeit der einzelnen
Teile und Räder nicht verstehen, wenn sie nicht auseinandergenommen werden
und die Materie, die Gestalt und die Bewegung jedes Teiles für sich betrachtet
wird" (Hobbes 1959: 67). Daraus folgt, dass „bei der Ermittlung des Rechts des
Staates" untersucht werden muss, wie „die menschliche Natur geartet ist" (ebd.).
Die einzelnen Menschen mit ihren Leidenschaften sind damit die einzelnen Elemente des politischen Verbundes. Diese Grundüberzeugung wird auch im Titel-
blatt des *Leviathan* symbolisiert. Der Körper des Souveräns ist aus unzähligen
Individuen zusammengesetzt. Die ‚resolutio' ist daher auch nur der vorbereiten-
de Schritt einer möglichst rationalen ‚compositio'.

Der Mensch nimmt nach Hobbes also zunächst keine Sonderstellung in der Natur ein. Dies erlaubt es, den Menschen mit Hilfe der gleichen Instrumentarien zu bestimmen, die auch bei der Analyse von nicht beseelten Körpern und Tieren anzuwenden sind. Nur auf diese Weise – so die Intention – erhalte man ein sicheres Fundament der politischen Theorie, zu deren Zwecke Hobbes seine berühmtberüchtigte Lehre vom Menschen verfasst hat. Tiere und Menschen reagieren auf äußere Einflüsse. Ihr Verhalten lässt sich auf innere Bewegungen zurückführen, die durch äußere Bewegungen verursacht sind. Menschliches Verhalten ist somit den physikalischen Grundprinzipien der Kausalität und Trägheit unterworfen. In Vorwegnahme eines behavioristischen Reiz-Reaktions-Schemas bestimmt Hobbes den Menschen somit auf mechanistische Weise. Die Reize der Umwelt lösen Empfindungen aus, die dann zu entsprechenden Reaktionen führen. Dies setzt freilich voraus, dass der Mensch für die Reize empfänglich, für sie gestimmt ist. Auch hier gibt es noch keine wesentliche Differenz zu Tieren. Wie diese ist der menschliche Mechanismus durch zwei Grundbewegungen charakterisiert: „Die Wörter *Trieb* und *Abneigung* […] bedeuten beide Bewegungen, das eine die des Annäherns, das andere die des Zurückweichens" (Hobbes 1984: 40, Herv.i.O.). Dabei sind einige wenige der Triebe und Abneigungen dem Menschen angeboren, wie der Nahrungstrieb und der Drang zur Ausscheidung. Weitere angeborene, also instinkthafte Triebe nennt er hingegen nicht, und hier ist auch der Punkt, an dem sich der entscheidende Unterschied zwischen Tier und Mensch bemerkbar macht, an dem Hobbes seine genuine Anthropologie entfaltet. Zwar beschreibt er weiterhin den Menschen mithilfe der Kategorien der mechanistischen Physik, also letztlich wie ein Ding. Doch kommt diesem Ding eine Eigentümlichkeit zu, sein Selbstverhältnis ist nämlich reflexiv gebrochen. Gerade dies bewirkt aber die spezifische Bedrohtheit der menschlichen Existenz durch die eigenen Artgenossen: „Denn so gewiß Schwerter und Spieße, die Waffen der Menschen, Hörner, Zähne und Stacheln und Zähne, die Waffen der Tiere, übertreffen, so gewiß ist auch der Mensch, den sogar der künftige Hunger hungrig macht, raublustiger und grausamer als Wölfe, Bären und Schlangen, deren Raubgier nicht länger dauert als ihr Hunger und die nur grausam sind, wenn sie gereizt sind" (Hobbes 1959: 17).

Gerade darin, dass der Mensch dem Menschen ein Wolf ist, unterscheidet er sich also von den Wölfen und anderen Tieren. Dieser latente Kriegszustand wird von Hobbes also aus der Besonderheit der conditio humana abgeleitet, dass nämlich dessen Leben auf die Zukunft bezogen ist. Der Mensch sorgt sich um sich selbst, seine Sicherheit, kann sich ihrer jedoch niemals gewiss sein. Er muss ständig seine Machtmittel ausbauen und wenn möglich, seinem Widersacher, und dies sind potentiell alle Menschen, zuvorkommen. Es sind laut Hobbes Vernunft und Sprache, die die Selbstbezogenheit des Menschen, seine Sorge um sich selbst, bewirken. Ohne diese würde der Mensch, den Tieren gleich, im Hier und Jetzt seine Bedürfnisse befriedigen und nicht zur Machtakkumulation neigen. Vernunft und Sprache bewirken daher zum einen, dass der Mensch sich mit seinen Mitmenschen vergleicht und, da er bei ihnen die gleichen Motive wie bei sich selbst vermutet, ihnen zuvorzukommen trachtet: „So halte ich an erster Stelle ein fortwährendes und rastloses Verlangen nach immer neuer Macht für einen allgemeinen Trieb der gesamten Menschheit, der nur mit dem Tode endet" (Hobbes 1984: 75). Es ist eine kalkulierende Vernunft, die dem zugrunde liegt. Und die „Zunge des Menschen" ist „gleichsam die Trompete des Krieges und Aufruhrs" (Hobbes 1959: 127). Darin, wo der Mensch sich den Tieren nach konventioneller Deutung überlegen zeigt, ist laut Hobbes die Ursache seiner spezifischen Unzulänglichkeit. Eine Argumentationsfigur, die im 20. Jahrhundert bei Arnold Gehlen wiederkehrt. Indes ist die Sprach- und Vernunftnatur des Menschen durchaus ambivalent. Stellen sie doch auch die Mittel zur Überwindung des Kriegszustandes bereit: „Die größte Wohltat der Sprache ist, daß wir befehlen und Befehle verstehen können. Denn ohne dies gäbe es keine Gemeinschaft zwischen den Menschen, keinen Frieden und folglich auch keine Zucht" (Hobbes 1959: 17).

Hobbes unterscheidet sich mit seiner Anthropologie somit grundlegend von der des Aristoteles. Für ihn ist der Mensch von Natur aus gerade kein ‚zoon politikon', sondern sowohl Sozialität als auch Staatlichkeit müssen künstlich geschaffen werden. Daher führe auch Aristoteles' Gleichsetzung des Menschen mit anderen Staaten bildenden Tieren wie Bienen und Ameisen in die Irre. Bei diesen könne es gar keine Politik geben, eben weil deren sozialer Zusammenhalt naturbedingt sei. Bei den Menschen ist nun gerade dies prekär, denn sie verfügen über Sprache und Vernunft. Beides führt dazu, dass sich Menschen untereinander vergleichen, nach Ehre und Ruhm streben und sich auch noch darüber uneins sind, wie die politischen Geschäfte am besten zu führen seien. Alles Eigenschaften, die den Tieren nicht eigen sind. „Endlich ist die Übereinstimmung jener vernunftlosen Tiere eine natürliche; die der Menschen beruht aber nur auf Vertrag, d. h. sie ist eine künstliche" (Hobbes 1959: 127).

Doch die Differenz erschöpft sich nicht in dieser überzeugenden Kritik. Sie betrifft darüber hinaus die Beurteilung des menschlichen Vernunftvermögens. Für Hobbes besteht dieses ausschließlich in der Rationalität des Zählens, Vernunft ist bei ihm einzig kalkulierend, instrumentell konzipiert. Sie ist zudem streng individualistisch gedacht. Bei Aristoteles wird Vernunft demgegenüber in einem weiteren Sinne verstanden. Sie bezieht sich bei ihm auf die Vernünftigkeit eines überindividuellen und damit auch zeitlosen Ordnungsgefüges. Hobbes Philosophie bricht mit dieser umfassenden Vernunftkonzeption. Sie steht am Anfang des neuzeitlichen Bewusstseins, für das ‚Vernunft' nur noch als subjek-

tive existiert: „Die Menschen, die von Natur aus Freiheit und Herrschaft über
andere lieben, führten die Selbstbeschränkung, unter der sie, wie wir wissen, in
Staaten leben, letztlich allein mit dem Ziel und der Absicht ein, dadurch für ihre
Selbsterhaltung zu sorgen" (Hobbes 1984: 131).

Staatliche Zwangsgewalt ist also erforderlich, weil sie allein in der Lage ist,
den ‚Naturzustand', den potentiellen Krieg eines jeden gegen jeden, zu beenden.
Einzig ein mit absoluter Macht ausgestatteter Souverän kann Frieden und Sicherheit für seine Untertanen gewährleisten. Es ist diese Argumentationsfigur,
die den Kern von Hobbes' Staatsbegründung darstellt. Der Staat wird dadurch
legitimiert, dass er die im ‚Naturzustand' herrschende Anarchie und Gewalttätig-
keit überwindet. Dies gerät zum Vorteil aller Herrschaftsunterworfenen, weil sie
unter vorstaatlichen Verhältnissen ihres Lebens nicht sicher sein können. Dies
gilt deshalb für alle Menschen, weil keiner so viel Macht anhäufen könne, dass
er gänzlich in Sicherheit leben kann. Daher – so Hobbes – liegt es im Interesse
aller Menschen, den ‚Naturzustand' zu verlassen. Es ist ihr wohlüberlegtes Ei-
geninteresse, welches sie zu dieser Einsicht gelangen lässt. Der Staat gewinnt
damit einen rein instrumentellen Charakter; er wird nicht deshalb ins Leben
gerufen, weil der Mensch ein politisches Lebewesen ist, sondern weil er ohne
diese Zwangsgewalt nicht sicher leben kann.

Damit hat Hobbes das Fundament einer gleichsam naturwissenschaftlichen
Staatstheorie gelegt. Anthropologische Aussagen werden kausalmechanisch
gewonnen und bilden die zu kombinierenden Elemente einer Theorie der Politik,
die auf metaphysische Annahmen – etwa über den Zweck der menschlichen
Existenz – zu verzichten beansprucht. Inwieweit Hobbes jedoch diesem Anspruch selbst entsprochen hat und ob er nicht doch zumindest in einem schwachen Sinne metaphysische Annahmen zugrunde legen muss, ist ein wiederkeh-
rendes Thema der Hobbes-Kritik. Beispielsweise ließe sich behaupten, dass
seinem Materialismus ein bestimmtes, metaphysisch imprägniertes Menschenbild zugrunde liegt. So ist dann auch für Henning Ottmann Hobbes Methodologie und damit auch seine Anthropologie zirkulär: „Die große *resolutio*, die Auflösung der Welt, und ihre folgende Wiedereinrichtung haben alle Züge eines
zirkulären Verfahrens, und man wird bei den Parallelaktionen der Hobbesschen
Lehre, der fiktiven Auflösung des Menschen in der Hobbesschen Anthropologie,
der fiktiven Auflösung des Staates in den Naturzustand, sich die Frage nach der
Zirkularität dieses Denkens erneut stellen müssen. Hobbes' Argument findet
keinen Grund, der sich selber begründet" (Ottmann 1992: 74, Herv.i.O.).

1.4 Lockes Eskamotage bürgerlicher Werte

Wenn Locke bisweilen als der große Antipode zu Hobbes dargestellt wird, so wird dies damit begründet, dass Locke den Menschen für gut halte, er mithin von einem positiven Menschenbild ausgehe. Der Mensch ist für ihn von Natur aus gesellig und nicht wie bei Hobbes egoistisch und hinterlistig. Daher – so die entsprechende Argumentation – müsse der Mensch bei Locke auch nicht einem starken, absoluten Staat unterworfen werden. Diese Sicht lässt sich indes nicht aufrechterhalten. Zum einen, weil es in seinem Werk eine Vielzahl von Passagen gibt, in denen er die Bosheit des Menschen beschreibt. Zum anderen, weil nur vor dem Hintergrund der Annahme einer gewissen Ungeselligkeit der Menschen die Notwendigkeit der Überwindung des ‚Naturzustandes' besteht. Wären die Menschen rundweg gut und kooperativ, bräuchte man keine staatliche Zwangsgewalt.

In der Tat gibt es bei Locke viele Stellen, in denen er den Menschen als ungesellig, eigennützig, mitunter gar boshaft charakterisiert. In einem zentralen Abschnitt aus der *Zweiten Abhandlung über die Regierung* spricht er beispielsweise von „der Schwäche der menschlichen Natur, die stets bereit ist, nach der Macht zu greifen" (Locke 1974: § 143); in einem anderen Abschnitt ist von „der Niedrigkeit der menschlichen Natur" (Locke 1974: § 92) die Rede. Zu fragen ist allerdings, inwieweit es sich hierbei um angeborene und daher unveränderliche Merkmale handeln soll. Hierauf lässt sich keine eindeutige Antwort finden. So behauptet Locke an einer Stelle, dass wir alle „von der Wiege an eitle und hochmütige Wesen" (Locke 1970: § 119) seien, doch daneben stehen Passagen, in denen er den Einfluss der sozialen Umwelt bei der Entstehung von Charaktereigenschaften hervorhebt. Dem zufolge wäre der Mensch nicht naturhaft schlecht, sondern es ist der jeweilige Kontext, der ihn formt. Beispielsweise hält er den Hang zur Grausamkeit für „durch Gewohnheit und Umgang erworben". Dass Locke die Charaktereigenschaften des Menschen für formbar hält, wird auch in seinen Gedanken über die Erziehung deutlich. Locke hebt die enorme Bedeutung der Kindheit hervor und schildert detailliert, welchen Einflüssen ein zukünftiger Gentleman ausgesetzt werden soll. So muss denn auch „die erste Neigung zu irgendwelcher Unredlichkeit […] durch den Ausdruck der Verwunderung und des Abscheus seitens der Eltern und Erzieher unterdrückt werden" (Locke 1970: § 110). Der Mensch kann also zur Sittsamkeit erzogen werden. Diese Aussagen besitzen ihr ontologisches Fundament in der von Locke in seinem berühmten *Essay über den menschlichen Verstand* vertretenen Überzeugung, dass der menschliche Geist ein leeres Blatt darstelle. Dennoch dürfen diese und ähnliche Stellen nicht überinterpretiert werden. Locke ist insofern Realist, als er eine friedfertige Gesellschaft für utopisch hält. Anthropologisch wird dies mit dem

Hinweis auf den angeborenen Selbsterhaltungstrieb und dem Streben nach Lust begründet. Das Verlangen nach Geselligkeit und den Wunsch, ein sittsames Leben zu führen, betrachtet Locke dagegen als erworben; es ist daher sehr voraussetzungsvoll.

Grundlegend für seine politische Anthropologie ist also die Annahme eines natürlichen Selbsterhaltungstriebes, aus dem er ein entsprechendes Recht ableitet, das jedem Menschen zukommt. Wir finden somit eine Argumentationsstruktur, die vom einzelnen Menschen ausgeht. Dieser wird isoliert betrachtet; damit unterscheidet er sich grundlegend von Aristoteles für den der Mensch ein ‚zoon politikon' ist. In dieser Frontstellung zur antiken Tradition berührt er sich mit Hobbes. Indes geht er nicht so weit, wie dieser einen gleichsam natürlichen Krieg eines jeden gegen jeden zu unterstellen. In gewisser Weise nimmt Locke eine Zwischenposition zwischen Hobbes Atomismus auf der einen und Aristoteles' Behauptung der grundlegend sozialen Natur des Menschen auf der anderen Seite ein. Diese Zwischenposition wird aber nicht systematisch begründet und findet sich somit eher zwischen den Zeilen. So geht er zwar von einem Hang zur Geselligkeit aus, hält diesen aber nicht wie den Trieb zur Selbsterhaltung für angeboren. Vielmehr erklärt er Sozialität als eine Art praktische Erfordernis; Menschen sind bis zu einem gewissen Grad auf Arbeitsteilung angewiesen, um ihre Wünsche zu befriedigen. Sie ist, mit einem Wort, lediglich zweckdienlich: „Die Menschen begeben sich in die Gesellschaft, weil dies für die Selbsterhaltung notwendig und zweckmäßig ist, und sie sind verpflichtet, dies zu tun, weil Gott von ihnen verlangt, sich selbst und nach Möglichkeit auch den Mitmenschen zu erhalten. Die Geselligkeit ist bei Locke also eine zwar bisweilen faktisch vorhandene Neigung, aber kein angeborenes naturrechtliches Prinzip" (Euchner 1979: 72).

Es gibt dementsprechend einen Vorrang des individuellen Selbsterhaltungsprinzips vor dem Phänomen der Sozialität. Diese aufrechtzuerhalten ist nur solange erforderlich, wie sie der Selbsterhaltung dient. Entscheidend für die Lockesche Argumentationsstrategie ist nun, dass es sich hierbei um eine anthropologische Aussage handelt, die gleichsam unter der Hand normativ angereichert wird. Da er das Selbsterhaltungsprinzip als gottgewollt ansieht, sind ihm zufolge alle Handlungsweisen gerechtfertigt, die diesem Prinzip dienen. Darunter können auch vornehmlich egozentrische Handlungen fallen. Diese Vorgehensweise erklärt auch den zunächst verwirrenden Umstand, dass Locke den Naturzustand in den *Zwei Abhandlungen über die Regierung* in augenscheinlich widersprüchlicher Weise charakterisiert: er wird gleichermaßen als ein idyllischer Friedenszustand wie auch als Kriegszustand beschrieben. Auch hier findet ein verdeckter Wechsel von der anthropologischen zur normativen Ebene statt, und es ist alles andere als leicht, die verschiedenen Argumentationsebenen auseinander zu hal-

ten. Mit diesen Hinweisen auf die Spannung zwischen Selbsterhaltung und Geselligkeit einerseits und dem Wechsel von der anthropologischen auf die normative Ebene andererseits können jedoch nicht sämtliche Widersprüche von Lockes
Theorie aufgelöst werden.[11]

Doch wie sieht nun der Zusammenhang von Anthropologie und Herrschaftslegitimation bei ihm aus? Bei Hobbes finden wir eine Rechtfertigung
eines absoluten Souveräns: nur dieser sei in der Lage, die Sicherheit seiner Untertanen zu gewährleisten, zu deren Zweck er überhaupt existiere. Locke distanziert sich von dieser Staatskonzeption. Im Gegensatz zu Hobbes besteht für ihn
die wesentliche Aufgabe des Staates darin, die individuellen Rechte der Bürger
zu schützen. Ein absoluter Staat stelle demgegenüber eine Bedrohung der natürlichen Freiheit der Menschen dar. Der Staat ist einzig dafür da, diese individuellen Rechte zu schützen.

Wie kommt nun dieser Unterschied zustande? Für Hobbes' Argumentation
ist die Annahme eines vorstaatlichen Zustandes, des ‚Naturzustandes', von ent-
scheidender Bedeutung. In diesem herrscht ihm zufolge ein Krieg aller gegen
alle. Begründet wird dies durch die anthropologische Annahme, der Mensch sei
von Natur aus einzig und allein auf die Maximierung seines Vorteils aus. Auch
bei Locke findet sich der Hinweis auf einen ‚Naturzustand', der ebenfalls anthropologisch angereichert ist. Und wie Hobbes geht auch Locke davon aus, dass der
Mensch nach Selbsterhaltung strebt. Indes zieht er hieraus andere, nämlich liberale Konsequenzen. Dies gelingt ihm, indem er das Streben nach Selbsterhaltung
anfangs als ein göttliches, weil angeborenes Prinzip begreift. Damit folgt er der
Tradition der klassischen Naturrechtslehre. Diese unterstreicht „den die Selbsterhaltung betreffenden naturrechtlichen Trieb-Norm-Recht-Komplex, demzufolge
die Neigung zur Selbsterhaltung die von Gott und dem Gesetz der Natur gewoll-
te Pflicht zur Selbsterhaltung erkennen läßt" (Euchner 1979: 66). Aus der göttli-
chen Pflicht zur Selbsterhaltung wird sodann bei Locke ein natürliches Recht auf
Selbsterhaltung. Und aus diesem natürlichen Selbsterhaltungsrecht wird schließlich das berühmte Recht auf Eigentum im weiteren – auf Leben, Freiheit und
Besitz – und im engeren Sinne, welches zu schützen die einzige Aufgabe des
Staates sei.

Der Staat soll bei Locke also den Mängeln des ‚Naturzustandes' abhelfen,
in dem die natürlichen Rechte unzureichend geschützt sind: „Das große und
hauptsächliche Ziel also, zu dem sich Menschen im Staatswesen zusammen-
schließen und sich unter einer Regierung stellen, ist die Erhaltung ihres Eigen-
tums" (Locke 1974: § 124). Hier ist anzumerken, dass die Bedeutung des Be-
griffs ‚Eigentum' alles andere als eindeutig ist. In der Sekundärliteratur wird

---

[11] Vgl. die Diskussion bei Euchner (1979: 63-108).

sowohl eine enge Lesart im Sinne von ‚Besitz' und eine weite im Sinne von ‚Leben, Freiheit und Besitz' vertreten. Für beide Interpretationen lassen sich bei Locke Belege finden. Davon unberührt bleibt jedoch der Umstand, dass der Staat für ihn also lediglich ein Mittel und nicht wie in der antiken Tradition Selbstzweck ist. Dies bedeutet dann zweierlei. Zum einen muss der Staat so organisiert werden, dass er seine Aufgabe möglichst gut erfüllen kann; die institutionellen Arrangements, die dies gewährleisten sollen, werden unter dem Begriff des Konstitutionalismus subsumiert, als dessen Gründungsvater Locke angesehen wird. Zum anderen besitzen Locke zufolge die Staatsbürger ein Recht zum Widerstand, ein Revolutionsrecht, und zwar immer dann, wenn der Staat seinen liberalen Charakter zu verlieren droht, also die natürlichen Freiheiten nicht mehr schützen kann oder sie gar selbst gefährdet.

Getragen wird Lockes politischer Liberalismus von der Annahme eines natürlichen Rechts auf Freiheit. Dieses wiederum wurzelt in einer spezifischen, nicht gänzlich überzeugenden Kombination aus traditionellem Naturrecht und neuzeitlicher Sozialphilosophie, die zudem von einem starken Atomismus geprägt ist. Alle drei Elemente zusammen führen zu der Vorstellung von bestimmten gleichermaßen individuellen wie natürlichen Rechten. Diese Rechte erhalten sodann einen unbedingten Charakter. Wie bei kaum einem anderen Denker gibt es somit bei Locke eine direkte Linie von bestimmten anthropologischen Grundannahmen – der Mensch strebt nach Selbsterhaltung – über deren normative Anreicherung gemäß der traditionellen Trieb-Norm-Recht-Figur zu einem spezifischen, nämlich bürgerlichen Ordnungsentwurf. Damit wird aber etwas Partikulares unter der Hand als allgemeingültig ausgewiesen; es kommt mithin zu einer Eskamotage spezifischer (bürgerlich-individualistischer) Wertsetzungen durch Aussagen, die einen vermeintlich anthropologischen Status reklamieren: „Aussagen der *bürgerlichen Theorie*, so vor allem des Liberalismus, richten sich gegen allgemeingültige Aussagen, die für alle Zeit und jede Gesellschaft Gültigkeit haben. So wird bürgerliche Theorie zur Anthropologie, die jedoch entgegen ihrem Anspruch keine allgemeine Anthropologie, sondern eine bürgerliche Anthropologie ist. Auf diese Weise sichert sich das Bürgertum politisch-praktisch und theoretisch gegen die alten Mächte und Herrschaftsordnungen ab und bekämpft sie. Es sichert und rechtfertigt seine eigene staatlich-gesellschaftliche Herrschaft gegen Interessen, die den seinigen zuwiderlaufen. Dies gilt zur Zeit Lockes vor allem gegenüber den besitzlosen Schichten und später auch gegenüber der Arbeiterschaft. Liberale Theorie als bürgerliches Emanzipationsdenken ist also von Anbeginn auch Herrschaftsdenken, das wegen seines Allgemeinheitsanspruches später dem Emanzipationsdenken der Arbeiterklasse die Berechtigung bestreitet" (Döhn 1997: 29 f.).

Der erste, der diese ideologische Struktur bürgerlicher Sozialphilosophie systematisch nachgewiesen hat, ist Karl Marx gewesen. Doch neben dieser Kritik findet sich in seinem Werk auch der positive Entwurf einer materialistischen Anthropologie. Diese ist indes selbst nicht unproblematisch.

1.5 Marx' Fetischisierung der Arbeit

„Daß der Mensch ein *leibliches*, naturkräftiges, lebendiges, wirkliches, sinnliches, gegenständliches Wesen ist, heißt, daß er *wirkliche, sinnliche Gegenstände* zum Gegenstand seines Wesens, seiner Lebensäußerung hat […] Der *Hunger* ist ein natürliches *Bedürfnis*; er bedarf also einer *Natur* außer sich, eines *Gegenstandes* außer sich, um sich zu befriedigen, um sich zu stillen" (MEW EB 1: 578, Herv.i.O.).

Für Marx ist der Mensch ein Gattungswesen, das in der produktiven Auseinandersetzung mit der Natur seine Bedürfnisse befriedigt und – dies ist entscheidend – hiermit zu sich selbst kommt. Mit dieser Bestimmung sind zwei Aspekte verbunden. Zum einen die Kritik an der lediglich abstrakt-gedanklichen Versöhnung des Menschen mit sich selbst in der Hegelschen Philosophie. Marx, der Hegel ‚vom Kopf auf die Füße' stellen wollte, setzt dem die Forderung nach einer konkreten Aufhebung gesellschaftlich bedingter Ausbeutungsverhältnisse entgegen. Zum anderen wird der Mensch von Marx primär über seine Arbeit definiert. Erst in der produktiven Tätigkeit verwirklicht der Mensch sein Wesen, seine Natur und kommt zu sich selbst. In der selbstbestimmten und schöpferischen Arbeit befriedigt der Mensch also nicht nur seine leiblichen Bedürfnisse, sondern findet in ihr auch Bedeutsamkeit und Anerkennung seiner selbst. Die Arbeit ist es, die seiner Existenz Sinn und Würde verleiht. Diese beiden Kernbestandteile der Marxschen Anthropologie – die Bedürfnisnatur des Menschen und die Idee der Selbstverwirklichung in der Arbeit – liefern das normative Fundament seines gesamten Werkes. Denn gerade weil im Kapitalismus der Arbeiter auf dem Status eines Tieres vegetiert, verfehlt er seine natürliche Bestimmung. Diese wiederzuerlangen ist das Grundmotiv der politischen Theorie von Marx. Dies gilt nun gleichermaßen für seine Kritik der Entfremdung und der daraus abgeleiteten Forderung der Revolution in den frühen Schriften wie für die Kritik der politischen Ökonomie im Spätwerk. Zwar hat Marx in seinen späteren Schriften den Gegenstand seiner Untersuchungen zugunsten ökonomischer Analysen des Kapitalismus verschoben, doch damit geht keine Kritik an den anthropologischen Reflexionen der frühen Jahre einher. Die produktive Natur des Menschen wird im *Kapital* weiterhin hervorgehoben (MEW 23: 193, 198).

Für Marx ist der Mensch „unmittelbar Naturwesen" (MEW EB 1: 578). Er ist zur Befriedigung seiner Bedürfnisse auf die Natur angewiesen, ohne sie kann er, hier den Tieren gleich, seine Existenz nicht sichern. Marx insistiert hier auf die Bedürfnisnatur des Menschen, auf seine Leiblichkeit, also auf das, was der Mensch mit den Tieren teilt. Wie diese muss auch der Mensch sich mit der Natur auseinandersetzen, um seine unmittelbaren Bedürfnisse zu befriedigen. Kurzum, das produktive Leben, die Arbeit, ist dem Menschen als Naturwesen gegeben. Doch der Mensch ist nicht nur Naturwesen, sondern er ist menschliches Naturwesen; sein Verhältnis zur Natur ist nicht instinktbestimmt, sondern reflexiv gebrochen. Ist für die Tiere ihr Verhalten weitgehend durch die Instinkte programmiert, so ist der Mensch in der Auseinandersetzung in und mit der Natur dem Grunde nach frei: Das Tier „produziert nur, was es unmittelbar für sich oder sein Junges bedarf; es produziert einseitig, während der Mensch universell produziert; es produziert nur unter der Herrschaft unmittelbarer physischer Bedürfnisse, während der Mensch selbst frei vom physischen Bedürfnis produziert und erst wahrhaft produziert in der Freiheit von demselben; es produziert nur sich selbst, während der Mensch die ganze Natur reproduziert; sein Produkt gehört unmittelbar zu seinem physischen Leib, während der Mensch frei seinem Produkt gegenübertritt" (MEW EB 1: 517). Der Mensch wird also in Abgrenzung zur idealistischen Philosophie als ein leibliches und damit zwangsläufig produktives Wesen bestimmt. Zudem – und hier nimmt Marx die These Gehlens vom Mängelwesen vorweg – wird der Mensch als instinktarm und damit als weltoffen charakterisiert. Dies impliziert aber wiederum, dass der Mensch, gerade weil er prinzipiell frei ist, nach Bedeutsamkeit in seinem Handeln sucht. Es kommt also nicht mehr einzig darauf an, dass er produziert, sondern auf das Wie, die Art und Weise des Produzierens. Sie ist es Marx zufolge, die seinem Leben Sinnhaftigkeit verschafft. In der Arbeit als schöpferische Tätigkeit kommt der Mensch zu sich selbst; er findet sich in seinem Produkt wieder. Vor dem Hintergrund dieser anthropologischen Bestimmung kann Marx dann den entmenschlichenden Charakter kapitalistischer Produktionsmethoden anprangern. In der arbeitsteiligen Fabrik ist der Arbeiter sowohl seiner Tätigkeit, dem Produkt seiner Arbeit als auch sich selbst und seinen Mitmenschen gegenüber entfremdet und wird somit auf die Existenzweise eines Tieres zurückgeworfen.

„Es ist nicht das Bewusstsein der Menschen, das ihr Sein, sondern umgekehrt ihr gesellschaftliches Sein, das ihr Bewusstsein bestimmt" (MEW 13: 9). Mit diesen berühmten Worten aus dem Vorwort *Zur Kritik der Politischen Ökonomie* verweist Marx auf die Wirkmächtigkeit gesellschaftlicher Verhältnisse. Die Wechselwirkung von Produktivkräften und Produktionsverhältnissen, als der Stand der technischen Entwicklung einerseits und die gesellschaftlichen Verkehrsformen wie die Organisation der Arbeit und die Eigentumsverhältnisse andererseits, sind es, die den konkreten Individuen in ihrem Denken und Handeln vorausgehen, wenn auch nicht in einem vulgärmarxistischem Sinne determinieren.[12] Daraus ergibt sich seine Geschichtlichkeit. Zwar ist der Mensch als Gattungswesen bei Marx durch die produktive Tätigkeit bestimmt, Arbeit damit gleichsam die anthropologische Grundkonstante, doch der konkrete Gehalt des Arbeitsprozesses und damit letztlich auch das konkrete Sein des Menschen ist abhängig von den jeweiligen gesellschaftlichen Verhältnissen. Und diese unterliegen gemäß der materialistischen Geschichtsauffassung der Veränderung. Der Mensch wird innerhalb des Marxschen Denkens somit als variabel begriffen, es gibt kein unveränderliches Wesen des Menschen. Einzig, dass er sich die Natur produktiv aneignen muss, um seine leiblichen Bedürfnisse zu befriedigen, wird als Gattungseigenschaft gesetzt. Die Art und Weise, wie dies geschieht, ist demgegenüber durch und durch gesellschaftlich-geschichtlich. In diesem Sinne geht Marx von einer ,vergesellschafteten Natur' des Menschen aus: „Im Gegensatz zu den Sozial-Darwinisten und den Philosophen des Liberalismus leitet Marx die soziale Bindung nicht von den biologischen Bedürfnissen ab, sondern begreift die biologischen Bedürfnisse und biologischen Bedingungen des menschlichen Daseins als Elemente der gesellschaftlichen Bindungen" (Kolakowski 1988: 472).

Mit der Veränderung der gesellschaftlichen Verhältnisse verändern sich also auch die Menschen in ihrem Denken und ihren Beziehungen zueinander. Sind diese im Kapitalismus noch durch Konkurrenz und Habsucht geprägt, so soll sich eine zukünftige kommunistische Gesellschaft durch Kooperation und Wechselseitigkeit auszeichnen. In ihr sind die Gegensätze von Lohnarbeit und Kapital, von geistiger und körperlicher Arbeit, aber auch die von Mann und Frau aufgehoben. Hiermit geht jedoch nicht die Zurücknahme der Bestimmung des Menschen als produktives Gattungswesen einher. Wenn Marx den geschichtlich-variablen Charakter der menschlichen Natur betont, so bezieht er dies nicht auf die Notwendigkeit der produktiven Auseinandersetzung mit der Natur. In der Bestimmung des Menschen als ,Naturwesen' und als ,produktives Wesen' lässt sich somit trotz der Konstatierung des geschichtlichen Charakters der jeweiligen Existenzweise ein Reduktionismus ausmachen. Der Mensch wird auf der anthropologischen Ebene zu einseitig über den Arbeitsprozess definiert. Tendenziell ausgeblendet werden dabei aber all diejenigen Aspekte menschlicher Existenz, die sich nicht von der produktiven Tätigkeit herleiten lassen, beispielsweise Freundschaft, Liebe und Spiel. Hierauf hat Jürgen Habermas mit Nachdruck hingewiesen. Ihm zufolge fällt Marx insofern hinter Hegel zurück, als Marx das bei Hegel angelegte Ergänzungsverhältnis der beiden grundlegenden Seinsweisen, nämlich Arbeit und Interaktion, zuungunsten von letzterer auflöst: Für Habermas zeigt sich, „daß Marx nicht eigentlich den Zusammenhang von Interakti-

---

[12] Zur Diskussion über vermeintliche deterministische Implikationen bei Marx vgl. u.v.a. Habermas (1957) und Kolakowski (1988: 410-425).

on und Arbeit expliziert, sondern unter dem unspezifischen Titel der gesellschaftlichen Praxis eins auf das andere reduziert, nämlich kommunikatives Handeln auf instrumentales zurückführt" (Habermas 1968: 45). Es ist dieser Reduktionismus der Marxschen Theorie der in letzter Instanz dafür verantwortlich ist,
dass die sozialistische Theorie und Praxis zumindest in einem zentralen Aspekt
dem Kapitalismus blind gefolgt ist: der Fetischisierung der Arbeit.

2 Das Politische in der philosophischen Anthropologie

Es sind nicht allein die klassischen Positionen aus der Ideengeschichte, die für die gegenwärtige Renaissance der politischen Anthropologie Relevanz besitzen. Mindestens ebenso bedeutsam sind die Ansätze einer philosophischen Anthropologie, wie sie in den 20er Jahren des vorigen Jahrhunderts von Helmuth Plessner und Arnold Gehlen entwickelt worden sind, und dies aus je unterschiedlichen Gründen.[13] Plessner ist deshalb von Bedeutung, weil sein Werk in den letzten Jahren eine eindrucksvolle Rezeptionswelle erlebt hat und damit einen wesentlichen Aspekt der Wiederkehr gegenwärtigen anthropologischen Denkens abgibt.[14] Ist dies schon für sich genommen Grund genug für eine Auseinandersetzung mit Plessner, so erhält sie zusätzliche Legitimität durch den Umstand, dass momentan im Anschluss an zentrale Kategorien seiner Anthropologie, namentlich die der exzentrischen Positionalität und die der Differenz von Körperhaben und Leibsein, auf grundlegende Fragestellungen hinsichtlich der Grenzen der menschlichen Existenz eine Antwort zu geben versucht wird.[15]

Auch das Werk von Gehlen ist in den vergangenen Jahren wieder stärker diskutiert worden, wenn auch nicht im gleichen Maße wie dies bei Plessner der Fall ist.[16] Darüber hinaus ist das Werk Gehlens aber aus zwei weiteren Gründen für unseren Gegenstand relevant. Zum einen ist der direkte Vergleich mit Plessners Konzeption einer philosophischen Anthropologie aufschlussreich; gehen doch beide zunächst von lebenswissenschaftlichen Beschreibungen des Menschen aus, gelangen dann aber zu gänzlich unterschiedlichen politisch-sozialen Modellen: Hier die konservative Forderung nach starken Institutionen, die dem

---

[13] Die oftmals in einem Atemzug erwähnte philosophische Anthropologie Max Schelers besitzt dagegen für die politische Anthropologie lediglich eine untergeordnete Bedeutung: zum einem, weil sie auf einem metaphysischen Fundament beruht, die Sonderstellung des (menschlichen) Geistes von Scheler letztlich religiös fundiert ist, zum anderen werden die politisch-institutionellen Implikationen bzw. Konsequenzen nicht weiter aufgeführt; vgl. Arlt (2001: 66 ff.), Sander (2001).

[14] Vgl. hier insbesondere die Arbeiten von Arlt (1996), Kämpf (2001), Krüger (1996, 1999, 2000, 2001), und Fischer (1993, 2000) sowie die Sammelbände von Friedrich/Westermann (1995) und Eßbach/Fischer/Lethen (2002).

[15] Hier ist vor allem Habermas (2001) zu nennen, der von Plessner in seiner Ablehnung einer liberalen Eugenik entscheidenden Gebrauch macht; vgl. unten Kapitel 8. Aber auch bei Krüger (2001, 2004) ist diese Inanspruchnahme von Plessner für die gegenwärtige Debatte um die Grenzen und Bedeutsamkeit des menschlichen Lebens von zentraler Bedeutung.

[16] Vgl. u.a. Haeffner (1995), Rehberg (1990, 1990a, 2000), Rentsch (2003) und Thies (1997, 2000).

‚Mängelwesen' Mensch Halt geben, dort die Verteidigung einer liberalen Gesellschaft, die dem Menschen einen Freiraum für die Bewältigung seiner Existenz
gewährt. Zum anderen sind es die Arbeiten von Gehlen gewesen, an denen sich
ein Großteil der Kritik einer politischen Anthropologie in der Mitte des 20. Jahrhunderts entzündet hat, die Gegenstand des nächsten Kapitels ist. Gehlen fun-
giert somit als ein Paradebeispiel für die Gefahr „einer Dogmatik mit politischen
Konsequenzen, die um so gefährlicher ist, wo sie mit dem Anspruch wertfreier
Wissenschaft auftritt" (Habermas 1958: 108). Es kann und soll im Folgenden
aber nicht darum gehen, die Überlegungen von Plessner und Gehlen en détail zu
rekonstruieren, geschweige denn zu diskutieren. Vielmehr sollen lediglich die
Grundzüge ihrer anthropologischen Annahmen und die damit verknüpften
ethisch-politischen Folgerungen aufgezeigt werden.

2.1 Der heimatlose Mensch bei Helmuth Plessner

Plessners *Die Stufen des Organischen und der Mensch* können als eine Art
Gründungsmanifest der philosophischen Anthropologie gelesen werden.[17] Dieser
Verdienst wird gemeinhin Max Schelers Werk *Die Stellung des Menschen im
Kosmos*, das im gleichen Jahr erschienen ist, zugesprochen, doch es ist Plessner,
der sich um eine lebenswissenschaftliche und damit metaphysikfreie Grundlegung der Philosophie des Menschen bemüht. Schelers Schrift knüpft zwar in
seiner Bestimmung des Menschen zunächst an biologische Erkenntnisse an, lässt
diesen aber nicht darin aufgehen, sondern spricht ihm eine übersinnliche Sphäre
des ‚Geistigen' zu, welche gerade nicht naturwissenschaftlich erklärt werden
könne. Damit verbleibt Scheler jedoch im Fahrwasser eines dualistischen Denkens, das strikt zwischen Geist und (lebendiger) Materie trennt. Plessners Ziel ist
es dagegen, diesen Dualismus zu überwinden, den menschlichen Geist nicht im
Gegensatz zur Natur zu verstehen, sondern diesen als ein emergentes Produkt
des Lebendigen aufzufassen.[18]

---

[17] Meine Darstellung beschränkt sich auf Plessners Grundlegung der Philosophischen Anthropologie
in *Die Stufen des Organischen und der Mensch* (1928) sowie die beiden politisch motivierten Schriften *Die Grenzen der Gemeinschaft* (1924) und *Macht und menschliche Natur* (1931). Die späteren
Schriften Plessners werden nicht berücksichtigt, da es mir hier lediglich um die Genese und Blütephase der Philosophischen Anthropologie und deren ethisch-politische Implikationen geht.
[18] Auf die ontologischen wie epistemologischen Konsequenzen und Probleme dieser Vorgehensweise
kann ich an dieser Stelle nicht eingehen; vgl. aber Haucke (2000). Eine interessante Parallele zu
Plessners Verortung des menschlichen Geistes in der Natur findet sich im Werk von John Dewey, der
sich insbesondere in *Erfahrung und Natur* (1925) ebenfalls um eine naturalistische Grundlegung der
Philosophie bemüht hat; vgl. hierzu Jörke (2003).

Worin unterscheidet sich der Mensch aber von Pflanzen und Tieren, was macht seine Besonderheit aus? Plessner bestimmt die Eigenart des Menschen im Unterschied zu Gehlen nun nicht primär durch die Aufzählung biologischer Besonderheiten wie aufrechter Gang oder Instinktreduktion usw. Der Mensch ist für ihn biologisch betrachtet kein ‚Mängelwesen'. Der Unterschied etwa zu anderen Hominiden ist in dieser Hinsicht zwar durchaus vorhanden, jedoch nicht entscheidend (vgl. Haucke 2000: 153 f.). Entscheidend ist vielmehr, dass seine Seinsweise reflexiv gebrochen ist, er nicht unmittelbar aus seiner Mitte heraus lebt. Es ist diese Besonderheit, die Plessner mit dem Begriff der ‚exzentrischen Positionalität'[19] zu fassen trachtet: „Der Mensch als das lebendige Ding, das in der Mitte seiner Existenz gestellt ist, weiß diese Mitte, erlebt sie und ist darum über sie hinaus. Er erlebt die Bindung im absoluten Hier-Jetzt, die Totalkonvergenz des Umfeldes und des eigenen Leibes gegen das Zentrum seiner Position und ist darum nicht mehr von ihr gebunden. […] er weiß sich frei und trotz dieser Freiheit in eine Existenz gebannt, die ihn hemmt und mit der er kämpfen muß. Ist das Leben des Tieres zentrisch, so ist das Leben des Menschen, ohne die Zentrierung durchbrechen zu können, zugleich aus ihr heraus, exzentrisch. *Exzentrizität* ist die für den Menschen charakteristische Form seiner frontalen Gestelltheit gegen das Umfeld" (Plessner 1928: 364, Herv.i.O.). Die exzentrische Positionalität des Menschen ist somit paradox; er ist dazu verdammt, zugleich in sich und nicht in sich zu sein. Der Mensch hat nicht nur wie die Tiere Bewusstsein, sondern auch Selbstbewusstsein. „Er lebt und erlebt nicht nur, sondern er erlebt sein Erleben" (ebd.) Er ist dadurch zugleich in seinen Körper gestellt und aus diesem heraus. Mit den anderen Tieren teilt er, dass er einen Leib hat, doch er kann sich zu diesem als Körper unter anderen Körpern in der Welt verhalten. „Leib und Körper fallen, obwohl sie keine material voneinander trennbare Systeme ausmachen, sondern Ein und Dasselbe, nicht zusammen. Der Doppelaspekt ist radikal" (Plessner 1928: 367).[20]

Der Mensch lebt also in seiner Mitte und gleichzeitig aus dieser heraus. Er ist sich gegeben und verfehlt sich doch notwendig. Es ist diese ‚konstitutive Heimatlosigkeit', die dem Menschen aufgegeben ist; er muss sich ihr stellen, sie bearbeiten. Darum ist seine Welt auch von Natur aus eine künstliche, wie Pless-

---

[19] Mit dem Begriff der ‚Positionalität' beschreibt Plessner die Seinsweise des Lebendigen. Im Gegensatz zu toter Materie besitzen Pflanzen und Tiere eine Grenze zu ihrer Umwelt, die sie verschieben können. Pflanzen und Tiere wachsen und befinden sich im Austausch mit der Umwelt. Das Verhältnis zur Grenze, das ein lebendiger Körper hat, ist seine Positionalität, wobei Plessner zwischen geschlossenen (Pflanzen) und offenen (Tieren) Formen unterscheidet.
[20] Vgl. zur Differenz zwischen Leibsein und Körperhaben, die eine der grundlegenden Entdeckungen der Philosophischen Anthropologie Plessners darstellt, Krüger (2000). Im Zusammenhang mit der Diskussion von Habermas' Konzept einer Gattungsethik werden wir noch darauf zurückkommen; vgl. Kapitel 8.

ner es in seinem ersten ,anthropologischen Grundgesetz' formuliert: „Die konstitutive Gleichgewichtslosigkeit seiner besonderen Positionalitätsart […] ist der
,Anlaß' zur Kultur" (Plessner 1928: 391). Der Mensch muss sich erst schaffen,
um zu seinem Sein zu gelangen, ein Sein, das aber niemals vollständig, rund sein
kann. Er spürt eine permanente Unruhe, ein ständiges Ungenügen an sich selbst:
„Um sich ins Gleichgewicht erst zu bringen und nicht, um es zu verlassen, wird
der Mensch das dauernd nach Neuem strebende Wesen, sucht er die Überbie-
tung, den ewigen Prozeß" (Plessner 1928: 395). Doch der Mensch ist laut Plessner nicht nur ein künstliches, schöpferisches Wesen, sondern auch ein geschichtliches, womit wir bei seinem zweiten ,anthropologischen Grundgesetz' sind.
Hiermit bezieht er sich auf die Kreativität und Sozialität des Menschen, der mit
und gegen seine Mitmenschen nach Ausdruck strebt. Indes ist Plessners strikte
Trennung zwischen Kultur als die Summe technischer und sittlicher Artefakte
und Geschichte als schöpferische Kraft nicht völlig nachvollziehbar und mag
wohl den besonderen Umständen des Weimarer Zeitgeistes geschuldet sein.[21]

Plessner formuliert am Ende der *Stufen* noch ein drittes ,anthropologisches
Grundgesetz', das des ,utopischen Standorts'. Er zielt damit auf das metaphysische Verlangen, welches sich aus der Erfahrung der Kontingenz, der „absoluten
Zufälligkeit des Daseins" ergibt. Doch im Gegensatz etwa zu Scheler verzichtet
er auf den „Sprung in den Glauben" (Plessner 1928: 419 f.). Es gibt für Plessner
gerade keine letzte Gewissheit, das Bedürfnis nach ihr läuft ins Leere. Der
Mensch ist damit ins Nichts gestellt, ins U-topische, und gerade deshalb, so lassen sich die letzten Seiten der anthropologischen Grundlegung deuten, ist der
Mensch auf den gesellschaftlichen Schutz seiner Verletzlichkeit angewiesen:
„Die Nichtigkeit seiner Existenz, ihre restlose Durchdringlichkeit und das Wissen darum, daß wir im Grunde alle dieselben sind, weil wir, jeder für sich, Individuen und so voneinander geschieden sind, bildet den Grund der Schamhaftig-
keit […] Ihm erwächst dadurch jene Zweideutigkeit, die den Menschen zwischen
dem Drang nach Offenbarung und Geltung und dem Drang nach Verhaltenheit
hin und her reißt. Diese Zweideutigkeit ist eine der Grundmotive sozialer Organisation" (Plessner 1928: 422).

Mit diesem Plädoyer für die Respektierung des Privaten eines jeden Menschen greift Plessner auf Überlegungen zurück, die er bereits in *Die Grenzen der
Gemeinschaft* in Abgrenzung zum Authentizitätswahn seiner Zeitgenossen formuliert hat. Dies verweist, vorsichtig formuliert, auf einen Zusammenhang zwischen der anthropologischen Bestimmung des Menschen einerseits und deren
ethisch-politischen Konsequenzen andererseits, womit sich Plessner in die Tradition einer ,politischen Anthropologie' stellt. Gleichwohl stehen einer derartigen

---

[21] Vgl. Arlt (2001: 126).

Lesart eine Reihe von Äußerungen Plessners gegenüber, in denen er sich gegen eine Ableitung normativer Maßstäbe aus anthropologischen Aussagen ausspricht, so schreibt er etwa: „Anthropologische Analyse steht nämlich in keinem natürlichen Bündnis weder mit der ontologischen noch mit der ethischen Frage" (Plessner 1948: 418). An anderer Stelle betont er die Unhintergehbarkeit des Historismus, also die Wandelbarkeit der Bilder über den Menschen, woraus sich für ihn die Forderung nach einer Trennung zwischen der Wesens- und der Wesentlichkeitsbestimmung, also die Bestimmung des Zwecks der menschlichen Existenz ergibt (Plessner 1953: 286). Dennoch räumt er wenige Zeilen später ein, dass sich die geforderte Trennung von Tatsachen und Werten zumindest in der philosophischen Anthropologie nicht vollkommen aufrechterhalten lässt. Allein der Wille, sich mit dem Wesen des Menschen zu befassen, ist einem praktischen Impetus geschuldet: „Theoretische und praktische ‚Bestimmung' des Menschen greifen allerdings ineinander, wie denn jede Philosophie davon abhängt, was für ein Mensch man sein will" (ebd.).

Wenn man will, kann man diese Formulierung aus dem Jahr 1953 als eine Selbstreflexion lesen, als eine Einsicht in das Scheitern des Unterfangens, eine normativ neutrale Beschreibung des menschlichen Wesens zu liefern.[22] Dies wird zudem darin deutlich, dass die ethisch-politischen Konsequenzen, die Plessner aus der Analyse des menschlichen Lebens, der ‚exzentrischen Positionalität' gewinnt, in der Diskussion umstritten sind. Die Zuschreibungen reichen von der einer Verteidigung liberaler Institutionen, über die einer ‚Verhaltenslehre der Kälte' bis hin zu einer Geistesverwandtschaft mit Carl Schmitt.[23] Wenn im Folgenden die Hauptargumentationslinien zweier politisch motivierter Schriften, nämlich *Die Grenzen der Gemeinschaft* und *Macht und menschliche Natur*, herausgearbeitet werden, so geht es dabei nicht darum, diesen Streit zu entscheiden. Vielmehr möchte ich lediglich deren Verankerung in der philosophischen Anthropologie herausarbeiten, woraus sich dann aber auch eine Einbettung anthropologischer Überlegungen in normative Überzeugungen ergibt. In den Worten von Plessner: „Hominitas – wenn wir darunter die wertneutrale Wesensverfassung des Menschen verstehen – ist nur durch Humanitas, d.h. eine vielleicht gegen viele einander ausschließende Position tolerante, doch eben die umspannende Weite zum Ideal erhebende Haltung möglich, wie umgekehrt Humanitas nur durch Hominitas" (Plessner 1953: 286 f).

---

[22] Vgl. zum Spannungsverhältnis zwischen Anthropologie und Ethik bei Plessner auch Fahrenbach (2004).

[23] Ein liberale Lesart liefern Fischer (1993, 2000) und Krüger (1999, 2001); der Ausdruck ‚Verhaltenslehre der Kälte' stammt von Lethen (1994, 2002); eine grundlegende Affinität mit Schmitts Begriff des Politischen behauptet Kramme (1989). Ein Überblick „Zum gegenwärtigen Streit um Helmuth Plessners philosophische Anthropologie" findet sich bei Krüger (1996).

Welche ethischen und oder politischen Implikationen besitzt Plessner Anthropologie? Es ist bereits deutlich geworden, dass der Mensch keine völlige
Sicherheit in seinem Dasein besitzt; er ist ins Nichts gestellt, muss sich seine
Welt – und damit seine künstliche Sicherheiten – erst schaffen. Doch diese Welt
der Kultur ist immer und notwendig prekär, sie gewährt keine dauerhafte Ruhe,
da der Mensch sich in ihr nicht zuhause fühlt. Ein wesentlicher Grund dieses
latenten Unbehagens an der Kultur besteht in der ‚Mitwelt'. Der Mensch teilt
sich die künstliche Welt mit seinen Artgenossen, ist daher notwendig ein soziales
Wesen. Allerdings darf dies nicht in einem kommunitaristischen Sinne verstanden werden. Zwar lebt der Mensch notwendig in einer sozialen Welt, doch es
handelt sich dabei nicht um eine reine Kooperationsgemeinschaft. Im Gegenteil,
laut Plessner ist der Mensch infolge seiner ‚exzentrischen Positionalität' ein
gerade durch seine Mitmenschen höchst verletzbares Wesen. Er ist ständig „re-
ziprok den durchdringenden Blicken und Stimmen der Anderen ausgesetzt",
welche „meine geöffnete Mitte besetzen und durchbohren" (Fischer 2000: 282)
können. Daher braucht der Mensch Schutz, er muss sein Innerstes verstecken
können, wie Plessner insbesondere in den *Grenzen der Gemeinschaft* verdeutlicht.

Er wendet sich dort gegen jene Gemeinschaftsideologien, die den Einzelnen
in einem Volkskörper oder auch in einer religiösen Sekte aufgehen lassen. Seine
Kritik richtet sich damit gegen die vermeintlichen Segnungen ‚warmer Gemeinschaften' für den in der modernen Massengesellschaft orientierungslos gewordenen Menschen. In der Schrift kann man also unschwer eine Reaktion auf eine
ganz spezifische kollektive Erfahrung zwischen den Weltkriegen erkennen.[24] Er
formuliert dabei eine Einwand, den Richard Sennett später unter die einprägsame
Formel einer ‚Tyrannei der Intimität' gebracht hat. Für Plessner geht dann auch
der Mensch durch ein Verschmelzen in der Gemeinschaft seines innersten Kerns
verlustig: „Mit der gesinnungsmäßigen Preisgabe eines Rechts auf Distanz zwischen Menschen im Ideal gemeinschaftlichen Aufgehens in übergreifender organischer Bindung ist der Mensch selbst bedroht" (Plessner 1924: 28). Um dieser
Gefahr zu entgehen, bedarf es vielmehr Distanz, dem Spiel mit den Masken, wo
sich der Mensch nicht völlig entblößt, sondern in eine Rolle schlüpft, die es ihm
erlaubt, seinen inneren Kern gerade nicht zu zeigen. Plessner spricht von einem
‚Ethos der Grazie', in der sich Menschen zwar begegnen, aber eben auch nur
oberflächlich berühren und ihr ‚wahres Gesicht' verbergen; er plädiert für Takt
und die ‚Logik der Diplomatie'. All dies soll den Menschen schützen, seine Unergründlichkeit anerkennen. Und diese Unergründlichkeit, für die Plessner später

---

[24] Vgl. zum Hintergrund und der aktuellen Kontroverse über den politischen Gehalt von Plessners
Grenzschrift die Beiträge in Essbach/Fischer/Lethen (2002).

den Ausdruck ‚homo absconditus' verwenden wird, fußt in seiner ‚exzentrischen Positionalität'.

Somit scheint sich hiermit die oben geäußerte Vermutung, dass Anthropologie und ethisch-politische Überzeugungen beim frühen Plessner in einem Verweisungszusammenhang stehen, zu bestätigen. Die in den *Stufen* dargelegte Figur der ‚exzentrischen Positionalität' findet ihren Widerhall in einem leidenschaftlichen Plädoyer für bürgerlich-liberale Praktiken der Distanz in den *Grenzen*. Das muss nicht notwendig deren Überzeugungskraft schmälern, dennoch sollte zumindest der Verdacht, dass Plessners philosophische Anthropologie auch zeitbedingt ist, ihr gar ein normativer Impetus innewohnen könnte und Anthropologie und Ethik daher tiefer verschlungen sind, als es zunächst den Anschein hatte, nicht vorschnell beiseite geräumt werden. Zumal die normative Stoßrichtung der Grenzschrift, wie gezeigt, umstritten ist, auch wenn momentan eine liberale Lesart überwiegt.

Ist nun aber schon die Abhandlung über die *Grenzen der Gemeinschaft* hinsichtlich ihrer politischen Stoßrichtung alles andere als unumstritten, so trifft dies in einem größeren Maße für die 1931 erschienene Schrift *Macht und menschliche Natur* zu. Die Behauptung eines Zusammenhangs zwischen dem Wesen des Menschen und der Sphäre des Politischen kommt dabei bereits im Titel zum Ausdruck. Plessner entwickelt in diesem Werk die These, dass der Mensch sich durch politisches Handeln eine Welt der Vertrautheit schaffen müsse, um seiner ‚Unergründlichkeit' zu entgehen: „Jede Satzung ist der Versuch, die wesenhafte Inkongruenz der Situation des Menschen in ihr selbst auszugleichen, eine produktive Möglichkeit der Wiederherstellung dessen, was nie bestanden hat, in der Sicherung dessen, was wahrhaft gerecht ist" (Plessner 1931: 199 f.). Und eben dies geschehe durch Macht, durch die Setzung einer ‚Vertrautheitszone', also die Etablierung einer Sphäre der, wenn auch nur vorübergehenden, Sicherheit. Das Politische sei daher eine „Konstante der menschlichen Situation" (Plessner 1931: 194), welche sich nicht allein auf die Sphäre staatlichen Handelns beschränke, sondern sämtliche menschliche Beziehungen durchdringe.

Nun kann man hierin die Vorwegnahme einer Machtkonzeption sehen, wie sie in der zweiten Hälfte des 20. Jahrhunderts Michel Foucault entwickelt hat.[25] Dieser Deutung zufolge ist das Streben nach Macht insofern allgegenwärtig oder anthropologisch konstant, als es in sämtlichen zwischenmenschlichen Beziehungen immer auch um die Grenzen und Identität der beteiligten Personen geht. Sie werden, mit anderen Worten, in diesen Interaktionen in ihrer Subjektivität bestätigt oder eben auch nicht. Daher der alltägliche Kampf, die Unhintergehbarkeit von Machtbeziehungen, die mal offen, mal verdeckt ausgetragen werden. Pless-

---

[25] Eine solche Interpretation findet sich bei Krüger (1999: 252).

ner schreibt dies am Ende der Weimarer Republik und man kann darin auch eine Warnung vor der nietzscheanischen Natur des Menschen in einer Zeit sehen, in der die zivilisatorischen Fesseln, wie er sie noch in den *Grenzen der Gemeinschaft* propagiert hatte, sich zunehmend auflösen. In diesem Sinne wäre *Macht und menschliche Natur* eine Schrift, die auf die Verteidigung einer liberalen Gesellschaft zielt. Und einige Passagen am Ende, in denen er beispielsweise die Gleichwertigkeit aller Kulturen betont oder das Fremde als das Eigene im Anderen bezeichnet, lassen sich durchaus in dieser liberalen Weise verstehen. Dagegen steht jedoch die Carl Schmitt entnommene Bestimmung des Politischen als eine Freund-Feind-Relation. So heißt es an zentraler Stelle: „Mit dem Prinzip, die Unergründlichkeit für das Wissen verbindlich zu nehmen, treten die ersten Umrisse der menschlichen Lebenssituation ins Licht. Der Mensch – in dieser Allgemeinheit auf das Menschliche hin gewagt, und ein Wagnis bleibt jede ihn in seinem formalen Charakter bestimmende Aussage – steht als *Macht* notwendig im *Kampf um sie*, d.h. in dem *Gegensatz* von Vertrautheit und Fremdheit, von *Freund und Feind*" (Plessner 1931: 191, Herv.i.O.). Dass die Formel an dieser Stelle keine beiläufige Verwendung findet, belegt die zustimmende Erwähnung Schmitts in den einleitenden Bemerkungen. Der Streit um Plessners Nähe oder Differenz zu Schmitt kann und soll an dieser Stelle nicht entschieden werden. Vor dem Hintergrund dieser und gleich lautender Formulierungen ist es aber zumindest nicht verwunderlich, dass Plessner über „lange Zeit ein heißes Eisen" (Krüger 1996: 271) gewesen ist. Zwar richtete sich die Kritik der Anthropologie, wie sie insbesondere von den Vertretern der ‚Frankfurter Schule' formuliert worden ist, weniger gegen Plessner als gegen Scheler und Gehlen, doch es fiel auch auf seine Version einer philosophischen Anthropologie ein Schatten.

2.2 Die ‚Zucht' des Mängelwesens bei Arnold Gehlen

Gehlens Ziel ist es, die Bestimmung des Menschen vor dem Hintergrund naturwissenschaftlicher Erkenntnisse zu fundieren und damit auf jegliche Metaphysik und Spekulation zu verzichten: „Unsere wissenschaftliche Philosophie stellt sich also die Aufgabe, wissenschaftliche Aussagen über den Menschen zu machen" (Gehlen 1963: 16). Das bedeutet, er möchte sich mit seiner Anthropologie an den Ergebnissen der empirischen Wissenschaften, namentlich Psychologie, Biologie und Ethnologie, orientieren. Hierdurch soll ein sicheres, weil intersubjektiv überprüfbares Fundament der anthropologischen Aussagen geliefert werden. Diese Vorgehensweise ist nun insofern bedeutsam, als Gehlen wie kein anderer aus dieser anthropologischen Grundlegung sozialpsychologische wie auch politisch-institutionelle Folgerungen zieht. Auf einen Punkt gebracht besagen diese, dass der Mensch aufgrund biologisch einmaliger Merkmale, die er mit dem Ausdruck ‚Mängelwesen' zusammenfasst, auf eine kulturelle Absicherung seines Lebensvollzuges angewiesen ist. Neben sozial erworbenen Gewohnheiten, sind es insbesondere moralische Regeln und Institutionen, die den Menschen entlasten sollen. Dies geschieht, indem sie den zunächst einmal weitgehend offenen Handlungs- und Kontingenzraum begrenzen. Die Notwendigkeit solcher entlastenden Regeln und Institutionen wird also anthropologisch ausgewiesen. Indem Gehlen sich dabei nun auf die Ergebnisse der Erfahrungswissenschaften beruft, erscheint ein politisches Ordnungsgefüge, das sich auf starke Institutionen stützt, gleichsam unhintergehbar, weil naturgegeben. Anders ausgedrückt: zuviel Freiheit überfordert zum einen den Menschen, ohne ‚Führung' und ‚Zucht' erlebt er die Welt als Chaos. Zum anderen wird bei einem Übermaß an Liberalität aber auch der gesellschaftliche Zusammenhalt prekär. Ohne sittlichen und institutionellen Halt ist ein geordnetes Zusammenleben nicht möglich. Damit gewinnt Gehlens Anthropologie einen konservativen Anstrich. Seine naturalistische Ableitung starker Institutionen entzieht liberal-demokratischen Ordnungsentwürfen, die auf die freiwillige Kooperation der Gesellschaftsmitglieder zielen, scheinbar den Boden. Und gänzlich konträr steht seine Anthropologie zu anarchistischen Vorstellungen. Vor diesem Hintergrund ist Gehlens Anthropologie vielfach als biologistisch und als der nazistischen Ideologie nahe stehend kritisiert worden. Im Folgenden sollen die wesentlichen Facetten dieser biologischen Fundierung der menschlichen Natur und deren politischen Implikationen zumindest bis zu dem Punkt dargestellt werden, an dem die Vermengung von normativen Werturteilen und einer vermeintlich neutralen Beschreibung der Natur des Menschen hervortreten wird. Diese Zirkularität ist dann auch einer der Hauptangriffspunkte gewesen, an denen sich die Kritik entzündet hat.

Gehlens Beschreibung der biologischen Grundausstattung des Menschen hat zwei Ebenen, die es zu trennen gilt. In methodologischer Hinsicht verortet er den Menschen *in der Natur*, indem er seine Anlagen und Fähigkeiten mit denen von Tieren vergleicht. Die Einordnung des Menschen in den Naturzusammenhang wird in erster Linie durch die Erkenntnisse von Biologie, Psychologie und Physiologie motiviert. Auf inhaltlicher Ebene gelangt Gehlen jedoch zu einer entgegen gesetzten Erkenntnis: Der Mensch-Tier-Vergleich macht deutlich, dass der Mensch gerade *kein Naturwesen* ist, da er aufgrund seiner mangelhaften physischen Grundausstattung und fehlenden Angepasstheit nirgends von Natur aus beheimatet ist. Der Mensch stellt ontogenetisch eine ‚Retardation' dar: er ist in seiner Entwicklung auf einer unspezialisierten, archaisch-primitiven Stufe stehen geblieben. Dies offenbart sich im ‚embryonischen Habitus' des Menschen, der sich unter anderem in seiner Hilflosigkeit, der verlängerten Kleinkindzeit und späten Geschlechtsreifung zeigt. Ferner stellt der Vergleich mit den

Tieren die menschliche Instinktarmut heraus sowie einen Überschuss an unspezialisierten Antrieben. Der Mensch ist zudem in organischer Hinsicht ein ‚Mängelwesen', ein ‚morphologischer Ausnahmefall'. Im Vergleich zum Tier ist der Mensch somit durch das, was *fehlt,* gekennzeichnet. Der Mensch besitzt keine spezialisierten Angriffs- oder Verteidigungswerkzeuge, kein Fell und er „hat einen geradezu lebensgefährlichen Mangel an echten Instinkten" (Gehlen 1986: 33). Gehlen beschreibt diese Unspezialisiertheit der menschlichen Anlagen mit dem Begriff der ‚Weltoffenheit', d.h. er besitzt keine nur ihm gemäße Umwelt. Mittels der Kompensationsmechanismen wie Sprache, Denken, Technik und Institutionen entsteht die zweite Natur des Menschen, seine entlastende Ersatzwelt.

Biologische Natur und kulturelle Existenz des Menschen sind also nicht zu trennen: Es gibt keine kulturfreie menschliche Existenzform. Indem die psychisch-intellektuellen Leistungen aus der physischen Mängelkonstitution resultieren, umfasst Gehlens Anthropologie sowohl die leibliche als auch die seelische Dimension des menschlichen Wesens. Es sind die Begriffe der Handlung und der des Handlungskreises, mit deren Hilfe er die klassische Entgegensetzung von Leib und Seele zu überwinden trachtet. Im Vollzug von Handlungen sind Leib und Seele eine Einheit, sie wirken zusammen und lassen sich lediglich analytisch scheiden. Doch der Begriff der ‚Handlung' beinhaltet noch einen weiteren Punkt. Im Gegensatz zum tierischen Verhalten sind menschliche Handlungen variabler und auf die Zukunft gerichtet. Eine Einsicht, die Gehlen dem amerikanischen Pragmatismus verdankt. Diese ‚Weltoffenheit' folgt notwendigerweise aus der mangelhaften Einpassung des Menschen in eine natürlich gegebene Umwelt und seiner Instinktarmut. Insofern der Mensch kein Naturwesen ist, d.h. ihm kein Lebensraum von Natur aus entspricht, ist er gezwungen, zu seiner Lebenswelt aktiv Stellung zu beziehen. Dass der Mensch ein handelndes, Kultur schaffendes und auch voraussehendes Wesen ist, erscheint denn bei Gehlen als ein Katalog sekundärer Anlagen, welcher aus dem physischen Defizit des Menschen resultiert.

Mit der grundsätzlichen Offenheit des Menschen wird zwar seine Existenz als Kulturwesen, jedoch noch keine bestimmte Lebens- oder Verhaltensweise präjudiziert. Indem der Mensch sich sowohl zu sich selbst als auch zu seiner Umwelt immer wieder neu verhalten kann bzw. muss, hat er das Potential zu individueller Entfaltung und Entwicklung. Zugespitzt formuliert existiert der Mensch als Prometheus, der sich die Welt und damit auch sich selbst erschafft. Jedoch bleibt Gehlen nicht bei dieser optimistischen Sicht stehen. So ergeben sich aus der Weltoffenheit auch spezifische Nachteile, welche in erster Linie in einer vermeintlichen Reizüberflutung und der daraus folgenden Orientierungslosigkeit bestehen. Um dem zu entgehen, verfügt der Mensch über eine Reihe von

Entlastungsfunktionen, zu denen unter anderem die Sprache sowie sozial vermittelte Verhaltensweisen zählen. Insofern kommt es zu einer Konditionierung des menschlichen Verhaltens auf bestimmte Reize hin. Die (soziale) Stabilisierung und auch psychologische Automatisierung von Reaktionsweisen stellt ein Korrektiv der menschlichen Variabilität dar. Diese Formen der Sublimierung durch Sozialisation und Erziehung sind laut Gehlen nicht zuletzt deshalb erforderlich, als es dem Menschen zwar an Instinkten, d.h. spezifischen Antrieben mangelt, nicht aber an Antrieben generell. Diese sind sogar im Überfluss vorhanden, so dass dieser Antriebsüberschuss der Regulierung und Disziplinierung – Gehlen spricht diesbezüglich von der ‚Zucht' – bedarf.

Neben Handeln, Sprache und Gemeinschaft sind es insbesondere Institutionen, welche sowohl die menschliche Instinktarmut als auch den Antriebsüberschuss kompensieren müssen: „Der Mensch kann zu sich und seinesgleichen ein dauerndes Verhältnis nur indirekt festhalten, er muß sich auf einem Umwege, sich entäußernd, wieder finden, und da liegen die Institutionen. [...] So werden wenigstens die Menschen von ihren eigenen Schöpfungen verbrannt und konsumiert und nicht von der rohen Natur wie Tiere. Die Institutionen sind die großen bewahrenden und verzehrenden, uns weit überdauernden Ordnungen und Verhängnisse, in die die Menschen sich sehenden Auges hineinbegeben" (Gehlen 1963: 245). Der Übergang von der Ebene der Anthropologie zu einer sozialen Ordnungskonzeption ergibt sich somit aus dem Dreischritt Mängelwesen – Entlastung – Institutionen. In seinem Hauptwerk *Der Mensch* hat Gehlen gezeigt, dass die humane Lebensform wesentlich durch das, was sie nicht hat, bestimmt wird: Der Mensch ist ein ‚Mängelwesen', das sowohl physisch wie psychisch im höchsten Maße verletzbar ist. Seine körperliche Unzulänglichkeit wird dabei durch Technik kompensiert. Die psychische Mangelhaftigkeit jedoch, die sich aus dem Mangel an spezifischen Instinkten ergibt, führt zu einem Antriebsüberschuss. Um dauerhaft lebensfähig zu sein, muss der Mensch von diesem entlastet werden. ‚Entlastung' bedeutet somit die Eindämmung und Kanalisierung des Antriebsüberschusses, und zwar sowohl im Hinblick auf die Stabilisierung der inneren Gefühlswelt, dem adäquaten Umgang mit der äußeren Welt, als auch im Hinblick auf die Gestaltung der sozialen Beziehungen. Dies ist die Leistung von Institutionen im weiteren Sinne. Institutionen ermöglichen „eine Verhaltenssicherheit und gegenseitige Einregelung" (Gehlen 1986a: 96); sie stellen „gesellschaftlich sanktionierte Verhaltensmuster" (Gehlen 1986b: 71) dar. Institutionen gerinnen zu „Gestalten eigenen Gewichts" (ebd.), die eine überindividuelle Existenz führen, gleichsam hinter den Rücken der Individuen. Diese finden die institutionellen Gebilde vor und fügen sich in diese ein. Damit wird gesellschaftliche Kontinuität und Stabilität auch über den Wechsel der Generationen gewährleistet. Soziale Institutionen bewirken laut Gehlen ein Dreifaches. Zum ersten stiften

sie Sinn, sie geben Orientierung in einer zunächst chaotischen Welt. Sie befreien
vom einem haltlosen Egoismus und selbstquälerischen Sinnfragen. Prototypen
hierfür sind der Staat und die Ehe, und in deren zunehmenden Bedeutungsverlust
sieht er eine der grundlegenden Verfehlungen moderner Gesellschaften. Zweitens regeln Institutionen die zwischenmenschlichen Beziehungen, sie dienen als
‚Sozialregulatoren'. Prototypisch für diese Funktionsweise ist das Recht, aber
auch sittliche Gewohnheiten können als Institutionen aufgefasst werden. Und
drittens bewirken Institutionen gesellschaftliche Kontinuität.

Gehlen geht nun davon aus, dass nur starke Institutionen – hier denkt er insbesondere an einen autoritären, hierarchisch organisierten Staat und an traditionelle Familienstrukturen – diese Entlastungsfunktionen übernehmen können. Nur
sie seien in der Lage, den Menschen klare Orientierungen vorzugeben, ihm die
notwendige ‚Zucht' angedeihen zu lassen. Starke Institutionen sind als ein Ge-
genmodell zu liberal-demokratischen Institutionen zu verstehen. Denn diese
überfordern Gehlen zufolge den Menschen, gerade weil sie nicht hierarchisch
organisiert sind und große Freiräume für die individuelle Entfaltung bieten. Hier
hat dann auch seine Zeitkritik ihre Wurzel, der zufolge moderne Gesellschaften
aufgrund eines vermeintlichen Übermaßes an Freiheit den Menschen überfordern. Dies führe aber ebenso zu Dekadenz wie zu einer ständigen Gefährdung
gesellschaftlicher Ordnung. Vor diesem Hintergrund ist es wenig verwunderlich,
dass Gehlen zu einem der schärfsten Kritiker der Studentenrevolte der 60er Jahre
und der daran anschließenden Demokratisierungswelle zählt.

Nun muss man sich hier jedoch vor einem argumentativen Kurzschluss hüten. Auch wenn man Gehlens anthropologischen Grundannahmen – der Mensch
als ‚Mängelwesen', ‚Antriebsüberschuss', Notwendigkeit von ‚Entlastungen'
teilt –, folgt daraus noch lange nicht die Verwerfung liberal-demokratischer
Institutionen. Diese haben sich trotz aller konservativen oder auch linksradikalen
Kritik in den letzten Jahrzehnten als erstaunlich stabil und anpassungsfähig erwiesen. Viele Sozialwissenschaftler gehen darüber hinaus davon aus, dass gerade
die Studentenrevolte zu einem erheblichen Modernisierungsschwung liberaler
Gesellschaften beigetragen hat. Mit anderen Worten, zwischen Gehlens Anthropologie und seinen gesellschaftstheoretischen Schlussfolgerungen haben sich
normative Zusatzannahmen eingeschmuggelt, die sich keineswegs empirisch aus
der Natur des Menschen ableiten lassen. Denn wie die ‚Entlastung' konkret erfolgt, ist und bleibt im höchsten Maße kulturabhängig. Ein Umstand, den auch
Gehlen zumindest implizit einräumt, indem er den Menschen als Kultur schaf-
fend, als einen Prometheus begreift. Hier zeigen sich dann auch zwei grundlegende Schwachstellen von Gehlens Institutionenbegriff: weder verfügt er über
eine überzeugende Theorie des Institutionenwandels, noch ist er in der Lage,
seine normativen Grundannahmen adäquat zu begründen. Auch der Versuch, die

Notwendigkeit ‚starker Institutionen' anthropologisch zu fundieren, kann diese Lücke nicht schließen.

Insoweit Gehlen sich nämlich um eine empirische Absicherung seiner An thropologie mit ihrem Kernstück, der Annahme von der ‚Sonderstellung' des Menschen und seinem Status als ‚Mängelwesen' bemüht hat, muss dieses Unterfangen als gescheitert betrachtet werden. Dies vornehmlich aus zwei Gründen. Zum einen hat Gehlen in expliziter Abgrenzung zur Evolutionstheorie (Gehlen 1986: 14 f.) die Diskontinuität zwischen Tier und Mensch überbetont, indem er einseitig spezifische Differenzen herausarbeitet, etwa bei der These von der ‚physiologischen Frühgeburt' des Menschen, ähnliche Merkmale von Primaten dabei aber verschweigt (vgl. Thies 2000: 44f.). Auch der Mangel an spezifischen Instinkten und seine ‚Weltoffenheit' lassen sich im Sinne der Evolutionstheorie deuten. Zum anderen sind viele der biologischen Überlegungen, auf den Gehlen seine Theorie vom ‚Mängelwesen' stützt, inzwischen durch die Forschung überholt (vgl. Karneth 1991). Beispielsweise sind viele Faktoren, die die Entwicklung des Menschen bedingen, wesentlich gesellschaftlicher und nicht biologischer Natur. So ist die verlängerte Kindheit und Jugend ein typisches Merkmal demokratischer Wohlstandsgesellschaften. Diese Kulturabhängigkeit der menschlichen Entwicklung wird auch von Gehlen selbst betont, für ihn ist der Mensch gerade aufgrund seiner vermeintlich ungenügenden biologischen Basis wesentlich Kulturwesen. Kulturen unterscheiden sich jedoch, und dies bleibt nicht ohne Auswirkung auf die in ihr lebenden Menschen. Auch ist zu fragen, inwieweit der Begriff des ‚Mängelwesens' angemessen ist, wird durch ihn doch zumindest suggeriert, dass die menschliche Existenzform grundlegend defizitär sei. Damit wird aber eine Seite des Menschen verabsolutiert, ausgeblendet werden dagegen die immensen Fähigkeiten, die dem Menschen im Vergleich zum Tiere zukommen. Anders ausgedrückt: Gehlens negative Anthropologie folgt nicht zwangsläufig aus einer vermeintlichen Sonderstellung des Menschen.

3 Anthropologiekritik

Der Verdacht, dass Bestimmungen der Natur des Menschen auf tönernen Füßen stehen, dass der Mensch das nicht-festgestellte Wesen (Nietzsche) sei, ist nahezu ein ständiger Begleiter anthropologischen Denkens, und entsprechend zahlreich sind die kritischen Stimmen in der Philosophiegeschichte. Dennoch hat es erst in Reaktion auf die Blütephase der philosophischen Anthropologie eine gleichermaßen intensive wie systematische Auseinandersetzung mit dem Versuch, unter Rückgriff auf vermeintliche Universalien der menschlichen Natur Normen und Institutionen fundieren zu wollen, gegeben.[26] Einen weiteren Schub hat die Anthropologiekritik Anfang der 70er Jahre des vorigen Jahrhunderts im Zuge der ‚nature versus nurture' Debatte[27] und dann noch mal wenige Jahre später in Reaktion auf die Publikationserfolge soziobiologischer Ansätze[28] bekommen. Auch die fundamentalen Einwände, die aus einer strukturalistischen Perspektive von Michel Foucault gegen das ‚anthropologische Denken' überhaupt vorgebracht werden, sowie Richard Rortys neopragmatische Kritik der Fundierungsphilosophie sind hierbei zu beachten. Insofern die Beurteilung der Überzeugungskraft der gegenwärtigen politischen Anthropologie ein wesentliches Ziel dieser Untersuchung darstellt, ist es mithin erforderlich, die verschiedenen Stränge einer Anthropologiekritik aufzuarbeiten und zu systematisieren. Im Folgenden sollen daher zunächst einige wichtige Stationen der Anthropologiekritik im 20. Jahrhundert zumindest skizziert werden (1), um sodann drei grundlegende Einwände gegen eine politische Anthropologie zu benennen. Es sind diese Kritikpunkte, die auch die gegenwärtigen Formen mit erheblichen Begründungslasten versehen (2).

---

[26] Adorno (1966), Habermas (1958, 1970), Horkheimer (1935).

[27] Vgl. Lepenies/Nolte (1971), Lepenies (1971a), Kamper (1973).

[28] Zwar haben soziobiologische Konzeptionen eine längere Vorgeschichte, doch einer breiteren nicht nur wissenschaftlichen Öffentlichkeit sind diese erst mit den Arbeiten von Dawkins (1978) und E. Wilson (1975) bekannt geworden. Einen Überblick über neuere Arbeiten liefern Trivers (1981), Voland (2000) und Wuketis (2002). Gegen die These vom ‚egoistischen Gen' sind dabei eine Reihe von Einwänden vorgebracht worden, die sich vornehmlich gegen naturalistische Begründungsmuster richten; vgl. Euchner (2001), Kitcher (1985, 1993), Lewontin/Rose/Kamin (1984), Saretzki (1990). Ich werde im vierten Kapitel auf neuere soziobiologische Ansätze näher eingehen.

3.1 Stationen der Anthropologiekritik im 20. Jahrhundert

3.1.1 Die Kritik der ‚Frankfurter Schule' und ihrer Nachfolger

Bereits vor der Veröffentlichung der beiden grundlegenden Werke zur philosophischen Anthropologie, der *Stellung des Menschen im Kosmos* von Max Scheler und der *Stufen des Organischen und der Mensch* von Helmuth Plessner im Jahr 1928, hat George Lukács in *Geschichte und Klassenbewußtsein* einen grundsätzlichen Einwand gegen jeglichen Versuch, den Menschen spezifische unveränderliche Eigenschaften zuzuschreiben, formuliert. Ein derartiges Unterfangen würde den grundlegend geschichtlich-gesellschaftlichen Charakter des Menschen verneinen und ihn zu einer „fixen Gegenständlichkeit erstarren lassen" (Lukács 1922: 204). Es ist dieser Vorwurf, den ein gutes Jahrzehnt später Max Horkheimer, jetzt vor dem Hintergrund der Blütephase der philosophischen Anthropologie, wieder aufnimmt. In seinen *Bemerkungen zur philosophischen Anthropologie* (1935) liefert Horkheimer zum ersten Mal eine systematische Kritik, die die zerstreuten und eher beiläufigen Bemerkungen Lukács überschreiten. Und auch die Einwände, die Jürgen Habermas gut 20 Jahre später vorbringen wird, zehren noch von Horkheimers Überlegungen. Insofern sollen diese hier etwas ausführlicher gewürdigt werden.

Horkheimer sieht die philosophische Anthropologie, und hier namentlich das Werk von Scheler, in der Tradition der idealistischen Philosophie.[29] Wie diese sei auch Scheler bestrebt, „neue absolute Prinzipien aufzustellen, aus denen das Handeln seine Rechtfertigung gewinnen soll" (Horkheimer 1935: 252). Es sind die gesellschaftlich-politischen Implikationen des Versuches, letzte Fundamente des Handelns aufzuweisen, vor denen Horkheimer nachdrücklich warnt. Denn wenn der Mensch als unveränderlich charakterisiert wird, also dem Wandel der Geschichte entzogen ist, dann ist oftmals die Überzeugung nicht fern, dass es eben seine unveränderlichen Eigenschaften sind, die einer politischen Veränderung entgegenstünden. Für Horkheimer gilt jedoch: „Die gegen notwendige historische Veränderungen seit je erhobene Rede, dass die Natur des Menschen dawider sei, soll endlich verstummen" (Horkheimer 1935: 275). Damit hat er die Motivationen der beiden Seiten, also die der Verfechter einer Anthropologie und seine eigenen, benannt. Doch ist mit diesem Nachweis, dass Aussagen über die menschliche Natur zumindest auch unerwünschte politische Implikationen aufweisen können und damit immer auch dem Ideologieverdacht ausgesetzt sind, noch nicht allzu viel gewonnen. Es könnte ja durchaus der Fall sein, dass

---

[29] Horkheimers Kritik richtet sich vornehmlich gegen Scheler und Paul L. Landsberg, die er für die philosophische Anthropologie als ‚repräsentativ' ansieht. Bemerkenswert ist, dass der Name Plessner nicht erwähnt wird.

die Aussagen der philosophischen Anthropologie Geltung beanspruchen können, zumal dann, wenn sie sich auf die Erkenntnisse naturwissenschaftlicher Untersuchungen berufen, wie dies Plessner und später auch Arnold Gehlen für sich in Anspruch nehmen. Hinzu kommt, dass nicht jede Anthropologie notwendig konservativ sein muss, ein Umstand, den Horkheimer mit dem Hinweis auf Demokrit, der gegen Aristoteles' die Formbarkeit aller Menschen betont, auch eingesteht. Und wie wir noch sehen werden, sind Versuche, eine Anthropologie aus neomarxistischer Perspektive zu formulieren wesentliche Projekte der zweiten und der dritten Generation der ‚Frankfurter Schule'.[30]

Bei den Gründungsvätern herrschte jedoch noch eine grundlegende Skepsis gegenüber dem Nachweis menschlicher Konstanten, und Horkheimer zeigt sich von der Geschichtlichkeit des Menschen überzeugt: „Die menschliche Eigenschaften sind in den Gang der Geschichte verschlungen, und sie selbst ist bis in die Gegenwart keineswegs durch einen einheitlichen Willen geprägt" und der „Versuch, den Menschen als feste oder werdende Einheit zu begreifen, ist eitel" (Horkheimer 1935: 275). Eitel deshalb, weil es uns als Menschen gar nicht vergönnt ist, uns selbst gleichsam in objektivistischer Manier zu betrachten. Unsere Erkenntnisinteressen sind laut Horkheimer vielmehr immer auch Ausdruck der jeweiligen gesellschaftlichen Situation: „Ebensowenig wie das Objekt der Anthropologie stellt auch sie eine selbständige Größe dar. Unser eigenes Bild von der Geschichte ist mit durch die theoretischen und praktischen Interessen der gegenwärtigen Situation strukturiert" (Horkheimer 1935: 275). Der Einwand gegen die philosophische Anthropologie ist somit doppelter Natur. Nicht nur sind die menschlichen Eigenschaften, sofern es sich nicht um Trivialitäten handelt wie die Tatsache der Natalität oder der Befriedigung von Grundbedürfnissen, Horkheimer zufolge einem geschichtlichen Wandel unterzogen, sondern dies gilt gleichermaßen für das Programm einer Bestimmung der Natur des Menschen selbst. Somit ist es der philosophischen Anthropologie schon aus epistemologischen Gründen versagt, eine letztgültige Bestimmung des Menschen zu formulieren.

Gegen dieses Unterfangen setzt Horkheimer das Programm, die „Anthropologie in eine dialektische Theorie der Geschichte einzubeziehen" (Horkheimer 1935: 258), und dies bedeutet für ihn, sich der anthropologischen Erkenntnisse zwar zu bedienen, diese aber nicht als Konstanten der menschlichen Natur überhaupt, sondern lediglich als jene „historisch bestimmte[r] Menschen und Menschengruppen" (Horkheimer 1935: 260) zu begreifen. Was dies bedeuten könnte, führt er jedoch nicht weiter aus; gemeint ist damit aber wohl die Einbeziehung psychoanalytischer Erkenntnisse in eine Theorie der Gesellschaft, wie sie insbe-

---

[30] Vgl. unten Kapitel 5 und 7.

sondere für die frühe Phase der ‚Frankfurter Schule' zumindest programmatischen Charakter besessen hat. Dies braucht uns an dieser Stelle nicht weiter zu interessieren. Festzuhalten bleibt jedoch, dass Horkheimer in seinen *Bemerkungen zur philosophischen Anthropologie* zwei grundlegende Einwände formuliert hat, gegen deren Überzeugungskraft sich nur schwerlich argumentieren lässt. Gleichwohl bleibt zu diskutieren, inwieweit hiermit auch die aktuellen Bemühungen etwa von Axel Honneth oder auch Otfried Höffe, eine möglichst formale Anthropologie zu erarbeiten, durch diese Kritik diskreditiert werden. Zuvor gilt es jedoch noch, den weiteren Stationen der Anthropologiekritik nachzugehen.

Die nächste Etappe stellt ein Lexikon-Artikel von Habermas aus dem Jahr 1958 dar. Der Form entsprechend bietet der Beitrag einen einführenden Überblick in Geschichte und wesentliche Konzeptionen einer philosophischen Anthropologie, er enthält jedoch im zweiten Teil auch kritische Anmerkungen. Diese richten sich insbesondere gegen Arnold Gehlen, dessen naturalistisch hergeleitete Ethik in *Urmensch und Spätkultur* (1956) deutlich konservativ-restaurative Züge besitzt. Problematisch sei dies insbesondere deshalb, weil es durch die „gewissermaßen ontologisch[e]" Verfahrensweise, die das vermeintlich Konstante der menschlichen Natur betont „zu einer Dogmatik mit politischen Konsequenzen [komme], die um so gefährlicher ist, wo sie mit dem Anspruch wertfreier Wissenschaft auftritt" (Habermas 1958: 108). Dies führe mithin zu einer Eskamotage fragwürdiger politischer Werturteile, wie sie Habermas später auch für das gesamte Werk Gehlens aufzuzeigen versucht hat.[31]

Ihren systematischen Grund besitzt diese Kritik der Anthropologie in der „Tatsache, daß der Mensch Geschichte hat und geschichtlich erst wird, was er ist. Eine beunruhigende Tatsache für eine Anthropologie, die es mit der ‚Natur' des Menschen, mit dem, was allen Menschen jederzeit gemeinsam ist, zu tun hat" (Habermas 1958: 107). Mit diesem Insistieren auf die Historizität des Menschen stellt Habermas sich in eine Tradition, wie sie zuvor schon von George Lukács, Max Horkheimer und in modifizierter Form auch von Erich Rothacker formuliert worden ist. Allen gemeinsam ist die Überzeugung, dass der Mensch ein geschichtlich-kulturelles Lebewesen ist und eben deshalb seine Eigenschaften unentrinnbar „in den Gang der Geschichte verschlungen" (Horkheimer 1935: 275) sind. Doch es ist – wie schon bei Horkheimer – nicht nur der Verweis auf die geschichtliche Natur des Menschen, den Habermas gegen das Unterfangen einer philosophischen Anthropologie ins Spiel bringt. Daneben findet sich auch der Verweis auf die Perspektivität des jeweiligen anthropologischen Blicks: „Wer Anthropologie treibt, kann nicht für sich die Position der Engel, des ‚Bewußtseins überhaupt' beanspruchen, die er allen anderen abspricht, auch er lebt

---

[31] Vgl. Habermas (1970).

in einer konkreten Gesellschaft" (Habermas 1958: 110). Geschichtlich ist also
nicht nur der Gegenstand, sondern ebenso die Methode einer jedweden Anthropologie. Es sind immer auch gesellschaftlich bestimmte Erkenntnisinteressen,
die – bewusst oder auch nicht – den Blick auf den Menschen in eine spezifische
Richtung lenken. Entsprechend gelte es, eine soziologische Aufklärung der
Anthropologie zu liefern. Es ist dieses Programm einer soziologischen Kritik der
philosophischen Anthropologie, welches auch ein gutes Jahrzehnt später im
Mittelpunkt der Diskussion stand.

Die 60er Jahre des vergangenen Jahrhunderts sind bekanntlich nicht nur in
Westdeutschland durch eine erhebliche Intensivierung der politischen Auseinandersetzungen geprägt worden. Und in diesem Zusammenhang ist der wieder
verstärkt betriebene Rückgriff auf vermeintlich anthropologische Konstanten zu
verorten, von denen man sich sowohl von konservativer als auch von neomarxistischer Seite eine Fundierung politisch-ideologischer Programmatiken erhoffte.
Stellte nämlich für die ‚neue Linke' die Suche nach dem ‚neuen Menschen' eines
der grundlegenden Ziele dar, so versuchten konservative Politiker mit dem Verweis auf vermeintliche natürliche Begabungsunterschiede, sozialreformerischen
Bestrebungen, insbesondere im Bildungsbereich, entgegenzutreten. Anthropologische Fragen bestimmten vor diesem Hintergrund wieder die politische Diskussion, nachdem sie in den beiden Jahrzehnten zuvor eher ein Schattendasein geführt haben. Auf die Einzelheiten dieses Wiederauflebens kann hier nicht eingegangen werden.[32] Auch gehen die Argumente, die insbesondere gegen szientistische bzw. naturalistische Positionen vorgebracht wurden, in ihrer Substanz nicht
über jene von Horkheimer und Habermas hinaus. Sie zeichnen sich jedoch durch
eine größere Feinheit aus. Das, was bei Horkheimer und auch beim frühen Habermas vornehmlich programmatischen Charakter besessen hatte, wird nun in
den Arbeiten von Lepenies/Nolte (1971) sowie bei Kamper (1973) Gegenstand
detaillierter Analysen über anthropologische Annahmen ‚bürgerlicher Philosophie', deren materieller Ertrag in dem Nachweis der gesellschaftlich-historischen
Bedingungen anthropologischen Denkens besteht, und zwar sowohl hinsichtlich
des jeweiligen Inhalts als auch mit Blick auf die anthropologische Fragestellung
selbst. Letzteres hat jedoch die Kritiker der konservativen oder auch bürgerlichen
Anthropologie nicht davon abgehalten, diesen eigene anthropologische Entwürfe
entgegenzusetzen, wenn auch unter den Schlagworten einer ‚negativen Anthropologie' bei Sonnemann (1969), der Programmatik der ‚anthropologischen Differenz' bei Kamper (1973), die das Offene des Menschen herausstellt, oder
schließlich bei Habermas (1968), der ein anthropologisches Interesse an Emanzipation nachzuweisen versucht.[33]

---

[32] Einen knappen Überblick bieten die Arbeiten von Kamper (1973) und Lepenies (1971).
[33] Vgl. zum anthropologischen Gehalt des Denkweges von Habermas Kapitel 5.

3.1.2 Die postmoderne Radikalkritik durch Foucault und Rorty

Am Ende von *Die Ordnung der Dinge* schreibt Michel Foucault folgende berühmt-berüchtigte Sätze: „Eines ist auf jeden Fall gewiß: der Mensch ist nicht das älteste und auch nicht das konstanteste Problem, das sich dem menschlichen Wissen gestellt hat. [...] Der Mensch ist eine Erfindung, deren junges Datum die Archäologie unseres Denkens ganz offen zeigt. Vielleicht auch das baldige Ende. Wenn diese Dispositionen verschwänden, so wie sie erschienen sind, wenn durch irgendein Ereignis, dessen Möglichkeit wir höchstens vorausahnen können, aber dessen Form oder Verheißung wir im Augenblick noch nicht kennen, diese Dispositionen ins Wanken gerieten, so wie an der Grenze des achtzehnten Jahrhunderts die Grundlage des klassischen Denkens es tat, dann kann man sehr wohl wetten, daß der Mensch verschwindet wie am Meeresufer ein Gesicht im Sand" (Foucault 1974: 462). Diese Worte, die in der Rezeption zu einem Bekenntnis zum ,Tod des Menschen' hypostasiert worden sind, besagen zunächst, dass die Art und Weise, wie wir uns und die Welt betrachten, ein Produkt einer spezifischen epistemologischen Konstellation darstellt. In seinem Buch geht es Foucault vornehmlich darum, die Historizität von Ordnungen des Wissens und der Repräsentation von Wissen darzustellen, wobei er sowohl von einer Abfolge von Renaissance, klassischem Zeitalter und Moderne als auch von einem diskontinuierlichen Übergang von einer Epoche zur nächsten ausgeht; sie sind mithin nicht evolutionär ineinander übergegangen, vielmehr ist jeweils ein Bruch zwischen ihnen erfolgt. Das Charakteristische für die Moderne ist nun laut Foucault, dass in ihr der Mensch in das Zentrum der Wissenschaften rückt.[34] Er wird dabei zu einem Problem, dem man sich fortan stellen muss.

Auf die Einzelheiten dieser Diagnose kann hier nicht weiter eingegangen werden. Entscheidend für unseren Zusammenhang ist jedoch die historische Verortung des anthropologischen Denkens, die Foucault vornimmt. Die philosophische und auch die wissenschaftliche – er führt hier Ökonomie, Philologie und Biologie als die drei prototypischen Humanwissenschaften an – Problematisierung des Menschen ist ein Spezifikum einer bestimmten Epoche oder einer bestimmten ,Ordnung der Dinge', die nicht in Anspruch nehmen kann, den vorherigen oder auch nachfolgenden Epochen unter epistemologischen Gesichtspunkten überlegen zu sein. Foucault zeigt sich im Gegenteil davon überzeugt, dass durch die Doppelfunktion des Menschen als Gegenstand des Wissens einerseits und als Bedingung der Möglichkeit von Wissen überhaupt und damit auch von

---

[34] Eine Parallel findet diese Historisierung der anthropologischen Fragestellung bei Odo Marquardt (1971). Auch für diesen stellt die philosophische Auseinandersetzung mit dem ,Menschen' ein grundlegend modernes Phänomen dar, er verortet den Anfang einer genuin anthropologischen Definition des Menschen jedoch gut zwei Jahrhunderte früher als Foucault.

Wissen über den Menschen andererseits – er spricht von einer ,empirisch-transzendentalen Dublette' – die Moderne in besonders ausgeprägter Weise das Denken in Paradoxien stürzt. Dies bedeutet dann aber, dass wir weder eine über-zeitliche Wahrheit über den Menschen erzielen, noch den Ergebnissen der Hu-manwissenschaften Vertrauen schenken können. Damit wird nun aber auch einer Anthropologie, die mit dem Rückgriff auf ein vermeintliches Wesen des Men-schen normative Prinzipien zu begründen versucht, der Boden entzogen. Etwas verkürzt kann man also sagen, dass wir hier eine Radikalisierung des Einwandes finden, demzufolge der Mensch und das Wissen über ihn einer geschichtlichen Veränderung unterliegen.

Foucault geht indes über diesen Nachweis der Historizität hinaus, da er den Menschen und damit auch unseres Wissen über ihn als abhängig von Strukturen beschreibt, die unserer Existenz notwendig vorausgehen: „Die Frage lautet nicht mehr, wie die Erfahrung der Natur notwendigen Urteilen Raum gibt, sondern wie es kommt, daß der Mensch denkt, was er nicht denkt, wie er auf die Weise einer stummen Besetzung in dem wohnt, was ihm entgeht, in einer Art geronnener Bewegung jene Gestalt seiner selbst belebt, die sich ihm in der Form einer hart-näckigen Exteriorität präsentiert" (Foucault 1974: 390). Foucault bezweifelt mit diesen Worten die Souveränität oder auch Autonomie des Menschen und stellt sich damit in den Umkreis strukturalistischen Denkens. Für den Strukturalismus ist nun insgesamt ein antihumanistischer Grundton charakteristisch. So heißt es etwa bei Claude Lévi-Strauss, Ziel der Geisteswissenschaften sei es nicht, „den Menschen zu konstituieren, sondern [...] ihn aufzulösen" (Lévi-Strauss 1973: 284). Auch wenn solche und ähnliche Formulierungen, die wir auch im Werk von Foucault finden, sicherlich zu einem guten Teil den spezifischen philosophi-schen Debatten im Frankreich der 60er Jahre des vergangenen Jahrhunderts ge-schuldet sind, bleibt der Einwand bestehen, dass wir über uns nur in einem spezi-fischen Raum, der uns konstituiert, verfügen können. Doch dieser Raum ist uns – folgt man dieser strukturalistischen Grundannahme – notwendig entzogen. Wir können über die Sprache nur mit der Sprache sprechen, wie wir auch über den Menschen nur in der Sprache, die uns konstituiert, sprechen können. In der Kon-sequenz bedeutet dies dann die Unmöglichkeit, zu einem reinen Wissen von der Sprache und den von ihr artikulierten Repräsentationen zu gelangen. Es sind nicht zuletzt diese epistemologischen Probleme gewesen, die Richard Rorty zu einer radikalen Kritik der Fundierungsphilosophie im Allgemeinen wie der poli-tischen Anthropologie im Besonderen motiviert haben.

Rorty gehört zu den Wegbereitern der postanalytischen Philosophie, in de-ren Zentrum eine Art Generalangriff auf jegliche Form des Repräsentionalismus steht, also der Vorstellung, man könne die Wirklichkeit, wie sie an sich gegeben ist, mittels einer universellen Sprache darstellen. Dagegen stellt er die im Anschluss an Donald Davidson gewonnene Überzeugung, der zufolge Sprache und Wirklichkeit unauflösbar ineinander verflochten sind, und es somit ein Ding der Unmöglichkeit ist, ein Sein oder eine Realität jenseits der Sprache zu erfassen. Damit wird laut Rorty das Haupterbe der abendländischen Philosophie, die Unterscheidung zwischen Schein und Wirklichkeit, hinfällig. Wenn aber diese Unterscheidung nicht länger brauchbar ist, da es uns niemals gelingen könne, zu einer wirklichen Wirklichkeit und nicht nur zu einer bloß scheinbaren vorzudringen, sollten wir sie „zugunsten einer Unterscheidung zwischen nützlicheren und weniger nützlichen Redeweisen" (Rorty 2000: 7) fallenlassen. Hier stellt sich freilich die Frage, nach welchen Kriterien beurteilt werden soll, ob eine Redeweise nützlich ist. Rorty gibt hierauf eine ethnozentristische Antwort: Angesichts der Pluralität natürlicher Sprachen und Weltdeutungen existieren jeweils nur kontextspezifische Beurteilungskriterien. Die Konsequenzen, die sich hieraus für die praktische Philosophie ergeben, verdeutlicht er anhand der Diskussion um die vermeintliche Universalität der Menschenrechte. Seiner Überzeugung nach müssen alle Versuche, deren Unbedingtheit wie Universalität philosophisch zu deduzieren, notwendigerweise scheitern, und wir sollten uns daher damit zufrieden geben, in ihnen den Ausdruck der Art und Weise zu sehen, „in der die Menschen nach Auffassung von uns wohlhabenden, geborgenen und gebildeten Bewohnern der ersten Welt miteinander umgehen sollten" (Rorty 2000: 16, vgl. 2000a: 245 f.).

Es gibt für Rorty also keine Argumente, die nicht schon voraussetzen, was sie zu zeigen beanspruchen, daher könne es auch „keinen nicht-zirkulären Beweis für die epistemische Überlegenheit der westlichen Idee von Vernünftigkeit geben" (Rorty 2000b: 89). Aus diesem Befund zieht er nun die Konsequenz, philosophische Begründungsbemühungen grundsätzlich zu verwerfen. Für ihn kann es schlichtweg keinen Weg geben, der die absolute Geltung von Normen oder die absolute Wahrheit unseres Wissens demonstrieren könnte. Damit ist dann aber auch das Programm einer politischen Anthropologie hinfällig geworden, wie er in *Der Vorrang der Demokratie vor der Philosophie* schreibt: „Themen, die das ahistorische Wesen des Menschen, die Natur des Ich, die Motivation moralischen Verhaltens und den Sinn des menschlichen Lebens betreffen, können wir außer acht lassen, wenn es um die Theorie der Gesellschaft geht. Diese Themen behandeln wir als politisch irrelevant, so wie Jefferson es mit Problemen hinsichtlich Dreifaltigkeit und Transsubstantiation hielt" (Rorty 1988: 89 f.). Rorty zeigt sich mit anderen Worten davon überzeugt, dass ein Bekenntnis zu politischen Werten auch ohne den Rückgriff auf vermeintliche Universalien oder gesicherte Erkenntnisse auskommen kann, allerdings handelt es sich dabei immer und notwendig um ein politisches Bekenntnis, dem keine letzte Gewissheit zukommt.

Mit Rorty haben wir nun das Ende unseres Ausflugs in die Geschichte der Anthropologiekritik im 20. Jahrhundert erreicht. Viele der gegenwärtigen anthropologischen Begründungsprogramme, die in den nächsten Kapiteln diskutiert werden sollen, lassen sich dabei als eine Reaktion auf die ethnozentristischen bzw. relativistischen Konsequenzen, die mit Rortys und auch Foucaults Positionen einherzugehen scheinen, deuten. Dies tritt in den Werken von Martha Nussbaum und Charles Taylor besonders deutlich hervor, das Projekt einer Überwindung postmodernen Denkens ist aber für alle nachfolgend behandelten Autorinnen und Autoren charakteristisch. Zuvor sollen aber die unterschiedlichen Argumente, denen sich eine politische Anthropologie auch heute noch stellen muss, systematisch zusammengefasst werden.

3.2 Anthropologische Fehlschlüsse

Mit den skizzierten Stationen der Anthropologiekritik ist eine besonders intensive Phase der Auseinandersetzung thematisiert worden. Gleichwohl gehört die Kritik an Formen der praktischen Philosophie, die ihren Geltungsgrund durch den Rückgriff auf externe Quellen sichern möchte, zu den ständigen Begleitern moralphilosophischen wie politiktheoretischen Denkens. Im Folgenden sollen drei Kerneinwände, die sich in besonderer Weise gegen anthropologische Begründungsfiguren richten, in Form von charakteristischen Fehlschlüssen dargestellt werden. Im Einzelnen handelt es sich dabei um den naturalistischen (a), den ethnozentristischen (b) sowie den rationalistischen (c) Fehlschluss.[35]

a) Der Vorwurf des naturalistischen Fehlschlusses. Dieser geht auf David Hume zurück, der in seinen *Treatise of Human Nature* der gängigen Interpretation zufolge strikt zwischen den Geltungsbereichen des Seins und des Sollens unterschieden hat, wobei laut Hume mittels Aussagen über das (deskriptive) Sein keinerlei Schlussfolgerungen für das (normative) Sollen gewonnen werden können. Zwar ist der genauere Stellenwert dieser berühmten Passage in der Forschung umstritten, zumindest gibt es Indizien dafür, dass er sich selbst nicht immer strikt an dieses ‚Humesche Gesetz' gehalten hat, doch deren Wirkmächtigkeit ist offenkundig.[36] Ihren wichtigsten Niederschlag hat sie in der Moralphilosophie Kants erhalten, der die Freiheit des Willens gerade in der Loslösung von materiellen und somit heteronomen Bestimmungsgründen verwirklicht sieht.

---

[35] Der Begriff ‚Fehlschluss' wird dabei nicht in einem streng logischen Sinne verwendet. Gemeint sind vielmehr wiederkehrende Begründungsfiguren im Rahmen der politischen Anthropologie, die nicht überzeugen.

[36] Vgl. Norton (1993), Streminger (1995), Sturgeon (2001).

In Fortschreibung Kantischer Motive findet sich die Kritik einer materiellen Bestimmung des Sollens in der Diskursethik von Habermas und Apel wieder.[37]

In Auseinandersetzung mit einer an Darwin anschließenden naturalistischen Ethik hat George Edward Moore in seiner *Principica Ethica* das ‚Humesche Gesetz' aufgegriffen und den Ausdruck des ‚naturalistic fallacy' geprägt: „But if he confuses 'good', which is not in the same sense a natural object, with any natural object whatever, then there is a reason for calling that a naturalistic fallacy; its being made with regard to 'good' marks it as something quite specific, and this specific mistake deserves a name because it is so common" (Moore 1996: 65). Es ist dieser Vorwurf, der zum Standardrepertoire der Kritik einer Fundierung moralischer und politischer Prinzipien unter Rückgriff auf natürliche Eigenschaften oder spezifischen Gegebenheiten der Natur avancierte. Er richtet sich gegen Begründungsprogramme, die, indem sie scheinbar rein deskriptiv zu normative Aussagen zu gelangen trachten, naturalistisch argumentieren. In dieser Arbeit sind es vor allem die im nächsten Kapitel diskutierten soziobiologischen bzw. biopolitischen Ansätze, die in diese Falle zu laufen drohen.

b) Der Vorwurf des ethnozentristischen Fehlschlusses. Eines der Grundprobleme einer jeglichen Anthropologie besteht darin, dass der Mensch ein geschichtlich-kulturelles Wesen ist. Entsprechend sind auch alle Selbstinterpretationen, zumal solche, die ein vermeintliches Wesens festlegen wollen, dem Verdacht ausgesetzt, es handelt sich dabei lediglich um historische oder kulturspezifische Aussagen, die notwendig die Universalität verfehlen müssen. Ein Verdacht, der infolge des ‚linguistic turns' deutlich an Überzeugungskraft gewonnen hat. Dies ist nun insofern problematisch, als ja durch die Behauptung der Universalität gerade die Partikularität, Kultur- oder Ideologieabhängigkeit der jeweiligen Bestimmungen verschleiert wird. Christoph Rapp fasst diesen Vorwurf wie folgt zusammen: „Es gibt nicht *die* Natur des Menschen, und ebenso wenig kann es *die* Definition des Menschen geben. Vielmehr erfolgen alle Definitionen aus der Perspektive und aufgrund von Interessen und Präferenzen des Definierenden" (Rapp 1995: 235, Herv.i.O.). Ein Vorwurf, der in unterschiedlichsten Variationen immer wieder gegen anthropologische Festlegungen erhoben worden ist und der hier als ethnozentristischer Fehlschluss bezeichnet werden soll.[38] Eine überzeugende politische Anthropologie muss dementsprechend nachweisen können, dass ihre Kriterien gerade nicht auf der Hypostasierung epochen- oder interessenspezifischer Vorurteile beruhen. Dass dies die Ansätze vor erhebliche ontolo-

---

[37] Vgl. oben S. 11.
[38] Vgl. u.a. Böhme (1985: 139 f.), Foucault (1974), Habermas (1958: 105), Horkheimer (1935), Lepenies (1971), Rehbock (1997: 65 f.), Siep (1996: 283 f.), Wils (1997: 32 ff.) sowie die in Fn. 4 aufgeführten Arbeiten einer historischen Anthropologie.

gische und epistemologische Probleme stellt, hat Ludwig Siep auf den Punkt
gebracht: „Kann man von einem Wesen des Menschen ausgehen, das unabhängig von unseren Beschreibungen existiert?" (Siep 1996: 284). Die Beweislasten
einer politischen Anthropologie sind hier jedenfalls enorm. Und es ist noch zu
diskutieren, inwieweit die verschiedenen Versuche, die Anthropologie möglichst
formal zu halten, hierauf eine befriedigende Antwort geben können.

c) **Der Vorwurf des rationalistischen Fehlschlusses.** Hierbei handelt es sich
um eine Kombination des naturalistischen und des ethnozentristischen Fehlschlusses, und zwar wird er immer dann begangen, wenn anthropologische Aussagen eine nachträgliche Rationalisierungsfunktion übernehmen. Der rationalistische Fehlschluss hat dabei die Struktur eines Zirkels. Bereits (explizit oder implizit) vollzogene normative Festlegungen werden durch den Rückgriff auf die
menschliche Natur legitimiert, wobei die Auswahl dessen, was als Geltungsgrund aus der Natur gewonnen wird, ihrerseits durch die normativen Festlegungen geschieht. Damit wird das grundlegende Problem, nämlich eine Fundierung
der Normen oder Institutionen zu liefern, aber im besten Fall verschoben, wie
Philip Kitcher feststellt: „If the property in question can only be attributed by
already making a judgment about what is valuable, then just the controversies,
that were supposed to be avoided will recur at the higher level" (Kitcher 1999:
60). Im schlimmeren Fall handelt es sich um eine Art Taschenspielertrick, wobei
der Rückgriff auf die vermeintliche Natur des Menschen wie schon beim ethnozentristischen Fehlschluss lediglich eine Universalität suggeriert, diese aber nicht
einlösen kann, weil das, was bewiesen werden soll, bereits vorausgesetzt wird.
Kurzum, auch der rationalistische Fehlschluss birgt eine ernstzunehmende Gefahr, der sich die gegenwärtigen Versionen der politischen Anthropologie stellen
müssen.

4   ‚Biopolitics' – eine ‚objektive' Grundlage der Moral?

Gegenstand der folgenden Kapitel ist die Wiederkehr anthropologischer Argumentationsmuster in der politischen Theorie. Haben wir in den vorigen Kapiteln klassische Varianten derartiger Begründungsprogramme und deren Problematik kennen gelernt, so gilt es nun, die aktuellen Ansätze zu diskutieren. Handelt es sich dabei um alten Wein in neuen Schläuchen? Oder gibt es entscheidende Veränderungen? Und wenn ja, inwieweit können diese neueren Theorien den anthropologischen Fehlschlüssen entgehen? Was ist ihre spezifische Leistungsfähigkeit, wo verlaufen die Grenzen anthropologischer Begründungen? Dies sind die zentralen Fragen, denen im Folgenden nachgegangen werden soll. Am Anfang steht dabei eine Unterscheidung zwischen zwei grundlegenden Formen, und zwar handelt es sich dabei um naturalistische Ansätze einerseits, sozialphilosophische Positionen andererseits. Die Differenz zwischen beiden ergibt sich aus der Gegenüberstellung eines ‚external accounts' und eines ‚internal accounts', eine Unterscheidung, die Martha Nussbaum (1995) in ihrer Diskussion von Bernard Williams Ethik eingeführt hat.[39] Ein externer Ansatz versucht, unabhängig von irgendwelchen kulturell bedingten Wertungen Aussagen über die Natur des Menschen zu formulieren, um aus diesen dann zu normativ gehaltvollen Schlussfolgerungen zu gelangen. Ein solcher externer Zugriff auf die menschliche Natur ist viel versprechend, scheinen wir damit doch in die Lage versetzt zu werden, normative Kontroversen gleichermaßen objektiv wie neutral zu entscheiden: „Questions about essential human nature are [...] matters of natural scientific fact, not of ethical value. [...] The discovery of the essential nature of the human beings does important work in reaching normative ethical conclusions. Its source in the external viewpoint provides us with fixed points that effectively rule out certain ethical alternatives, and perhaps also give positive support for certain others. In this way, a human nature inquiry contributes to the resolution of our most troublesome normative disputes" (Nussbaum 1995: 88). Damit charakterisiert Nussbaum eine Vorgehensweise, die Williams – ihr zufolge zu unrecht – Aristoteles zuschreibt und von deren Scheitern er sich überzeugt zeigt. Doch ist

---

[39] Nussbaum bezieht sich auf Williams' *Ethics and the Limits of Philosophy* (1985). Die Gegenüberstellung eines ‚external accounts' und eines ‚internal accounts' hat starke Parallelen zu Hilary Putnams (1981) Unterscheidung zwischen einem externen und einem internen Realismus, auf die sich Nussbaum gelegentlich beruft.

damit zunächst noch nichts über das Scheitern eines ‚external accounts' überhaupt gesagt. Es könnte ja durchaus der Fall sein, dass wir heute vor dem Hintergrund verfeinerter naturwissenschaftlicher Theorien und Methoden über eine objektive Beschreibung der menschlichen Natur verfügen, oder zumindest kurz davor sind. Man denke hier nur an die Fortschritte in der Humangenetik oder auch der Neurophysiologie. So ist es denn auch nicht verwunderlich, dass das Programm einer objektiven oder naturalistischen Fundierung normativer Prinzipien auch über 2000 Jahre nach Aristoteles weiterhin zahlreiche Anhänger besitzt. Gegenwärtig sind insbesondere die verschiedenen Vertreter biopolitischer Theorien zu nennen, die zumindest mit einigen ihrer Hauptvertreter anschließend kurz diskutiert werden sollen. Dabei werden freilich auch die Grenzen eines objektiven Zugriffes deutlich.

Ein interner Zugang zu anthropologischen Fragen, den Nussbaum befürwortet, zeigt sich gegenüber naturalistischen Begründungen dagegen skeptisch. Ein objektiver Zugriff auf den Menschen sei nicht möglich, da diese Beschreibungen immer und notwendig Bestandteil von kulturellen Praktiken oder auch Sprachspielen sind. Insofern finden wir in ihnen immer auch kulturelle Überzeugungen und Wertungen. Somit räumt der ‚internal account' die Vergeblichkeit der Suche nach objektiven oder wertfreien Beschreibungen der menschlichen Natur ein. Dennoch ist mit dieser Vorgehensweise die Hoffnung verbunden, zu normativ gehaltvollen Aussagen über den Menschen zu gelangen und somit das Programm einer anthropologischen Grundlegung nicht aufgegeben zu müssen. Für Nussbaum folgt daraus: „[W]e need an account of what it is to be a human being. But what we require from such an account, if it is really to speak to what troubles us, is an *evaluation* of elements of lives" (Nussbaum 1995: 93, Herv.i.O.). Und mit Bezug auf antike Autoren hält sie fest: „In speaking of human nature, they deal with beliefs that are both evaluative and, in the broadest sense, ethical – beliefs about what is worthwhile and worthless, liveable and not liveable. They are matters for communal judgment and decisions, not for independent investigation and discovery" (Nussbaum 1995: 101). Gleichwohl distanziert Nussbaum sich von den ethnozentristischen Implikationen der antiken Erzählungen. Sie strebt – wie wir noch detailliert sehen werden – nach einer Überwindung der nur kulturspezifischen Gültigkeit einer internen Perspektive auf den Menschen. Es ist dieses Eingeständnis der Wertabhängigkeit anthropologischer Aussagen bei gleichzeitigem Festhalten an dem Programm einer Begründung universeller Maßstäbe unter Rückgriff auf eben jene Behauptungen über das Wesen des Menschen, das für die Mehrzahl der gegenwärtigen Ansätze einer politischen Anthropologie charakteristisch ist. Einer Begriffsbestimmung von Honneth folgend (Honneth 2000: 64 ff.), möchte ich diese Theorien als sozialphilosophische Beiträge rekonstruieren. Doch zunächst geht es um die externen Begründungsprogramme.

Es ist schon immer ein großer Traum innerhalb der Sozialwissenschaften gewesen, eine exakte Beschreibung und Erklärung menschlichen Verhaltens zu liefern; eine Erklärung, die den gleichen Wahrheits- und Exaktheitsanspruch besitzen würde wie die Modelle und Theorien der Naturwissenschaften. Dieser Traum hat nun nicht nur die behavioristischen Forschungen der ersten Hälfte des 20. Jahrhunderts inspiriert, sondern ist auch ein Grund für den Stellenwert evolutionstheoretischer, ethnologischer oder auch anatomischer Untersuchung innerhalb der philosophischen Anthropologie Arnold Gehlens gewesen. Es ist aber nicht zuletzt das Scheitern dieses Vorhabens, eine quasi-naturwissenschaftliche Theorie des Menschen und seines Verhaltens zu formulieren, um darauf aufbauend eine fundierte Theorie politischer Institutionen zu liefern, welches zum Versiegen dieses Stranges normativer Theoriebildung in der Mitte des 20. Jahrhunderts geführt hat. Nun ist es jedoch erforderlich, an diesem Befund eine kleine Korrektur vorzunehmen. Zwar sind Abhandlungen, die unter Rückgriff auf die Natur des Menschen zu normativen oder institutionellen Schlussfolgerungen zu gelangen beanspruchten, in der Tat nicht länger vorherrschend gewesen, doch ist dies nicht mit dem Ende der entsprechenden Grundlagenforschung gleichzusetzen. Auch wenn es in diesen Arbeiten nicht in erster Linie um die Legitimation von Normen ging und geht, so hatten die Untersuchungen etwa von Konrad Lorenz und Iraneus Eibl-Eibesfeldt immer auch Implikationen für die institutionelle Gestaltung moderner Gesellschaften. Und gelegentlich wurde dann auch unter Verweis auf deren Erkenntnisse etwa hinsichtlich einer natürlichen Aggressionsneigung des Menschen für entsprechende institutionelle Vorkehrungen argumentiert.[40] Doch größtenteils fanden diese naturalistischen Argumentationsmuster keine oder zumindest relativ wenig Aufmerksamkeit in der politischen Theorie.

Die intellektuelle Landschaft hat sich jedoch Mitte der 70er Jahre mit dem Auftreten der ‚Sociobiology' gewandelt. Das neue Paradigma, von dem man sich Aufschluss über den Menschen erhoffte, war nun die Genetik. Zwar hatten schon die Arbeiten von Darwin und die Untersuchungen von Mendel die Relevanz der Vererbung hervorgehoben, doch letztlich blieben die entsprechenden Prozesse im Dunkeln. Dies ändert sich grundlegend mit der Entdeckung der Doppelhelix durch Watson und Crick im Jahre 1953. Es dauerte jedoch noch weitere 25 Jahre bis man sich zutraute, eine umfassende Theorie des menschlichen Tieres zu liefern.[41] Grundlegend etwa für E. O. Wilsons Buch *Sociobiology: The New Synthesis* ist die Annahme der ‚selfishes genes', die den menschlichen Phänotyp gleichsam nur als eine Art Wirt benutzen, um sich zu reproduzieren. „Eggs produce chickens in order to produce more eggs", wie Peter Loptson diese Position

---

[40] Vgl. als kurzen Überblick Arlt (2001: 203 f.).
[41] Zu den Vorläufern in den 60er Jahren des vergangenen Jahrhunderts vgl. Trivers (1981).

ironisch zusammenfasst (Loptson 1995: 143). Das menschliche Verhalten ist diesem Ziel untergeordnet; es dient der Verbreitung der je eigenen Gene und lässt sich daher als zutiefst egoistisch beschreiben. Vor diesem Hintergrund ist es dann nur konsequent, wenn Vertreter der ‚Sociobiology' moralphilosophischen Entwürfen, wie sie etwa John Rawls mit seiner *Theorie der Gerechtigkeit* vorgelegt hat, kein Verständnis entgegen bringen (Wilson 1975: 562). Nun ist es wenig verwunderlich, dass im geistigen Klima der 70er Jahre diese Überzeugungen heftig umstritten gewesen sind und nur wenig Anhänger gefunden haben.[42] Im Rahmen der ‚nature versus nurture'-Debatte haben sich soziobiologische Positionen als wenig überzeugend erwiesen. So ist von Kritikern zu Recht darauf hingewiesen worden, dass sich mit der Hypothese der ‚selfishes genes' viele menschliche Verhaltensweisen, wie etwa die Entscheidung, keine Kinder in die Welt zu setzen, nicht erklären lassen.

Seit einiger Zeit sind wir indessen Zeugen einer Intensivierung naturalistischer Argumentationsmuster, auch im Feld der politischen Theorie.[43] Dies hat zum einen sicherlich mit den immensen Fortschritten im Bereich der Genetik, der Physiologie und auch der Neurophysiologie zu tun, die ein immer detaillierteres Bild vom Menschen zur Verfügung stellen. Zum anderen sind aber auch die Fronten innerhalb der ‚nature versus nurture'-Debatte durchlässiger geworden, zumindest wenn man den Selbstbeschreibungen der Vertreter biopolitischer Theorien folgt. Es sind hier insbesondere die Arbeiten von James Q. Wilson, Robert McShea und Roger D. Masters, die als Hauptvertreter einer Forschungsrichtung gelten können, die unter dem Namen ‚biopolitics' in den letzten beiden Jahrzehnten international an Einfluss gewonnen hat.[44]

Ausgangspunkt dieser neuen Version einer biologisch argumentierenden politischen Theorie ist die Kritik von drei Dualismen: den zwischen Fakten und Werten, den zwischen Freiheit und Determinismus und schließlich den zwischen ‚nature' und ‚nurture'.[45] In allen drei Bereichen beanspruchen diese biopolitischen Ansätze, alte Frontstellungen überwunden und mithin die Fruchtbarkeit

---

[42] Eine gewisse Popularisierung der ‚sociobiology' findet sich in den Arbeiten von Richard Dawkins (1976, 1982, 1986). Zur Kritik vgl. unter vielen anderen Midgley (1979, 1983).

[43] Indizien hierfür sind neben unzähligen populärwissenschaftlichen Arbeiten eine Reihe von Publikationen, die das Verhalten etwa von politischen ‚Alphatieren' gemäß biologischer Kategorien zu erklären versuchen und die Gründung einer Zeitschrift, und zwar „Politics and the Life Sciences" im Jahr 1982. Im deutschen Sprachraum sind vor allem die Arbeiten von Heiner Flohr (1982, 1986, 1987) zu nennen; zur Kritik vgl. Saretzki (1990).

[44] Vgl. unter anderem McShea (1978, 1990), Masters (1989, 1993) und James Q. Wilson (1991, 1993). Die Unterscheidung zwischen früheren Konzeptionen der ‚sociobiology' und den aktuellen Varianten einer ‚biopolitics' besitzt hier lediglich einen heuristischen Status. Die Grenzziehung zwischen beiden Ansätzen ist alles andere als einfach vorzunehmen, und zumeist werden beide Begriffe auch synonym verwendet.

[45] Vgl. zum Folgenden den äußerst wohlwollenden Überblicksartikel von Larry Arnhart (1995).

eines darwinistischen Naturalismus aufgezeigt zu haben. So wird der strikten Trennung von Fakten und Werten, die von vorneherein einer biologischen Grundlegung der Sitten entgegensteht, die ,natural root of human sociality and morality" (Arnhardt 1995: 390) entgegengehalten. Kronzeugen für diese Verortung der Moral sind neben Darwin Aristoteles und Hume. Letzterer ist insofern von besonderer Relevanz, als diesem eine grundlegende Kritik des naturalistischen Fehlschlusses zugeschrieben wird. Entgegen dieser Lektüre betonen die Anhänger der ,biopolitics' Humes Darstellung menschlicher Gefühle als Grundlage moralischer Empfindungen in den *Treaties of Human Nature*. Somit wird nicht nur behauptet, dass er selbst sich an die vermeintlich strikte Trennung von Fakten und Werten nicht gehalten habe, darüber hinaus wird Hume auch als Vorläufer einer biologischen Moraltheorie vereinnahmt. Die strikte Entgegensetzung von Fakten und Werten wird von Arnhardt dagegen Kant und dessen Zwei-Welten-Lehre zugeordnet: „As opposed to Hume, Kant is a dualist. [...] Kant's separation of *is* and *ought* treats morality as an autonomous realm of human experience governed by its own internal logic with no reference to anything in human nature such as natural desires or interests" (Arnhardt 1995: 391, Herv.i.O.). An dieser Stelle machen es sich die Kritiker jedoch zu einfach. Kant geht es nicht darum, die natürliche Grundlage moralischer Gefühle zu bestreiten, sondern darum, wie wir beurteilen können, ob die Handlungen, die durch diese Empfindungen ausgelöst werden, richtig sind. Diese Kritik an der Trennung von Fakten und Werten verfehlt somit den entscheidenden Punkt von Kants Moralphilosophie.[46]

Bemerkenswert ist in diesem Zusammenhang aber ein weiterer Aspekt, und zwar wird nun nicht mehr von ,selfishes genes' ausgegangen, vielmehr habe sich im Laufe der Evolution ein natürlicher Sinn für altruistisches Verhalten und Gerechtigkeit entwickelt, der mit den biologischen Vorteilen von kooperativen Interaktionsmustern erklärt wird: „Evidence from neurology, behavioral biology, and the social sciences supports this claim that there is a natural sense of justice that arises in the human brain from the interaction of reason and emotion" (Arnhart 1995: 393). Menschliches Verhalten besitze daher sowohl egoistische wie auch altruistische Facetten.[47]

---

[46] Damit soll aber nicht behauptet werden, dass die Bestimmung des moralischen Gesichtspunktes bei Kant unproblematisch ist. Wie wir bei der Diskussion von Habermas, der mit seiner Diskursethik in wesentlichen Aspekten Kant folgt, noch sehen werden, kommt es hier zu einer kognitivistischen Engführung; vgl. unten S. 85 f.

[47] Altruismus ist für evolutionstheoretische Erklärungsmuster, die zunächst einmal von einem ,survival of the fittest' ausgehen, von Anfang an ein Problem gewesen. Frühe Ansätze der ,sociobiology' haben dies mit dem Theorem der ,inclusive fitness', für das die Unterscheidung zwischen Phäno- und Genotyp grundlegend ist, zu lösen versucht. Altruistische Verhaltensweisen, etwa der Selbstopferung, erklären sich dann aus dem „Genpropagierungserfolg des Gen-Pools" (Euchner 2001: 382).

Neben dem Anspruch, die Kluft zwischen Fakten und Werten und mithin die zwischen den Naturwissenschaften und den Sozialwissenschaften überbrücken zu können, distanzieren sich die neueren biopolitischen Ansätze auch von dualistischen Zuschreibungen. Hier sind es die Gegensätze von Determinismus und Handlungsfreiheit auf der einen Seite und der von ‚nature' und ‚nurture' auf der anderen Seite, die als überholt angesehen werden. So würden biologische Erklärungen menschlichen Verhaltens keineswegs der Annahme einer gewissen Freiheit bei individuellen Entscheidungen entgegenstehen. Demgegenüber wird das Zusammenwirken von genetischem Code, individuellen Erfahrungen sowie der sozialen und physischen Umwelt hervorgehoben, welches genügend Raum für Autonomie lasse und verantwortliches Handeln gerade erst ermöglichen würde. Entsprechend könne man z.B., wenn man weiß, dass man eine genetische Disposition für Alkoholismus besitzt, sich auch entsprechend vorsichtig verhalten. Auch hinsichtlich der Alternative einer biologischen oder sozialen Bestimmung des Menschen werden die komplexen Wechselbeziehungen betont. Dahinter kann man nun leicht das Bemühen der genannten Autoren erkennen, gerade nicht einer kruden szientistischen Position zugerechnet zu werden. Dahinter ist aber auch das Anliegen zu erkennen, biopolitische Konzepte und Untersuchungsmethoden für eine breitere Sozialwissenschaft hoffähig zu machen.[48] Andererseits ist aber doch die entscheidende Weggabelung darin zu sehen, was als biologisch vorgegeben und damit als naturwissenschaftlich erklärbar angesehen wird und was nicht. Wo also soll die Grenzen zwischen ‚nature' und ‚nurture' verlaufen und welche normativen Konsequenzen sollen daraus gezogen werden?[49] Es ist ja gut und schön, abstrakt das Zusammenwirken von Biologie und Sozialität, von Natur und Kultur einzuräumen. Etwas anderes ist es aber, wenn damit dann Aussagen getroffen werden sollen, die über diese Banalität hinausgehen, und wie diese dann gerechtfertigt werden. Im Folgenden soll diese Problematik zunächst beispielhaft an zwei Vertretern der ‚biopolitics' aufgezeigt werden (4.1). Abschließend gehe ich auf ein Buch von Francis Fukuyama ein, der vor dem Hintergrund eines biopolitischen Ansatzes vor den Gefahren der Biotechnologie warnt (4.2)

Das Problem hierbei ist indes, dass sich zumindest beim Menschen auch altruistische Muster über Verwandtschaftsbeziehungen hinweg beobachten lassen. Die neueren ‚biopolitischen' Theorien versuchen, auf diese Herausforderung zu reagieren.

[48] Vgl. zu den Akzeptanzproblemen der ‚biopolitics' den etwas weinerlichen Artikel von Somit/Peterson (1998).

[49] Saretzki (1990: 91) sieht hierin zu Recht das Grundproblem biopolitischer Ansätze.

4.1 Wie natürlich ist die Demokratie?

Roger D. Masters beansprucht in *The Nature of Politics,* nicht weniger als eine „naturalistic foundation of our political principles" (Masters 1989: 181) entwickelt zu haben, und ist davon überzeugt, mit seinem naturalistischen Ansatz „an objective basis for moral judgment" (Masters 1989: 234) zu liefern. Er nimmt damit geradezu paradigmatisch eine Position ein, die wir oben als extern bezeichnet haben. Masters führt in seinem Buch drei normative Prinzipien an, die sich aus der Natur des Menschen ergeben sollen: „The outlines of the ethical and political values grounded on twentieth-century evolutionary biology are not hard to see. Based on the understanding of human nature and society described above, we can identify three broad features that are likely to characterize the new naturalism: respect for human individuality and cultural difference; the duties of virtue entailed by social obligation; and the concern for human justice" (Masters 1989: 228). Die Ableitung der Notwendigkeit von sozialen Tugenden aus ethnologischen Untersuchungen zum menschlichen Sozialverhalten, dem Masters zwei zentrale Kapitel widmet, ist dabei nicht weiter überraschend und kann eine gewisse Plausibilität beanspruchen. Da Menschen ‚von Natur aus' auch zu Aggression neigen, müssen dieses Anlagen durch kulturelle Prozesse gebändigt werden, wenn man denn in modernen und komplexen Gesellschaften leben will. Eine Argumentation, die wesentliche Aspekte des Denkens von Arnold Gehlen wieder aufnimmt und ihren Vorläufer in Hobbes findet.[50] Allerdings fehlt bei Masters die Weiterentwicklung zu einer Institutionentheorie. Interessanter sind aber seine Betonung liberaler Prinzipien der Respektierung individueller und kollektiver Autonomie sowie der ‚human justice', wobei letztere jedoch nicht weiter definiert wird.

Masters versucht die Geltung liberaler Normen, worunter er im Wesentlichen die Grundprinzipen der modernen Demokratie und des Minderheitenschutzes versteht, mit zwei naturalistischen Argumenten zu fundieren. Da ist zum einen der Hinweis auf die evolutionären Vorteile kooperativen Verhaltens. Auf diese kommt Masters in seinem Buch immer wieder zu sprechen, wobei er sich auch auf Überlegungen aus der Rational-Choice-Schule stützt. Allerdings wird dabei nicht ersichtlich, wo die Grenzen der Kooperation bzw. altruistischen Verhaltens verlaufen. Vielleicht beschränkt sich deren evolutionärer Gewinn ja auf kleine Gruppen oder zumindest auf die Angehörigen einer bestimmten Nation. Masters liefert mit dem Hinweis auf den Kooperationsnutzen zumindest kein hinreichendes Argument für die Respektierung der menschlichen Individualität

---

[50] Dass man aber die Hobbesschen Einsicht nicht zwangsläufig ‚naturalistisch' deuten muss, aber dennoch zu ‚anthropologisch' fundierten Aussagen gelangen kann, unterstreichen die Arbeiten von Höffe (1987, 1995, 1996).

oder kultureller Differenzen. Diese Lücke kann dann auch der eher beiläufig eingeführte Hinweis, und damit sind wir bei seinem zweiten fundierenden Argument, auf die evolutionären Vorteile eines breiten Genpools nicht füllen. Wenn Masters schreibt: „Difference is not inferiority: who can know which of us carries a mutant gene that is a valuable adaptation to a future environment and will someday spread throughout the human gene pool" (Masters 1989: 228), dann muss er zumindest voraussetzen, dass weiteres Wachstum der menschlichen Gattung wünschenswert ist. Dies ist aber eine Annahme, die mehr unseren geteilten Überzeugungen entspringt, als dass sie sich als ein Faktum aus der Naturgeschichte ergeben würde.[51] Es könnte ja auch durchaus im Sinne ,der Natur' sein, dass die menschliche Spezies ausstirbt oder sich zumindest keine weiteren evolutionären Veränderungen ergeben. Somit erweist sich Masters Unterfangen, eine objektive Grundlage unserer ethischen und politischen Prinzipien aus den Lebenswissenschaften zu gewinnen, als problematisch. Auch fehlt eine Diskussion des Spannungsverhältnisses zwischen den liberalen Grundwerten auf der einen Seite und Masters Forderung nach sozialen Tugenden auf der anderen Seite, doch dies ist dann wohl nicht mehr Aufgabe der ,biopolitics'. Anders ausgedrückt, die Lektüre seines Buches bestätigt am Ende den Verdacht, dass ein externer Zugriff auf Werte nicht möglich ist. Ein Verdacht, der durch eine weitere biopolitische Abhandlung bestätigt wird.

Die Kernthese von *Darwinism, Dominance, and Democracy* (1997) von Albert Somit und Steven A. Peterson ist, dass die Demokratie eine höchst artifizielle und daher evolutionsgeschichtlich betrachtet auch sehr seltene Organisationsform menschlichen Zusammenlebens darstellt und der Mensch demgegenüber ,von Natur aus' zu hierarchischen Sozialbeziehungen neigt. Diese Auffassung, die den naturalistischen Erkenntnissen von Masters diametral entgegensteht, fassen die Autoren in einem Artikel folgendermaßen zusammen: „Working over literally millions of years, natural selection has endowed Homo sapiens, as it did the other social primates, with an innate ,bias' toward hierarchical social (and political) structures" (Somit/Peterson 1998: 568). Und es ist gerade aus diesem Grunde, dass die Demokratie als eine im höchsten Maße prekäre Gesellschaftsform angesehen werden muss. Somit und Peterson argumentieren nun des Weiteren in ihrem Buch für eine Art Erziehung oder gar Indoktrination zur Demokratie, um dieser ,natürlichen Tendenz' zu Hierarchie und Dominanz entgegenzuwirken. Damit räumen sie aber zumindest implizit ein, dass sich eine naturalistische Fundierung liberaldemokratischer Prinzipien nicht liefern lässt. Was man unter Rückgriff auf evolutionstheoretische, ethnologische oder auch neurologische Untersuchungen gewinnen kann, sind sicherlich Hinweise auf artspezifische

---

[51] Vgl. Wuketis (2000).

Dispositionen, die ergänzt mit sozialwissenschaftlichen und kulturwissenschaftlichen Analysen Möglichkeiten und auch Grenzen menschlichen Verhaltens und Handelns aufzeigen können. Diese könnten dann wiederum Aufschluss darüber geben, auf welchen Wegen, mittels welcher institutionellen Vorkehrungen unsere normativen Ziele erreicht werden können. Aber auch negativ können biopolitische Untersuchungen durchaus zu einem realistischen Bild von dem Menschen und seinen mitunter auch destruktiven und immer auch das soziale Zusammenleben gefährdenden Anlagen beitragen. Doch damit verbleiben die Lebenswissenschaften auf dem Status eines Zulieferers für normative Überlegungen; ersetzen können sie diese nicht.[52]

Bereits bei dieser knappen Gegenüberstellung zweier neuerer Arbeiten wird ersichtlich, dass die Vertreter soziobiologischer oder biopolitischer Ansätze dem eigenen Anspruch, den Vorwurf des naturalistischen Fehlschlusses zu unterlaufen sowie eine klare Grenze zwischen biologischen und kulturellen Bestimmungsfaktoren anzugeben, nicht gerecht zu werden scheinen. Die Natur spricht sowohl für als auch gegen die liberale Demokratie, und welche Seite dabei hervorgehoben wird, ist oftmals nicht weiter nachvollziehbar. Neben einem naturalistischen begehen die hier beispielhaft diskutierten Autoren daher ebenso einen rationalistischen Fehlschluss, je nachdem, was bewiesen werden soll, wird entweder der Nutzen altruistischer Verhaltensweisen oder das Streben nach Dominanz als evolutionär angelegt herausgestellt. Damit scheint aber die Kritik, die bereits gegen die ersten soziobiologischen Ansätze geäußert worden war, auch weiterhin treffend zu sein.[53] Nun mag man an dieser Stelle einwenden, dass die Abhandlungen von Masters und Somit/Peterson für sich genommen zwar wenig überzeugend sind, doch damit noch kein abschließendes Urteil über biopolitische Ansätze überhaupt gewonnen worden ist. In der weiteren Arbeit soll daher dieser Verdacht anhand einer Arbeit von Francis Fukuyama weiter geprüft werden. Dieser bezieht mit seinem viel beachteten Werk *Our Posthuman Future* in der gegenwärtigen Auseinandersetzung über die Grenzen der Biotechnologien vor einem noch näher zu bestimmenden naturalistischen Hintergrund dezidiert Stellung.

---

[52] Darauf werde ich in den abschließenden Überlegungen zurückkommen.
[53] Vgl. die in Fn. 28 genannte Literatur. Eine überzeugende Kritik, gewalttätiges Verhalten von Menschen einzig aus einer evolutionären Perspektive erklären zu wollen, liefert Elwert (2004).

4.2 An den Grenzen des Naturalismus

Es sind die Herausforderungen durch die Biotechnologie, die bei Fukuyama einen Rückgriff auf die menschliche Natur provozieren.[54] Er erhofft sich durch die Bestimmung eines spezifisch humanen ‚Factor X' diejenige normativen Ressourcen zu gewinnen, die es gestatten, die politischen Grenzen der biotechnologischen Manipulierung der menschlichen Natur zu ziehen. Dabei sind zunächst zwei Aspekte bemerkenswert. Zum einen, und dies ist sicherlich eine der großen Stärken des Buches, begreift Fukuyama die biotechnologische Bedrohung nicht allein in dem Zukunftsszenario einer gentechnologischen Manipulierung mit dem Ziel einer positiven Eugenik. Zwar sei dies die bei weitem größte Gefährdung unserer Vorstellungen von Gerechtigkeit, Sittlichkeit und dem guten Leben, doch lasse sich hier noch gar nicht absehen, ob die entsprechenden Visionen jemals Wirklichkeit werden. Was wir jedoch schon heute beobachten können, so Fukuyama, ist nicht nur ein rasantes Voranschreiten des Wissens über die biologischen (genetischen und neurophysiologischen) Grundlagen unseres Verhaltens, sondern mit diesem Wissen auch die Möglichkeiten, dieses Verhalten zu manipulieren. Dass es sich dabei jedoch nicht nur um eine abstrakte Möglichkeit, sondern um eine zunehmende Realität handelt, belegt er in eindrucksvoller Weise mit dem wachsenden Missbrauch von ‚Prozac' und ‚Ritalin', zwei pharmakologischen Drogen, deren therapeutischer Zweck zunächst darin besteht, Depressionen zu bekämpfen (Prozac), oder hyperaktive Kinder ruhig zu stellen. Doch die Einnahme habe längst den engen Bereich der medizinisch indizierten Anwendung überschritten und sei zu einem Massenphänomen geworden. Es ist „the tendency to expand the therapeutic realm to cover an ever larger number of conditions" (53), welche laut Fukuyama zu gesellschaftlichen Veränderungen führt, deren Konsequenzen in dem Tod der liberalen Demokratie münden könnten. Besitzt Prozac nämlich deutliche Parallelen zu Soma, der Substanz, die Aldous Huxleys *Brave New World* für die allgemeine und damit auch Systemzufriedenheit führte, so sind mit dem Einsatz von Ritalin erhebliche Möglichkeiten der sozialen Kontrolle durch eine Vielzahl von Erziehungsinstitutionen verbunden.

Der zweite Aspekt, vor dessen Hintergrund *Our Posthuman Future* so bemerkenswert erscheint, ist die zunächst dezidiert biopolitische Argumentationsweise Fukuyamas.[55] Nicht nur, dass er zumeist zustimmend eine ganze Reihe von jüngeren Vertretern dieses Ansatzes zitiert, er teilt mit diesen auch die An-

---

[54] Die nachfolgenden Seitenzahlen beziehen sich, soweit sie nicht anders ausgewiesen sind, auf Fukuyama (2002).

[55] Diese biopolitische Argumentationsweise tritt in seinem politiktheoretischen Grundlagenwerk *The Great Disruption. Human Nature and the Reconstitution of Social Order* (1999) besonders deutlich zu Tage.

nahme der erheblichen Bedeutung des menschlichen Genoms für die Genese unserer Eigenschaften und unseres Verhaltens sowie die Kritik an der strikten Trennung von Fakten und Werten. Damit übernimmt er nun aber genau die beiden Basistheoreme, die wir oben im Anschluss an Arnhart als die Hauptcharakteristika biopolitischer Theorien kennen gelernt haben. Indes muss Fukuyama, wie ich im Folgenden zeigen möchte, diesen naturalistischen Zugriff genau an dem Punkt aufgeben, wo er plausibel zu machen versucht, warum den skizzierten Manipulationen menschlichen Verhaltens eine politische Grenze gesetzt werden soll.

Für Fukuyama existiert ein enger Zusammenhang zwischen der menschlichen Natur und menschlichen Vorstellungen über Rechte, Gerechtigkeit und Moralität. Insofern diese menschliche Natur nun aber immer mehr in den Fokus biotechnologischer Eingriffe gerät, drohe eben dieser Zusammenhang nachhaltig zerstört zu werden: „What is ultimately at stake with biotechnology is [...] the very grounding of the human moral sense, which has been a constant ever since there were human beings" (101 f.). Mit diesen Worten formuliert Fukuyama freilich eine starke These, und deren Gewicht besteht zunächst nicht so sehr darin, dass sich momentan etwas Wesentliches verschiebt, sondern in der Behauptung der anthropologischen Konstanz eines moralischen Sinnes, der sich darüber hinaus unmittelbar aus der menschlichen Natur ergeben soll. Auch behauptet er einen internen Zusammenhang zwischen der menschlichen Natur und der Begründung von Menschenrechten. Im Unterschied zu Höffe und Nussbaum, die gleichfalls eine Begründung unter Rekurs auf universelle menschliche Eigenschaften versuchen, dabei aber einen sozialphilosophischen Weg einschlagen, erhofft Fukuyama sich eine biologische Fundierung: „Any serious discussion of human rights must ultimately based on some understanding of human ends or purposes, which in turn must always rest on a concept of human nature. And it is here that Watson's [gemeint ist James Watson, der Entdecker der Doppelhelix, D.J.] field, biology, becomes relevant, because the life sciences have been making important discoveries about human nature in recent years. [...] The more science tells us about human nature, the more implications there are for human rights, and hence for the design of institutions and public policies that protect them" (106). Damit erweisen sich die Lebenswissenschaften für Fukuyama als höchst ambivalent; stellen sie einerseits eine extreme Gefährdung liberal-demokratischer Gesellschaften dar, so sind sie es andererseits aber auch, von denen er sich weit reichende Hinweise für das rechtliche und institutionelle Design eben dieser Gesellschaften erhofft. Wer nun aber eine detaillierte Herleitung und Diskussion der biopolitischen Erkenntnisse über die menschliche Natur und das Sozialverhalten erwartet, sieht sich bei der weiteren Lektüre des Buches zunehmend enttäuscht. Dies fängt bereits bei der Definition von ‚menschlicher

Natur' an: „The definition of the term human nature I will use here is the follow-
ing: human nature is the sum of the behavior and characteristics that are typical
of the human species, arising from genetic rather than environmental factors"
(130). Und dies aus zwei Gründen. Zum einen werden die biopolitischen Hypothesen, die dieses Konzept der als unveränderlich unterstellten menschlichen
Natur wohl inhaltlich-substantiell füllen sollen, alles andere als systematisch und
nachvollziehbar entwickelt. Fukuyama streut lediglich immer mal wieder Behauptungen ein, wie diejenige, dass das Streben nach persönlichem Besitz eine
natürliche Grundlage habe und allein aus diesem Grunde die liberal-
demokratischen Ordnungen des Westens sozialistischen Regimes überlegen sei
(106, 127). Und auch die Bemerkung, dass Gewalt ebenso natürlich sei wie die
Neigung, diese Gewalt zu kontrollieren (126 f.), besagt in dieser Allgemeinheit
zu wenig, um den Anspruch einer biopolitischen Ableitung der institutionellen
Ordnung Genüge zu tun.

Zum anderen ist aber auch nicht ersichtlich, wie aus einer naturalistischen
Definition von ‚menschlicher Natur' diejenigen normativen Kriterien gewonnen
werden können, aus denen sich dann mit einer gewissen Notwendigkeit die geforderte Begrenzung biotechnologischer Manipulationen gewinnen lassen. Abge-
sehen von den epistemologischen Problemen, die sich aus der kulturellen Einbettung der jeweiligen Beschreibung der typischen Merkmale ergeben,[56] stellt sich
ja auch die Frage, welche vermeintlich universellen Eigenschaften es im Einzelnen sind, denen ein wie auch immer gearteter normativer Gehalt innewohnt. Was
am Menschen ist es, mit anderen Worten, das gewissermaßen von sich aus einer
biotechnologische Optimierung entgegensteht? Zwar diskutiert Fukuyama, wie
eingangs erwähnt, den Vorwurf des naturalistischen Fehlschlusses, und ihm ist
dabei auch dahingehend zuzustimmen, dass selbst deontologische Ansätze auf
einem spezifischen Menschenbild beruhen (112 ff.), doch welche Fakten über die
menschliche Natur es sind, aus denen sich die geforderten Beschränkungen
gleichsam naturwüchsig ergeben, bleibt ungeklärt. Die Rede von einem „natural
human moral sense that evolved over time out of the requirements of hominids,
who were to become an intensely social species" (142), kann diese Lücke zumindest nicht schließen. Zumal sich an dieser Stelle, hier nicht unähnlich der
Vorgehensweise von Masters, ein rationalistischer Fehlschluss andeutet. Hat
Fukuyama noch wenige Seiten zuvor die Konfliktnatur des Menschen hervorgehoben, ist es nun seine Sozialnatur, die es zu bewahren gilt. Nun ließe sich vor
dem Hintergrund biopolitischer Theorie aber auch ganz anders argumentieren,
und zwar sowohl gegen die universelle Geltung der Menschenrechte als auch für
die Ermöglichung neurophysiologischer oder auch gentechnologischer Manipu-

---

[56] Vgl. Kamper/Wulf (1994), Siep (1996: 283 f.) und Lenzen (1996) sowie die Diskussion zu Nussbaum im übernächsten Kapitel.

lationen. Was spricht eigentlich gegen das Argument, dass durch neue wissenschaftliche Erkenntnisse ein weiteres Voranschreiten, wenn schon nicht der menschlichen Gattung überhaupt, so doch gewiss derjenigen Individuen und ihrer Nachkommen, die sich schon jetzt als die ,Alphatiere' erwiesen haben, möglich und wünschenswert sei? Was spricht also, um diesen Gedanken zuzuspitzen, aus naturalistischer Sicht gegen eine Optimierung dieses Genpools?[57] Befürchtungen wie die, dass hierdurch die soziale Spaltung der Gesellschaft sich zu vergrößern drohe (157), mag man als Ausdruck einer grundlegend demokratischen Gesinnung des Autors deuten, biologisch begründen lassen sie sich aber nicht.

Dies scheint nun auch Fukuyama zu ahnen, wenn er die Bedeutung philosophischer Überlegungen bei der Beantwortung der Frage nach der ,natürlichen' Basis der überpositiven Rechten hervorhebt. „The answer, I believe, is that while there is no simple translation of human nature into human rights, the passage from one to the other is ultimately mediated by the rational discussion of human ends – that is, by philosophy" (125). Ist diese Feststellung angesichts des überwiegend naturalistischen Tonfalls schon erstaunlich genug, so geht der Autor noch einen Schritt weiter, indem er konstatiert: „That discussion does not lead to a priori or mathematically provable truths; indeed, it may not even yield substantial consensus among the discussants" (125). Mit diesem Eingeständnis verlässt Fukuyama den naturalistischen Argumentationspfad und nähert sich einer Position, die wir als ,internal account' kennen gelernt haben. Es sind nun die jeweiligen philosophischen Deutungen der menschlichen Natur, die die gesuchte normative Scheidelinie bestimmen sollen. Eine solche Vorgehensweise kann sich zweifelsohne auch auf naturwissenschaftliche Fakten über den Menschen stützen, doch es ist die Interpretation dieser Fakten, die entscheidend ist. Und eine solche Interpretation erfolgt immer und notwendig vor dem Hintergrund einer kulturellen Praxis, die in diesem Fall diejenigen normativen Ressourcen bereitstellt, die Fukuyama zu der Auszeichnung demokratisch verfasster Gesellschaften veranlassen.

Dass Fukuyama den vermeintlich neutralen, biologistischen Pfad verlässt, wird darüber hinaus auch in seiner Rede vom ,Factor X' offenbar. Mit diesem Begriff versucht er den Kern des Menschen zu erfassen, und zwar einen Kern, der die gesuchte Basis der menschlichen Würde abgibt, die allen Menschen zukommen soll, weswegen sie dann auch alle im politischen Sinne gleich behandelt werden müssen: „Factor X is the human essence, the most basic meaning of what it is to be human" (150). Doch was dieser ,Factor X' ist, lässt Fukuyama in einem emphatischen Sinne offen: „That is Factor X cannot be reduced to the

---

[57] Eine solche Perspektive wird zumindest angedeutet bei Sloterdijk (1999).

possession of moral choice, or reason, or language, or sociability, or sentience, or emotions, or consciousness, or any other quality that has been put fort as a ground for human dignity. It is all of these qualities coming together in a human whole that make up Factor X" (171). Und eben dieses Ganze, welches mehr ist als die Summe seiner Teile würden auch die Naturwissenschaften verfehlen: „None of the branches of modern natural science that have tried to address this question have done more than scratch the surface" (170). Spätestens an dieser Stelle zieht Fukuyama dem ursprünglichen naturalistischen Programm einer Fundierung der Menschenrechte einerseits und der Bestimmung von Grenzen der biotechnologischen Manipulierung menschlichen Verhaltens andererseits völlig den Boden unter den Füßen weg. Dies ist zweifelsohne ein Lernprozess.

5   Das Verblassen anthropologischer Motive im Werk von Jürgen Habermas

Das Werk von Jürgen Habermas hat wie kaum eines die sozialphilosophische wie moraltheoretische Debatte der letzten vier Jahrzehnte geprägt. Für unseren Gegenstand ist eine Auseinandersetzung mit dessen Theorieentwicklung aus drei Gründen besonders ergiebig. Da ist erstens der Umstand zu nennen, dass Habermas vor dem Hintergrund seiner Auseinandersetzung mit Gehlen, aber auch durch seine dezidierte Kritik am Naturalismus ein ausgezeichnetes Gespür für die Gefahren anthropologischer Begründungsfiguren besitzt. Zweitens kann am Beispiel von Habermas die jüngere Vorgeschichte der gegenwärtigen Renaissance der politischen Anthropologie in Erinnerung gerufen werden. Denn auch wenn in der Einleitung behauptet worden ist, dass wir es seit Mitte des 20. Jahrhunderts mit einer Dominanz nachanthropologischen Denkens zu tun hatten, so spielten Bezugnahmen auf spezifische Kompetenzen des Menschen nichtsdestotrotz eine wichtige Rolle in der philosophischen Debatte. Dies gilt auch für das Werk von Habermas, zumindest über weite Strecken seiner Theorieentwicklung bis hin zur Ausbuchstabierung der Diskursethik in den 80er Jahren. Und schließlich lassen sich anhand dieser Diskursethik exemplarisch die Kosten eines vermeintlichen Verzichts auf inhaltliche und damit auch anthropologische Kriterien aufzeigen. Es sind diese Kosten, die in der jüngeren Vergangenheit bei vielen Autoren eine Rückkehr zu anthropologischen Überlegungen ausgelöst haben.

Das zunehmende Verblassen anthropologischer Annahmen in Habermas Werk soll in drei Schritten rekonstruiert werden. Den Anfang machen seine Ausführungen zu drei Arten von ,anthropologisch tiefsitzenden Interessen', die auf den Nachweis eines spezifischen Interesses an Aufklärung und damit auf eine Fundierung der kritischen Theorie zielen. Habermas hat jedoch nicht lange an diesem Begründungsprogramm festgehalten, dessen spekulativer Charakter allzu offensichtlich hervorgetreten ist (1). Diese Absage an eine ,Erkenntnisanthropologie' führte jedoch nicht zu einem gänzlichen Verzicht auf anthropologische Motive. Vielmehr lassen sich für die zweite Phase seines Schaffens, die sich von den frühen Siebzigern bis hin zur *Theorie des kommunikativen Handelns* (1981) erstreckt und in deren Zentrum die Ausarbeitung der Universalpragmatik einerseits sowie einer Theorie der sozialen Evolution andererseits steht, eine Vielzahl von zumindest quasianthropologischen Argumentationsfiguren nachweisen. Allerdings ist deren Status nicht immer eindeutig zu bestimmen (2). Anfang der 80er Jahre, also etwa mit der Veröffentlichung der *Theorie des kommunikativen Handelns*, kommt es dann zu einem deutlichen Verblassen anthropologischer Motive. Dies hat zum einen sicherlich damit zu tun, dass das Begründungsprogramm einer kommunikativen Vernunft in seinen Grundzügen nun vollendet ist, eine wichtige Rolle spielt dabei aber auch die immer stärker werdende Bedeutung Kantischer Theorieelemente (3).

5.1 Der Entwurf einer Erkenntnisanthropologie

Habermas Ausführungen zu drei anthropologisch verankerten Erkenntnisinteressen in seiner Frankfurter Antrittsvorlesung über *Erkenntnis und Interesse* aus dem Jahr 1965 und deren Fortführung im gleichnamigen Buch können auf eine ganze Reihe von Vorarbeiten zurückgreifen.[58] Neben der bereits erwähnten Auseinandersetzung mit der philosophischen Anthropologie Gehlens sind hier insbesondere seine Stellungnahmen zum Positivismusstreit und seine Rekonstruktion des Marxschen Konzepts der Gattungsethik zu nennen. So finden wir im Rahmen seiner Kritik am empirisch-analytischem Wissenschaftsmodell Poppers erstmals den Hinweis auf anthropologisch tiefsitzende Modi menschlicher Daseinsbewältigung: „Das Interesse an der Lebenserhaltung durch gesellschaftliche Arbeit unter dem Zwang natürlicher Umstände scheint in den bisherigen Entwicklungsstadien der menschlichen Gattung so gut wie konstant gewesen zu sein" (Habermas 1963: 33). Dem Erkenntnisideal der empirisch-analytischen Wissenschaften entspricht somit ein fundamentales Interesse an gesellschaftlicher Arbeit. Es ist also nicht, wie von Popper behauptet, wertneutral, sondern muss sich Habermas zufolge an den jeweiligen praktischen Interessen der Gesellschaftsmitglieder messen lassen.

Doch ist der Nachweis dieses irreduziblen Wechselspiels von (naturwissenschaftlicher) Erkenntnis und gesellschaftlichem Interesse nicht der einzige Ertrag seiner Positivismuskritik. Daneben lassen sich auch erste Hinweise auf eine zweite grundlegende Form menschlicher Existenz finden. Wenn auch noch nicht in der Klarheit wie in dem berühmten Aufsatz zu Hegels *Jenenser ‚Philosophie des Geistes'* (1967), so enthalten die entsprechenden Beiträge bereits deutliche Hinweise auf diejenige Universalie menschlichen Handelns, die er wenige Jahre später als ‚Interaktion' bezeichnen wird: „Die vergesellschafteten Individuen erhalten ihr Leben nur durch eine Gruppenidentität, die, im Unterschied zu tierischen Sozietäten, immer wieder aufgebaut, zerstört und neu gebildet werden muß" (Habermas 1964: 67). Es ist also nicht allein die Auseinandersetzung mit der äußeren Natur, die die Reproduktion und Evolution menschlicher Gesellschaften ermöglicht, mindestens ebenso bedeutsam ist für Habermas die Dimension der kommunikativen Verständigung. Und diesem Interesse entsprechen die

---

[58] Vgl. zum folgenden Honneth (1986, 2003) und McCarthy (1989).

historisch-hermeneutischen Wissenschaften, denen damit – formal betrachtet – der gleiche Status zukommt wie den empirisch-analytischen Wissenschaften.

Auch in der Beschäftigung mit Marx nähert sich Habermas der grundlegenden Unterscheidung von Arbeit und Interaktion, von instrumentellem und kommunikativem Handeln an. Die einzelnen Argumentationsschritte brauchen an dieser Stelle jedoch nicht aufgeführt zu werden. Entscheidend ist, dass er auch bei Marx eine Vereinseitigung menschlicher Praxis im Begriff der gesellschaftlichen Arbeit, also dem Prozess der Produktion mit der entsprechenden Dialektik von Produktivkräften und Produktionsverhältnissen, konstatiert. Diese sei nun aber umso misslicher, als er in seinen materialen Analysen durchaus die Eigenlogik symbolisch vermittelter Interaktionen unterstreiche. Doch der kategoriale Rahmen bei Marx, so resümiert Habermas in *Erkenntnis und Interesse*, bleibt davon unberührt. Die Marxsche Gesellschaftstheorie „unterschlägt an Praxis nicht den Zusammenhang symbolisch vermittelter Interaktion und der Rolle kultureller Überlieferung, aus denen Herrschaft und Ideologie allein zu begreifen sind. Aber in das philosophische Bezugssystem geht diese Seite der Praxis nicht ein" (Habermas 1968: 58).

Die letzten Zeilen deuten bereits auf einen weiteren Aspekt von Habermas Suche nach anthropologisch fundierten Erkenntnisinteressen hin. Und zwar ist es das Interesse an Kritik, an der Überwindung von Herrschaft und Ausbeutung, dem er eine neue Grundlage zu liefern versucht. Er knüpft damit an das Programm der kritischen Theorie an, wie es paradigmatisch von Horkheimer in seinem Aufsatz über *Traditionelle und kritische Theorie* formuliert worden ist. Eine kritische Theorie hat Horkheimer zufolge das Glück aller Individuen zum Ziel, wobei vor dem Hintergrund moderner Massengesellschaften und dem Niedergang sozialistischer Utopien nicht nur die inhaltliche Bestimmung dieses Glücks, sondern auch die Behauptung, dass ein entsprechendes Wollen überhaupt existiert, ungeklärt bleibt. Es ist dieses begrifflich-konzeptionelle Problem des Nachweises eines objektiven Interesses an Mündigkeit, das Habermas in seiner Antrittsvorlesung aufgreift und mit erkenntnisanthropologischen Mitteln zu beantworten versucht.

Der entscheidende Gedanke dieses programmatischen Vortrages ist eine Dreiteilung von Erkenntnisinteressen. Neben den bereits bekannten gattungsgeschichtlichen Prinzipien der Arbeit und der Interaktion einerseits und den mit diesen korrespondierenden empirisch-analytischen sowie hermeneutischen Wissenschaften andererseits treten nun das Interesse an Kritik und die kritischen Wissenschaften hinzu: „Für drei Kategorien von Forschungsprozessen läßt sich ein spezifischer Zusammenhang von logisch-methodischen Regeln und erkenntnisleitenden Interessen nachweisen. [...]. In den Ansatz der empirisch-analytischen Wissenschaften geht ein *technisches*, in den Ansatz der historisch-hermeneutischen Wissenschaften ein *praktisches* und in den Ansatz kritisch orientierter Wissenschaften jenes *emanzipatorische* Erkenntnisinteresse ein" (Habermas 1965: 155, Herv.i.O.). Mit anderen Worten, es gibt unter gattungsgeschichtlichen Gesichtspunkten nicht nur die Notwendigkeit des instrumentellen Handelns und der symbolischen Interaktion, sondern darüber hinaus auch das Interesse an Mündigkeit. Mit dieser These hat sich Habermas freilich erhebliche Beweislasten aufgeladen, und dies in doppelter Hinsicht. So muss er diejenigen Wissenschaften benennen, denen eine kritische Funktion essentiell zukommt, diese also nicht nur beiläufig erfüllen. Als paradigmatisches Vorbild für eine derartige ,kritische Wissenschaft' sieht Habermas nun zunächst die Psychoanalyse an, deren individualistischen Blickwinkel er in *Erkenntnis und Interesse* auf die Pathologien komplexer Gesellschaften zu übertragen versucht. Mag man sich mit dieser Zuordnung vielleicht noch anfreunden können, so bleibt die zweite Frage, wie denn dieses Interesse an Mündigkeit nun anthropologisch hergeleitet werden könne, unbeantwortet. Insbesondere bleibt er den Nachweis schuldig, dass das Interesse an Emanzipation den gleichen fundamentalen Stellenwert besitzt wie instrumentelles und kommunikatives Handeln. Dass der Mensch seine natürliche Umwelt mittels Arbeit bewältigen muss und er auf die Koordinierung seines Sozialgefüges mittels Sprache angewiesen ist, ist schwerlich zu bestreiten. Inwieweit er aber darüber hinaus ,von Natur aus' auf Mündigkeit oder gar Herrschaftsfreiheit angelegt ist, konnte Habermas nicht demonstrieren.[59]

Es sind wohl diese Bedenken gewesen, die Habermas dazu geführt haben, die Rede von einem gattungsgeschichtlich fundierten Interesse an Mündigkeit kurz nach der Veröffentlichung von *Erkenntnis und Interesse* fallen zu lassen. So spricht er dem emanzipatorischen Erkenntnisinteresse in einem Nachwort zu dieser Studie nur noch einen „abgeleiteten Status" (Habermas 1968: 400) zu. Es ist nun das kommunikative Handeln, aus dem Habermas das ,Interesse an Emanzipation' zu gewinnen versucht; Herrschaft und Ideologie werden fortan als Verzerrungen der symbolisch vermittelten Interaktion begriffen. Die Dreiteilung der Erkenntnisinteressen weicht somit einer Zweiteilung. Dabei ist bemerkenswert, dass diese Theoriekonstruktion bereits in der Frankfurter Antrittsvorlesung angedacht ist: „Das, was uns aus der Natur heraushebt, ist nämlich der einzige Sachverhalt, den wir seiner Natur nach kennen können: *die Sprache*. Mit ihrer Struktur ist Mündigkeit *für uns* gesetzt" (Habermas 1965: 163, Herv.i.O.). Doch auch bei dieser Zweiteilung anthropologisch tiefsitzender Interessen bleibt es nicht allzu lange. In den folgenden Jahren hat sich Habermas von dem Modell einer Erkenntnisanthropologie verabschiedet. Die Motive, die hierbei eine Rolle gespielt haben mögen, gilt es nun herauszuarbeiten.

---

[59] Vgl. zu diesem Einwand auch McCarthy (1989: 111).

Zunächst ist es überhaupt bemerkenswert, dass Habermas glaubt, auf so etwas wie anthropologische Konstanten zurückgreifen zu müssen. Hier scheint er hinter der eigenen Einsicht, dass derartige Aussagen immer auch ein Spiegel der jeweiligen geschichtlich-kulturellen Epoche des Wissenschaftlers sind und insofern gerade keine universelle Fundierung zu liefern vermögen, zurückzufallen. Jedenfalls bleibt der Status der Rede von ,invarianten Handlungsstrukturen' oder auch ,tieferliegenden gattungsgeschichtlichen Erfahrungen' gerade in seinem Verhältnis zur soziologischen Gesellschaftsanalyse weitgehend ungeklärt.[60] Es hat zumindest den Anschein, als ob wir bei Habermas lediglich das Spiegelbild der konservativ-restaurativen Konzeption Gehlens vorfinden, gewissermaßen eine Anthropologie von ,links', die sich aber auf der methodischen Ebene vor die gleichen unlösbaren Probleme gestellt sieht.[61] Sodann verbleibt die Annahme einer Gattungsgeschichte, wie Habermas selbst rückblickend eingeräumt hat, in den Bahnen der Bewusstseinsphilosophie. Insbesondere die Annahme eines Kollektivsubjektes der Geschichte (die Menschheit), lässt sich nicht halten.[62] Auch die Übertragung des freudschen Neurosenmodells auf die Analyse von Gesellschaftspathologien als paradigmatisches Modell einer kritischen Wissenschaft fällt mit dem Verzicht auf die Analogisierung von Individuum und Gesellschaft.[63] Wenn dies aber der Fall ist, bleibt die Frage weiterhin offen, wie die Verzerrungen gesellschaftlicher Interaktionsmuster analysiert werden können. Auch ist nicht ersichtlich, was denn überhaupt als pathologische Strukturen kommunikativen Handelns angesehen werden soll, anhand welcher normativen Kriterien derartige Verzerrungen bestimmt werden können. Es sind diese Probleme einer kritischen Gesellschaftstheorie, mit denen Habermas sich in den folgenden Jahren beschäftigen wird.

5.2 Quasianthropologische Restbestände in der Universalpragmatik

Im Nachwort zu *Erkenntnis und Interesse* meldet Habermas auch grundsätzliche Bedenken gegen eine anthropologische Fundierung der kritischen Theorie an: „Anthropologien stehen allemal vor der Schwierigkeit, daß empirische Verall-

---

[60] Vgl. hierzu auch die Kritik von Lepenies (1971a: 85 ff.).

[61] Auch dies wird heute von Habermas selbst eingeräumt: „Ich war damals auf den starken Institutionalismus, überhaupt auf die Sozialpsychologie von Arnold Gehlen negativ fixiert; auch deshalb habe ich mich zu einer abstrakt entgegen gesetzten Theoriestrategie verleiten lassen" (Habermas 2000: 14),

[62] Vgl. hierzu die Stellungnahme von Habermas zu *Erkenntnis und Interesse* in Habermas (2000: 13 f.).

[63] Sie wird jedoch, wie wir im nächsten Abschnitt sehen werden, von Habermas in seiner *Rekonstruktion des historischen Materialismus* in modifizierter Form beibehalten.

gemeinerungen von Verhaltensmerkmalen zu schwach, ontologische Aussagen über das Wesen des Menschen zu stark sind" (Habermas 1968: 373). Allerdings kommt es an dieser Stelle noch zu keiner Kritik des Programms eines geschichtlichen Nachweises universaler Strukturen; im Gegenteil, dieses wird geradezu als eine Art Königsweg beschrieben, der den Fallstricken einer metaphysischen Ontologie einerseits und eines kontingenten Empirismus andererseits entgeht. Und zwar soll dies weiterhin durch eine „Theorie der Gattungsgeschichte oder der sozialen Evolution" (ebd.) geschehen. Das Programm einer gattungsgeschichtlichen Grundlegung hat Habermas jedoch nach und nach aufgegeben, in das Zentrum rückt vielmehr die Ausbuchstabierung einer Universalpragmatik, welche wiederum den Rahmen für die Entwicklung einer Theorie der sozialen Evolution zur Verfügung stellt. Es hat somit eine Art Renovierung des Theoriedesigns stattgefunden, an dessen vorläufigem Ende die *Theorie des kommunikativen Handelns* steht. Im Verlauf dieses Prozess kommt es auch zu einer Abschwächung anthropologischer Motive, jedoch nicht zu einem völligen Verzicht auf diese. Zwar ist von einer ‚Erkenntnisanthropologie' keine Rede mehr, doch sowohl in der Herleitung der Grundstrukturen menschlichen Sprachhandelns als auch bei der Formulierung einer Theorie der sozialen Evolution lassen sich zumindest noch quasianthropologische Argumentationsmuster nachweisen. Dieser Zusammenhang kann an dieser Stelle nicht in allen Einzelheiten und Verästelungen ausgeführt werden. Im Folgenden möchte ich aber zumindest, die Hauptlinien dieses neuen Theoriedesigns im Hinblick auf ihren (quasi)anthropologischen Gehalt herauszuarbeiten.

Seit Anfang der 70er Jahre rückt im Anschluss an den ‚linguistic turn' der Philosophie die Beschäftigung mit der menschlichen Sprachverwendung in das Zentrum von Habermas' Schaffen. Seine Grundintention ist dabei, jenen linguistischen Analysen, die die universalistischen Strukturen der menschlichen Grammatik herausgestellt haben, um den Bereich der Sprachverwendung, also der konkreten Sprechhandlungen, zu erweitern. Er greift dabei insbesondere auf die Sprechakttheorien von Austin und Searle zurück und unterscheidet mit diesen zwischen den lokutionären und illokutionären Bestandteilen einer Sprechhandlung. Den illokutionären oder auch performativen Aspekten wohnen – und das ist die entscheidende Annahme – spezifische Geltungsansprüche inne, die wir in Sprechhandlungen immer und notwendig erheben. Es sind diese Geltungsansprüche auf Wahrheit, Richtigkeit, Wahrhaftigkeit und Verständlichkeit, die der menschlichen Sprache als solcher innewohnen. Mittels einer universalpragmatisch ausgerichteten Analyse eben dieser Präsuppositionen, die mit unserem alltäglichen Sprachgebrauch notwendig einhergehen, können rationale Maßstäbe gewonnen werden. Da nun diese Maßstäbe – die jeweiligen Geltungsansprüche – immer und notwendig in Anspruch genommen werden, zielt der Sprachgebrauch

Habermas zufolge auf Verständigung ab. Wenn aber das ‚Telos der Verständigung' der menschlichen Sprache inhärent ist, dann ist mit ihr auch das Interesse an Mündigkeit gegeben. Die Universalpragmatik tritt damit in die Lücke, die die Aufgabe einer erkenntnisanthropologischen Fundierung des Emanzipationsinteresses hinterlassen hat, und soll mithin der Grundlegung einer kritischen Theorie der Gesellschaft dienen.[64]

Diesen Überlegungen zur Universalpragmatik kommt nun neben dem quasi-transzendentalen insofern zumindest auch ein quasianthropologischer Status zu, als damit ja eine ausschließlich dem Menschen innewohnende Kompetenz aufgezeigt werden soll. Zwar finden wir – wie Habermas durchaus einräumt – auch bei anderen Primaten symbolisch vermittelte Interaktionen, doch die Erhebung von spezifischen Geltungsansprüchen und deren etwaige Problematisierung in einem Diskurs stellt nun gewiss eine rein menschliche Errungenschaft dar. Es ist gewissermaßen die bereits von Aristoteles hervorgehobene Verschränkung von Sprache und Vernunft, die Habermas hier aktualisiert. Anthropologisch ist die Universalpragmatik aber auch aus einem zweiten Grund, und zwar ist es der im Titel erhobene Universalitätsanspruch. Die kommunikativen Kompetenzen sollen nämlich allen (erwachsenen) Menschen zukommen, sie besitzen somit einen kulturübergreifenden Status: „Es wird ferner angenommen, daß die kommunikative Kompetenz einen ebenso universalen Kern hat wie die linguistische. Eine allgemeine Theorie der Sprechhandlungen würde mithin genau das fundamentale Regelsystem beschreiben, das erwachsene Sprecher beherrschen, sowie sie die *Bedingungen für eine glückliche Verwendung von Sätzen in Äußerungen* erfüllen können – gleichviel welcher Einzelsprache die Sätze angehören und in welche zufälligen Kontexte die Äußerungen jeweils eingebettet sind" (Habermas 1976: 387, Herv.i.O.).

Als ein zweites anthropologisches, und zwar sozialanthropologisches Standbein des Habermaschen Theoriegebäudes zur Zeit der Ausbuchstabierung der Universalpragmatik können seine Ausführungen zur Theorie der Ich-Entwicklung angesehen werden.[65] In den entsprechenden Arbeiten stützt er sich auf entwicklungspsychologische Überlegungen von Piaget und Kohlberg, wobei er sich insbesondere die Unterscheidung von sechs Stufen der Entwicklung kognitiver (Piaget) und auch moralischer Kompetenzen (Kohlberg) zu Eigen macht. Dabei analysiert er diejenigen sozialen Bedingungen, die zu einer Entfaltung des gesamten Entwicklungspotentials und mithin zur Erreichung der jeweils höchsten Stufen erforderlich sind. In einem Umkehrschluss können somit jene Pathologien aufgezeigt werden, die diese Entwicklung blockieren, also etwa gewalttä-

---

[64] Da es mir hier lediglich um die anthropologischen Implikationen des universalpragmatischen Begründungsprogramms geht, verzichte ich hier auf eine Kritik; vgl. aber Wellmer (1986).
[65] Vgl. Habermas (1972, 1974).

tige Familienstrukturen oder auch die gesellschaftlich bedingten Benachteiligungen ganzer Bevölkerungsgruppen. Theoriearchitektonisch betrachtet ist vor allem die Parallelisierung der universalpragmatisch hergeleiteten kommunikativen Rationalität mit der höchsten Stufe der Ich-Entwicklung, die im Rahmen der Moralentwicklung als universalethisch bezeichnete 2. Stufe der postkonventionellen Moralorientierung, bedeutsam. Damit stützen sich Universalpragmatik und Theorie der Ich-Entwicklung wechselseitig, beide kulminieren in dem Nachweis der höherstufigen Rationalität kommunikativen Handelns. Und wie schon bei der Ausübung von Sprechhandlungen geht Habermas auch bei der Ontogenese von universellen Strukturen aus: „Der Begriff der Ich-Identität hat offensichtlich nicht nur einen deskriptiven Sinn. Er beschreibt eine symbolische Organisation des Ich, die [...] universale Vorbildlichkeit beansprucht, weil sie in den Strukturen von Bildungsprozessen überhaupt angelegt ist und optimale Lösungen für kulturinvariant wiederkehrende Handlungsprobleme ermöglicht" (Habermas 1974: 64). Derartige universelle Strukturen werden schließlich auch mit dem dritten Baustein des Theoriegebäudes, der Theorie der sozialen Evolution, verknüpft. Diese soll der *Rekonstruktion des Historischen Materialismus* dienen und ersetzt das Modell einer erkenntnisanthroplogisch fundierten Gattungsgeschichte, das Habermas noch in den 60er Jahren verfolgt hat.

Soziale Evolution als solche ist für Habermas zunächst einmal ein anthropologisches Faktum, das heißt erst mit dem Menschen eröffnet sich ein Spielraum für die Entwicklung von Gesellschaftsformationen. Damit gelangt zugleich auch der natürliche Evolutionsmechanismus zum Stillstand. „An der Schwelle zum homo sapiens", so schreibt Habermas in dem Titelaufsatz *Zur Rekonstruktion des Historischen Materialismus*, „weicht diese organisch-kulturelle Mischform einer ausschließlich *sozialen Evolution*" (Habermas 1975: 147, Herv.i.O.). Grund hierfür ist die Notwendigkeit, den sozialen Zusammenhalt mittels symbolischer Interaktionsformen immer wieder aufs Neue zu reproduzieren, da der Rückgriff auf natürliche Statusunterschiede nicht länger gegeben sei. Und dies ist für Habermas dann auch der Grund, weswegen ein alleiniger Rückgriff auf das Konzept der Arbeit, wie dies bei Marx der Fall ist, für die Theoretisierung der Menschheitsentwicklung nicht hinreichend ist: „Das Marxsche Konzept der gesellschaftlichen Arbeit eignet sich zur Abgrenzung der Lebensweise der Hominiden gegenüber der der Primaten; aber es trifft nicht die spezifisch menschliche Reproduktion des Lebens. Denn nicht die Hominiden, sondern erst die Menschen sprengen jene gesellschaftliche Struktur, die in der Wirbeltierreihe entstanden ist: die eindimensionale Rangordnung, in der transitiv jedem Tier ein und nur ein Status zugeordnet wird" (ebd.: 149).

Es ist unschwer zu erkennen, wie auch bei der *Rekonstruktion des Historischen Materialismus* die menschliche Sprachfähigkeit und die daraus resultierenden symbolischen Interaktionskompetenzen die entscheidenden Elemente des Theoriedesigns darstellen. Entsprechend spiegelt die Theorie der sozialen Evolution diejenigen Strukturen wider, denen wir bereits in seiner Universalpragmatik und seinen Ausführungen zur Ich-Entwicklung begegnet sind. Habermas spricht demgemäß auch von Homologien zwischen der Ontogenese und der Entwicklung von Weltbildern:[66] „Die kognitivistische Entwicklungspsychologie hat für die Ontogenese verschiedene Stufen des moralischen Bewusstseins nachgewiesen, die im einzelnen als präkonventionelle, konventionelle und postkonventionelle Muster der Problemlösung beschrieben werden. Dieselben Muster kehren in der sozialen Evolution der Rechts- und Moralvorstellungen wieder" (Habermas 1976a: 13).

Die Ebenen der Universalpragmatik, der Ich-Entwicklung und der Theorie sozialer Evolution stützen sich somit wechselseitig. Sie bilden ein magisches Dreieck der Fundierung einer kritischen Gesellschaftstheorie, wie Habermas sie dann mit der *Theorie des kommunikativen Handelns* in zusammenhängender und leicht modifizierter Form vorgelegt hat.[67] Aussagen über den Menschen finden wir dabei auf allen drei Ebenen, wenn es sich dabei auch nur um eine Anthropologie in einem schwachen Sinne handelt. Denn von einer starken, biologisch fundierten Anthropologie, etwa im Sinne der von Herbert Marcuse im Anschluss an Freud entwickelten Triebtheorie, grenzt er sich zu dieser Zeit ab, denn diese würde laut Habermas auf eine „naturalistische Begründung der Vernunft" (Habermas 1977: 287) hinauslaufen. Auch der menschliche Körper findet in dieser Phase keine Berücksichtigung und „die Untersuchung von Grundstrukturen der Intersubjektivität wird auf eine Analyse von Sprachregeln hin vereinseitigt" (Honneth 1986: 310).[68] Hiermit wird freilich lediglich eine Tendenz verstärkt, die bereits bei der Entwicklung der Erkenntnisanthropologie deutliche Konturen angenommen hat. Für diese zweite Phase ist die Vernachlässigung der leiblichen Dimension menschlicher Existenz aber insofern bemerkenswert, als es gerade eine Theorie der Sozialisation ist, die das Verbindungsglied zwischen der Universalpragmatik und der Evolutionstheorie darstellt.

Zeigt sich Habermas somit bemüht, auf naturalistische Annahmen zu verzichten, so ist der Rückgriff auf die menschliche Sprachkompetenz und die

---

[66] Wobei er allerdings vor allzu vorschnellen Parallelen warnt; vgl. Habermas (1976a: 16 f.).

[67] Hinzugetreten sind dabei insbesondere das Konzept der Lebenswelt sowie die weitere Integration systemtheoretischer Grundannahmen. Diese Ergänzungen sind m.E. vornehmlich unter gesellschaftstheoretischem Blickwinkel, nicht jedoch für das Programm einer Fundierung der kritischen Theorie, bedeutsam. Eine signifikante Verschiebung des Habermasschen Theoriedesigns ergibt sich dagegen Mitte der 80-ger Jahre infolge einer Kantianischen Wende. Diese ist Gegenstand des folgenden Abschnitts.

[68] Vgl. zu dieser Vernachlässigung des Körpers in der Habermasschen Universalpragmatik auch Matthiesen (1983) und Nolte (1984).

Strukturen der als universal unterstellten Moralentwicklung als Ergebnisse einer transzendentalen Analyse des Menschseins überhaupt nun seinerseits nicht unproblematisch. Denn auch mit den schwachen sozialanthropologischen Annahmen steht er in der Tradition einer politischen Anthropologie, die durch den Rückgriff auf die vermeintliche Natur des Menschen zu allgemeingültigen normativen Prinzipien zu gelangen trachtet. Doch gerade die Universalität der Sprachkompetenzen und auch der Strukturen der Moralentwicklung ist zweifelhaft. Dies ist nirgends so deutlich geworden wie bei der Diskussion um die angeblich kulturübergreifenden Forschungen Kohlbergs. Vor allem der Verdacht, dass es sich bei der postkonventionellen Stufe der Moralentwicklung lediglich um eine spezifisch europäische und noch dazu männliche Errungenschaft handeln könnte, ist nicht ohne weiteres von der Hand zu weisen.[69] Hinzu kommt, dass selbst in ‚aufgeklärten', westlichen Gesellschaften nur ein Bruchteil der Bevölkerung die Moralstufe sechs erreicht, deren ‚materielle' Verankerung also alles andere als gegeben ist. Entsprechend ist Thomas McCarthy beizupflichten: „Angesichts dieser Probleme und offenen Fragen wäre Habermas wohl gut beraten, eine vorsichtigere und kritischere Haltung gegenüber kognitiven Entwicklungstheorien einzunehmen, als er es bisher getan hat. Er kann sich sicherlich nicht auf sie berufen, um eine Bestätigung für seine universalistischen Ansprüche zu erhalten" (McCarthy 1989: 557). Was für die Moralentwicklung gilt, lässt sich auch auf die Theorie der sozialen Evolution übertragen. Hier ist der Verdacht eines ethnozentristischen Fehlschlusses ebenfalls nicht ohne weiteres von der Hand zu weisen. Zumindest dann nicht, wenn die Überlegungen zur Menschheitsentwicklung mehr darstellen sollen als eine bloße Illustration anderwärts gewonnener normativer Kriterien. Es kann an dieser Stelle nur darüber spekuliert werden, welche Bedeutung derartige Einwände für eine erneute Theorierevision bei Habermas gespielt haben. Etwa mit dem Erscheinen des *Philosophischen Diskurses der Moderne* und der Ausformulierung der Diskursethik lässt sich aber ein Verzicht auf anthropologische oder auch quasianthropologische Begründungsmuster und eine parallele Aufwertung Kantischer Denkmotive beobachten. Darauf ist nun einzugehen.

5.3 Im Schatten von Kant

In der *Grundlegung zur Metaphysik der Sitten* lässt Kant keinen Zweifel daran, dass eine Moralphilosophie ohne jegliche anthropologische Anleihen auskommen muss. Sein ehrgeiziges Ziel ist es, eine „reine Moralphilosophie zu bearbei-

---

[69] Hierfür immer noch überzeugend Gilligan (1984); zur Diskussion vgl. Nagl-Docekal/Pauer-Studer (1993).

ten, die von allem, was nur empirische sein mag und zur Anthropologie gehört, völlig gesäubert wäre" (Kant 1786: 13). Denn eine solche „beruht gänzlich auf ihrem reinen Teil, und, auf den Menschen angewandt, entlehnt sie nicht das mindeste von der Kenntnis desselben (Anthropologie)" (ebd.). Betrachtet man nun die moralphilosophischen und auch politiktheoretischen Schriften von Habermas in den 80er und 90er Jahren des vorigen Jahrhunderts so findet man eine immer stärkere Annäherung an diese Absage an die Anthropologie, und die entsprechenden Motive seines Denkens, wie wir sie im vorigen Abschnitt skizziert haben, verblassen oder werden umgedeutet.[70]

Ziel seiner Diskursethik ist eine Konzeption, die gleichermaßen deontologisch, kognitivistisch, formalistisch und universalistisch ist, womit er sich explizit in die Tradition der Kantschen Moralphilosophie stellt (Habermas 1986: 28). Habermas möchte aber über Kant hinausgehen, indem er dessen transzendentalphilosophische Hintergrundannahmen zu überwinden trachtet und den vermeintlich monologischen Charakter, den der Universalisierungsgrundsatz bei Kant angenommen hat, durch eine intersubjektivistische Lesart zu ersetzen versucht. Weiterhin erhebt Habermas den Anspruch, Begründungsprobleme der Moralphilosophie Kants gelöst zu haben. Dabei bedient er sich seiner Untersuchungen zur Sprechakttheorie, die nun aber nicht mehr unter dem Begriff einer ‚Universalpragmatik', sondern unter dem der ‚Formalpragmatik' firmieren.[71] Anknüpfend an die formalpragmatisch rekonstruierten Geltungsansprüche formuliert Habermas in seinen moraltheoretischen Schriften der 80er Jahre eine Reihe von Diskursregeln, die jeder Argumentationsteilnehmer immer schon anerkannt haben muss, will er sich nicht in einen ‚performativen Widerspruch' verwickeln (Habermas 1986: 12f.). Diese Regeln lassen sich unter den beiden Forderungen nach Reziprozität und Allgemeinheit subsumieren und erlauben es in einem nächsten Schritt, den Universalisierungsgrundsatz ‚U' zu formulieren, demzufolge eine strittige Norm nur dann Zustimmung finden kann, „wenn die Folgen und Nebenwirkungen, die sich aus einer *allgemeinen* Befolgung der strittigen Norm für die Befriedigung der Interessen eines *jeden Einzelnen* voraussichtlich ergeben, von allen *zwanglos* akzeptiert werden können" (Habermas 1983: 103, Herv.i.O.). Ist nun aber der moralische Gesichtspunkt auf diese Weise dargelegt, mithin ‚U' aus den normativ gehaltvollen Argumentationsvoraussetzungen gewonnen worden, so lässt sich Habermas zufolge in einem letzten Schritt die Diskursethik auf

---

[70] Dabei mögen insbesondere die Konjunktur der poststrukturalistischen Vernunftkritik auf der einen Seite und die Renaissance aristotelischer Ansätze auf der anderen Seite eine Rolle gespielt haben; vgl. Habermas (1984, 1985).
[71] Der terminologische Wandel von ‚Universal-, zu ‚Formalpragmatik' ist wohl vornehmlich der Abgrenzung zu Karl-Otto Apel geschuldet, der einen ‚Letztbegründungsanspruch' vertritt, von dem Habermas sich distanziert (1991: 185-199).

den „sparsamen Grundsatz" ‚D' bringen, „daß nur die Normen Geltung beanspruchen dürfen, die die Zustimmung aller Betroffenen als Teilnehmer eines
praktischen Diskurses finden könnten" (Habermas 1986: 12, vgl. 1983: 103).
Ziel des diskursethischen Begründungsprogramms ist es also, die Voraussetzungen einer ‚unparteilichen' Begründung von Handlungsnormen zu klären. Und
um dies zu gewährleisten, muss das Moralprinzip möglichst frei sein von inhaltlichen Verunreinigungen, wie sie aus einer kantianischen Perspektive mit anthropologischen Begründungsprogrammen einhergehen: „Das skizzierte Begründungsprogramm beschreibt als den, wie wir jetzt vielleicht sagen dürfen, aus-
sichtsreichsten Weg die transzendentalpragmatische Begründung einer normativ
gehaltvollen Argumentationsregel. Diese ist gewiß selektiv, aber formal" (Habermas 1983: 104).

Obwohl Habermas mit seiner Version der Diskursethik also einige Korrek-
turen an der Kantschen Moralphilosophie vornimmt, bleibt er dessen Geist verpflichtet, was dann auch in seiner Diskussion der Hegelschen Einwände gegen
Kant deutlich hervortritt. Darauf kann hier im Einzelnen nicht eingegangen werden. Festzuhalten bleibt aber, dass Habermas mit der Formulierung eines vermeintlich unparteilichen wie formalen Moralprinzips der Kantschen Konzeption
einer ‚praktischen Vernunft' folgt. Es ist dieses Moralprinzip, das Habermas in
Faktizität und Geltung zum Diskursprinzip generalisiert, welches der Differenzierung von Moral und Recht vorausgeht.[72] Recht und Moral stellen nun unterschiedliche Klassen allgemeiner Handlungsnormen dar, wobei er unter ‚Handlungsnormen' „zeitlich, sozial und sachlich generalisierte Verhaltenserwartun-
gen" (Habermas 1992: 138) versteht. Das Diskursprinzip erklärt somit den Gesichtspunkt, „unter dem Handlungsnormen überhaupt *unparteilich begründet*
werden können" (ebd: 140, Herv.i.O.). Auch in seiner Diskussion des Politischen
Liberalismus von Rawls tritt dieses Motiv der Unparteilichkeit durch Formalität
deutlich zu Tage. Zwar teilt Habermas mit Rawls „eine intersubjektivistische
Lesart für Kants Begriff der Autonomie" (Habermas 1996: 65) und seine Kritik
verbleibt auch „in den engen Grenzen eines Familienstreits" (ebd.), doch um so
instruktiver sind daher die bemängelten Aspekte des Rawlschen Theoriedesigns.
Und hier kritisiert Habermas insbesondere, dass dieses nicht prozeduralistisch
genug sei, sondern bei der Bestimmung der Gerechtigkeitsgrundsätze substantia-

---

[72] Auch hier folgt Habermas Kant, der zwar den Universalisierungsgrundsatz im Zusammenhang mit
seiner Moralphilosophie entwickelt hat, diesen jedoch auch seiner Rechtsphilosophie zugrunde legt.
Moral und Recht sind bei Kant somit über ein grundlegendes Prinzip praktischer Vernunft verbunden; indes ist diese Konstruktion bei Kant alles andere als trennscharf: Insbesondere stellt sich die
Frage nach der Gleichursprünglichkeit von Moral und Recht, zumal einige Textstellen darauf hindeu-
ten, dass Kant sich noch nicht gänzlich vom klassischen Naturrecht gelöst hat. Habermas spricht in
diesem Zusammenhang von einem „platonischen Erbe", das in „der Verdoppelung von Recht überhaupt in natürliches und positives Recht" (Habermas 1992: 136) fortlebt.

listische, also inhaltliche Kriterien zu Grunde gelegt werden. Dies berge aber die „Gefahr eines philosophischen Paternalismus" (Habermas 1996: 119), von dem Habermas sich abzugrenzen bemüht ist. Es ist wohl diese Angst vor paternalistischen Konsequenzen, die Habermas die Kantianische Moralphilosophie mit ihrem scheinbaren Verzicht auf inhaltliche und damit auch anthropologische Geltungskriterien in den 80er und 90er Jahren des vergangenen Jahrhundert so attraktiv erscheinen ließ.

Gleichwohl sind mit diesem Verzicht auf inhaltliche Kriterien auch spezifische Probleme verbunden. So stellt sich erstens die Frage, ob die Diskursethik nicht doch von zumindest impliziten Annahmen über die Natur des Menschen ausgeht, ob sie nicht „ein Stück verschämter Anthropologie in philosophischer Absicht" (Honneth 2000a: 104) enthält. Ein Einwand, der bereits auf die Kantische Moralphilosophie zutrifft, ist es bei ihm doch die ‚Vernunftnatur' des Menschen, die die Basis der Grundlegung der praktischen Philosophie darstellt. Überzeugte Kantianer mögen hiergegen zwar mit den reinen ‚Prinzipien der praktischen Vernunft' argumentieren, deren Reinheit oder auch Formalität lässt sich aber nicht aufrechterhalten.[73] Insoweit Habermas nun in die Fußstapfen von Kant tritt, übernimmt er von ihm auch ein zumindest implizites Menschenbild. Dieses wendet er zwar sprachphilosophisch, die Fixierung auf die ‚Vernunftfähigkeit' behält er jedoch bei. In der Folge kommt es zu einer kognitivistischen Engführung der Diskursethik.[74] Dies führt zurück zur *Theorie des kommunikativen Handelns.*

In ihr findet eine konstitutionstheoretische Akzentuierung statt, in deren Folge die körperlichen und emotionalen Dimensionen des Handelns nur ungenügend zur Geltung kommen. Auf eine Darstellung der dort entwickelten formalpragmatisch gestützten Handlungstheorie muss hier verzichtet werden.[75] Für unseren Zusammenhang ist jedoch entscheidend, dass die Welt der Handelnden und auch die Interaktionsstrukturen nahezu ausschließlich als, wenn auch zumeist vorbewusste, Kognitionen konzeptualisiert werden, als etwas, das in explizites Wissen überführt werden kann, wenn Zweifel an den Realitätsdeutungen auftreten. Dies gilt nun in besonderem Maße für das kommunikative Handeln, denn indem ein Sprecher spezifische Geltungsansprüche erhebt, übernimmt er es mithin, diese im Zweifelsfalle unter Rückgriff auf geteiltes *Wissen* zu begründen. Vernachlässigt werden dabei aber all diejenigen Aspekte menschlicher Erfahrungen, die sich nicht, oder nur ungenügend in Wissen übersetzen lassen. Die Folge hiervon ist ein kognitivistischer Bias. So ist auch Dmitri Shalin zuzustimmen,

---

[73] Vgl. u.a. Rentsch (1999: 311 ff.).
[74] Vgl. hierzu auch Benhabib (1992: 172 ff.) und White (1988: 46f.).
[75] Vgl. hierzu Matthiesen (1983: 51 ff.) und mit besonderem Gewicht auf anthropologische Residuen Fahrenbach (1984).

wenn er feststellt: „Reason appears in TCA primarily as thinking (consciousness, understanding, cognition). It has no obvious relation to the human body and noncognitive processes (emotions, feelings, sentiments). What pragmatists call 'experience' has shriveled into verbal intellect, which assumes in TCA a privileged position as a locus of rationality" (Shalin 1992: 254). Die Thematisierung des dramaturgischen Handelns in der *Theorie des kommunikativen Handelns* steht mit dieser Einschätzung nur scheinbar im Widerspruch. Auffällig ist nämlich, dass Habermas diesem Handlungstypus im weiteren Verlauf seiner Argumentation und auch in den nachfolgenden Schriften nicht systematisch nachgeht. Und in seiner politischen Theorie wird das dramaturgische oder auch expressive Handeln nahezu vollständig übergangen. Er differenziert dort zwar zwischen pragmatischen, ethischen und moralischen Diskursen, doch es bleiben eben Diskurse, in denen um ausschlaggebende Gründe gerungen wird. Ausgeblendet werden damit aber diejenigen Aspekte des Handelns, die sich zunächst einmal nicht kognitiv-rational einholen lassen.[76] Damit hängt nun ein zweiter Einwand zusammen.

Durch das sprachtheoretisch ansetzende Begründungsprogramm der Diskursethik kommt es nämlich, wie Axel Honneth betont, „ungewollt zu einer Einschränkung des moralischen Phänomenbereichs" (Honneth 2000a: 105). Dieser Einwand mag zunächst verwundern, wird doch von Habermas immer wieder die inhaltliche Offenheit praktischer Diskurse betont. In ihnen können daher prinzipiell alle möglichen moralischen Verletzungen thematisiert werden, und hierzu zählen auch Verletzungen beispielsweise der körperlichen Integrität. Doch zu fragen ist, was in den jeweiligen Diskursen als ausschlaggebende Gründe akzeptiert wird und was nicht. Und hier ist dann doch Honneth zuzustimmen, dass die Diskursethik Gefahr läuft, „von der Geltungsbasis moralischer Normen gleichsam unbemerkt auf die Struktureigenschaften des Moralischen" (ebd.) zurück zu schließen und eben dadurch wesentliche Verletzungen der moralischen Integrität auszublenden: „[W]ir erfahren nämlich moralische Verletzungen nicht als irgendwie geartete Einschränkung von normativ gehaltvollen Sprachregeln, sondern als handfeste Enttäuschungen von Identitätsansprüchen, die in das Netz intersubjektiven Handelns eingespannt sind" (Honneth 2000: 106). Weiterhin ist zu beachten, dass in praktischen Diskursen immer auch die etablierten Standards von Vernunft und Gerechtigkeit als ‚besseres Argument' zum Zuge kommen. Hinter diesen können jedoch sich gerade in Gesellschaften, die durch strukturelle Ungleichheiten und diese stützende ideologische Erzählungen gekennzeichnet sind, aber immer auch spezifische Verletzungen verbergen, die als solche durch den Diskurs reproduziert werden.[77]

---

[76] Vgl. hierzu auch Walzer (1999).
[77] Vgl. u.a. Sanders (1997) und Mouffe (2000).

Als eine Reaktion auf die hier anhand von Habermas Diskursethik exemplarisch skizzierten Mängel einer formal ansetzenden Moraltheorie lassen sich nun
die unterschiedlichen Versuche lesen, wieder verstärkt nach reichhaltigeren Kriterien gelingender Existenz zu suchen. Bei den uns hier interessierenden Autoren
geschieht dies aber nicht, oder zumindest nicht ausschließlich, durch den Rückgriff auf lokale Gemeinschaften, sondern mit dem Verweis auf die Bedingungen
menschlichen Daseins überhaupt. Somit wird der Anspruch erhoben, eine normative Konzeption zu liefern, die zwar auf der einen Seite nicht auf eine inhaltliche
Bestimmung der Voraussetzung der menschlichen Existenz verzichtet, auf der
anderen Seite jedoch insofern vage bleibt, als es sich nicht um substantielle Voraussetzungen einer partikularen Form des guten Lebens, sondern um diejenigen
des menschlichen Lebens überhaupt handeln soll. In den folgenden Kapiteln
sollen die diesbezüglichen Überlegungen von Martha C. Nussbaum, Otfried
Höffe, Charles Taylor und Axel Honneth, die alle mehr oder minder explizit auf
anthropologische Konstanten rekurrieren, dargestellt und diskutiert werden.
Doch auch Habermas selbst hat vor dem Hintergrund der Diskussion um eine
liberale Eugenik von einer rein formalistisch konzipierten Diskursethik Abstand
genommen. Dabei rückt erstmals der menschliche Leib in das Zentrum seines
Denkens. Darauf wird ebenfalls einzugehen sein.

6 Kooperation oder Konflikt? Nussbaum und Höffe

Im Folgenden sollen zwei Begründungsprogramme vorgestellt werden, die beide zwar auf anthropologische Argumentationsmuster rekurrieren, dabei jedoch eine unterschiedliche Gewichtung vornehmen und entsprechend zu divergierenden Ergebnissen gelangen. Es handelt sich dabei um Martha Nussbaums Programm, eine an Aristoteles anschließende Theorie des guten Lebens, die auf inhaltliche Bestimmungen nicht verzichten will, zu reaktualisieren, einerseits und um Otfried Höffes Konzeption einer Partialanthropologie, die sich derartiger substantieller Festlegungen möglichst weitgehend enthalten möchte und hier in entscheidenden Punkten der Argumentation von Hobbes folgt, andererseits. Damit sollen aber nicht nur zwei Pole innerhalb der gegenwärtigen Renaissance der politischen Anthropologie untersucht werden. Diese Gegenüberstellung besitzt ihre inhaltliche Berechtigung zusätzlich dadurch, dass beide das ehrgeizige Ziel verfolgen, universelle Menschenrechte und damit auch Verpflichtungen für die Politik zu begründen. Damit wird sowohl von Nussbaum als auch von Höffe eine Begründungsfigur in den akademischen Diskurs eingeführt, die in der Diskussion bislang eher eine randständige Position eingenommen hat. Der Rückgriff auf anthropologische Annahmen scheint sich jedoch gerade im Kontext der Menschenrechte geradezu aufzudrängen. Allerdings darf die Leistungsfähigkeit derartiger Argumentationsmuster, wie im Folgenden aufgezeigt werden soll, auch nicht überschätzt werden. Bei der Diskussion der Leistungsfähigkeit des jeweiligen anthropologischen Arguments soll auch auf die oben eingeführten spezifischen Fehlschlüsse zurückgegriffen werden. Dies ermöglicht es, ein Dilemma aufzuzeigen: Je stärker man – wie dies bei Höffe der Fall ist – darauf achtet, diesen Fallen anthropologischen Denkens zu entgehen, umso bescheidener sind dann die materiellen Ergebnisse.

6.1 Nussbaums vage Theorie des guten Lebens

Fragt man nach der Intention von Martha Nussbaums politischer Philosophie, so ist an erster Stelle deren normativer Anspruch herauszustellen. Ihre theoretischen Ausführungen stehen in einem engen Kontakt zur politischen Praxis, und dies in doppelter Weise. Zum einen geht es ihr darum, einen praktischen Unterschied zu bewirken, und zwar die Lebensbedingungen derjenigen Menschen zu verbessern, die in Elend und Armut leben oder nicht die Fähigkeiten zu einem ‚guten Leben'

besitzen. Nussbaum hat in erster Linie die Lebensumstände in den Entwicklungsländern im Blick, ihr geht es darüber hinaus aber auch um die Benachteiligten
oder Diskriminierten in den wohlhabenden Ländern, und hier ist vor allem die
Situation vieler Frauen zu nennen. Zum anderen speisen sich ihre politikphiloso-
phischen Argumente aus praktischen Erfahrungen, die sie beispielsweise in der
Entwicklungsarbeit gewonnen hat. Daraus ergibt sich für sie auch ein narrativer
Zugang zur Philosophie; abstraktem Theoretisieren, etwa in der Tradition der
analytischen Philosophie, aber auch ökonomischen Theorien, die die Wohlfahrt
einer Gesellschaft nur anhand des Bruttoinlandsprodukts messen, steht sie dagegen äußerst ablehnend gegenüber.[78] An letzteren kritisiert sie, dass diese es ver-
säumen, die jeweils konkreten Lebensbedingungen aller Gesellschaftsmitglieder
in den Blick zu bekommen. So sagt eine relativ hohe Wohlfahrtsproduktion weder etwas über die politischen Freiheiten, noch über die soziale Stellung von
Frauen und ethnischen Minderheiten aus, und auch die Verteilung der Wohlfahrt
wird ausgeblendet. Hinzu kommt ein weiterer Kritikpunkt. In den meisten social-
choice Theorien gelten zumeist die individuellen Präferenzen der Entschei-
dungsbetroffenen als alleiniger Maßstab der Beurteilung der Angemessenheit
von politischen Maßnahmen. Dies blendet Nussbaum zufolge aber aus, dass
diese Präferenzen oftmals Ausdruck von mangelnden Informationen sind oder
Unterdrückungsverhältnissen entspringen. Eindringliches Beispiel hierfür sind
indische Frauen, die ihre soziale Rolle und die damit einhergehenden Benachteiligungen als essentiellen Teil ihrer Identität akzeptieren und verteidigen.[79] Wer
Alphabetisierung, politische Teilhabe und Gleichberechtigung nicht kennt, wird
nach ihnen auch kein Bedürfnis verspüren, entsprechende Forderungen mitunter
gar als ‚unnatürlich' ablehnen. Dies stellt eine erhebliche Herausforderung für
eine politische Theorie dar, die den Anspruch erhebt, im Interesse eben jener
Menschen zu sprechen, die unter Ausbeutung und Armut leiden. Die Theoretike-
rin artikuliert dabei unter Umständen Forderungen, die von den konkreten Individuen abgelehnt werden.

Es sind nun nicht allein einflussreiche ökonomische Theorien der Wohlfahrtsproduktion, gegen die sich Nussbaum wendet. Sie kritisiert weiterhin kul-
turrelativistische Auffassungen, die Institutionen und Praktiken der Benachtei-
lung, Unterdrückung oder auch Verstümmelung bestimmter Gruppen unter Verweis auf lokale Traditionen verteidigen. Damit gerate aber der gleichberechtigte
Anspruch aller Menschen auf das ‚gute Leben' im Sinne des Auslebens seiner
menschlichen Fähigkeiten aus dem Blick.[80] Doch gerade auf diese universelle

---

[78] Nussbaum hat diese Kritik und ihre Vorstellung von den Aufgaben des Staates in enger Anlehnung
an den indischen Ökonomen Amartya Sen entwickelt; vgl. hierzu Sturma (2000).
[79] Vgl. hierzu die ausführliche Diskussion in Nussbaum (2000).
[80] Vgl. Nussbaum (1993).

Geltung zielt Nussbaums Begründungsprogramm. Nussbaums anthropologisches Argument dient daher im Vorfeld der konkreten Bestimmung der Aufgaben des Staates der Abwehr kulturrelativistischer Argumentationsmuster einerseits und der Etablierung eines objektiven Standards, welches die potentiell verzerrten Wertungen depravierter Menschen zu korrigieren erlauben soll, andererseits: „Gleichwohl meine ich, daß wir bei einer Konzeption des Menschen und des menschlichen Lebens ansetzen sollten, wenn wir über die Gleichheit der Frauen in Entwicklungsländern nachdenken, [...] um Gerechtigkeit für sie und die riesige Zahl von Frauen in der Welt einzufordern, die derzeit nicht die Möglichkeiten zu einer allseitigen ,menschlichen Entwicklung' haben" (Nussbaum 1999: 178).

Nussbaums ,starke vage Theorie des Guten' enthält eine spezifische Liste von Fähigkeiten, ohne die ein menschliches Leben gar nicht, oder nur in einem äußerst unzureichenden Maße möglich ist. Zu dieser zählt die ausreichende Versorgung mit Nahrungsmitteln, aber auch die Teilhabe an sozialen Aktivitäten, seien sie nun privater oder öffentlicher Natur. Aufgabe des Staates ist es nun ihr zufolge, die Menschen unabhängig von Herkunft und Geschlecht zu einem ,guten Leben' etwa durch die Gewährleistung schulischer Bildung zu befähigen. Zwar räumt sie durchaus die Unterschiede zwischen den Menschen, etwa die zwischen Männern und Frauen oder auch den Angehörigen verschiedener Kulturkreise, ein. Der entscheidende Punkt ist jedoch, dass diese Differenzen, seien sie nun biologischer oder kultureller Provenienz, nicht zur Legitimation von Ungleichbehandlungen herangezogen werden dürfen. Zumindest nicht in einem tief greifenden Sinne, etwa dergestalt, dass Frauen vom öffentlichen Leben ausgeschlossen werden oder ihnen die Verfügung über den eigenen Körper entsagt wird.

Im Folgenden sollen die Grundzüge und entscheidenden Weichenstellungen von Nussbaums essentialistischem Begründungsprogramm dargestellt und diskutiert werden. In einem ersten Schritt werde ich ihre Methodologie und Vorgehensweise beleuchten. Dabei wird vor allem auf die Selbstcharakterisierung des Ansatzes als ,interner Realismus', auf ihren Anschluss an die praktische Philosophie von Aristoteles sowie auf die sich daraus ergebende Programmatik der Bestimmung der grundlegenden menschlichen Eigenschaften einzugehen sein (1). In einem zweiten Schritt sollen dann die konkreten Ergebnisse und politischen Konsequenzen des anthropologischen Arguments thematisiert werden. Im Zentrum stehen dabei Nussbaums Fähigkeiten-Ansatz und die darin enthaltene Hervorhebung der Vernunftfähigkeit des Menschen. Darüber hinaus geht es aber auch um dessen praktische Implikationen hinsichtlich der Aufgaben staatlichen Handelns und einer Theorie der Menschenrechte. Hier wird auch der häufig gegen Nussbaum vorgebrachte Vorwurf des Paternalismus zu diskutieren sein

(2). Abschließend möchte ich die Grenzen der Leistungsfähigkeit eines ‚internen Realismus', wie Nussbaum ihn vertritt, aufzeigen (3).

6.1.1 Methode und Status des anthropologischen Arguments

Nussbaum sieht sich vor die Herausforderung gestellt, eine Beschreibung des Menschen zu liefern, die einerseits robust genug ist, eine universalistische Konzeption humaner Grundfähigkeiten zu tragen, andererseits aber nicht in einem schlechten Sinne als metaphysisch zu charakterisieren ist. Sie will dabei zeigen, dass eine politische Anthropologie möglich ist, die weder einem ‚metaphysischen Realismus', der sich ihr zufolge nicht aufrechterhalten lässt, entspricht, noch einen naturalistischen Fehlschluss begeht, also aus scheinbar wertneutralen Fakten ethische Konsequenzen gewinnt. Nun braucht man laut Nussbaum aber kein metaphysischer Realist zu sein, um eine universalistische Position vertreten zu können: „One might, that is, believe that the deepest examination of human history and human cognition *from within* still reveals a more or less determinate account of the human being, one that divides the essential from its accidental properties" (Nussbaum 1992: 207, Herv.i.O.). Die hiermit umrissene Position charakterisiert Nussbaum als die eines ‚internen Realismus', den sie von einem ‚externen Realismus', wie wir ihn in soziobiologischen Ansätzen kennen gelernt haben, abgrenzt. Worin besteht nun der entscheidende Unterschied zwischen einem internen und einem externen bzw. metaphysischen Realismus? Nussbaum zufolge versuchen externe Formen spezifische Fakten der menschlichen Natur wertneutral zu beschreiben, um darauf eine objektive Ethik zu stützen. Eine solche Vorgehensweise ist für sie jedoch unmöglich. Eine interne Position nimmt dagegen eine Teilnehmerperspektive ein. Sie versucht nicht, wertneutrale Beschreibung abzugeben. Im Gegenteil, es sind gerade die ‚starken Wertungen' (Taylor) auf die sich eine interne Form des Realismus stützen soll. Es sind die normativ imprägnierten Selbstbeschreibungen des Menschen, die Bilder seines Körpers, seiner Gefühle und Urteile, die Nussbaum hierbei im Auge hat. Und sie vertritt dabei die These, dass sich aus der Zusammenschau unterschiedlicher Beschreibungen des Menschen eine Art anthropologischer Kern ergibt, der einerseits zwar normativ imprägniert, andererseits aber auch universell ist.[81] Nuss-

---

[81] In neueren Publikation beschreibt Nussbaum ihre Vorgehensweise auch im Anschluss an John Rawls als die eines ‚reflective equilibrium', also als die eines wechselseitigen Abgleichens von moralischen Intuitionen und ethischer Theorie (Nussbaum 2000, 2000a). Zudem betont sie, dass ihre im Anschluss an Aristoteles vorgenommene Bestimmung der menschlichen Natur von vorneherein starke Parallelen zu Rawls Personenkonzeption, wie er sie in *Political Liberalism* entwickelt hat, aufgewiesen hat (Nussbaum 2000a: 119).

baum fasst ihre Vorgehensweise folgendermaßen zusammen: „I do holt out some hope that a much more modest and realistic goal can be achieved by appeal to the concept of the human being: namely, that of setting forth a very basic level of ethical judgment about ourselves that is likely to lie deeper and to command a broader consensus than do many of the troublesome questions we are actually discussing" (Nussbaum 2000a: 120). Sie will gemäß ihres ‚internen Realismus' also eine explizit normative Konzeption der menschlichen Natur entwickeln, die festlegt, welche „Komponenten des menschlichen Lebens" so wichtig sind, „dass wir ein Leben, dem sie fehlen, nicht als ein menschliches bezeichnen würden" (Nussbaum 1999: 189).

Eine besondere Rolle spielt in Nussbaums Konzeption die praktische Philosophie des Aristoteles, weshalb sie ihre Theorie auch als einen ‚aristotelischen Sozialdemokratismus' bezeichnet. Der Bezugnahme auf die Sozialdemokratie entspricht eine politische Programmatik, auf die wir im nächsten Abschnitt zu sprechen kommen werden. Durch eine Auslegung von Aristoteles' Schriften versucht sie eine gleichermaßen substantielle wie normativ gehaltvolle Konzeption des Menschen zu liefern, die in der Lage ist, die ethischen Kontroversen der Gegenwart zu überwinden und die Grundelemente einer Theorie des ‚guten Lebens' abzugeben. Nussbaum entwickelt dabei eine Lektüre, die in Aristoteles gerade keinen Vertreter eines metaphysischen Realismus sieht, wie dies gemeinhin angenommen wird. Stattdessen hebt sie dessen interne Züge hervor. Eine zweite Besonderheit ihrer Aristoteles-Rekonstruktion besteht in der Betonung der universalistischen Züge seiner praktischen Philosophie. Auch damit steht sie gegen die klassische Interpretation, die in Aristoteles vornehmlich einen hermeneutischen Denker erblickt. Hinzu treten weitere Fragwürdigkeiten, etwa hinsichtlich der Vereinahmung des Stagiriten für eine Theorie der Gerechtigkeit, welche sich an den Grundbedürfnissen und nicht am Verdienst orientiert.[82] Doch selbst wenn es sich bei Nussbaums Aristoteles um eine Konstruktion handelt, so besitzt allein der explizite Rekurs auf ihn eine doppelte Stoßrichtung. Zum einen geht es in Abgrenzung zu formalen Konzeptionen, wie sie in der politischen Theorie insbesondere von John Rawls und Jürgen Habermas vertreten werden, um die Rehabilitation einer gehaltvollen Theorie des ‚guten Lebens'. Zum anderen ist mit der praktischen Philosophie von Aristoteles aber auch der Hinweis auf den Ausgangspunkt ethischer Überlegungen gegeben, nämlich den der Anthropologie.

Doch worin besteht nun Nussbaums politische Anthropologie? Bei ihrer Vorgehensweise können zwei Schritte unterschieden werden. In einem ersten Schritt fragt sie nach dem spezifisch Menschlichen: Worin unterscheidet er sich

---

[82] Zu Nussbaums Interpretation der Aristotelischen Schriften vgl. u.a. Nussbaum (1986, 1990a); eine Kritik ihrer Interpretation finden sich bei Wallach (1992), Mulgan (2000) und Gutschker (2002).

von Tieren auf der einen Seite und von Göttern auf der anderen? Woran liegt es, dass wir ohne weiteres in der Lage sind, einen Mensch als solchen zu erkennen? Kurzum, was ist allen Menschen qua ihres Menschseins gemeinsam? In einem zweiten Schritt systematisiert Nussbaum diesen Kern zu einer Konzeption menschlicher Grundfähigkeiten, die sie in Abgrenzung zu Rawls als Ausdruck einer ‚starken vagen Theorie des Guten' versteht. Dieser Güter- und Fähigkeitenkatalog soll die Bedingungen eines ‚guten Lebens' benennen. Bevor wir auf die Zusammensetzung und die politischen Implikationen dieses Fähigkeitenkataloges eingehen, geht es hier zunächst noch um den ersten, den im engeren Sinne anthropologischen Schritt.

„Die Idee ist, dass wir eine vage Vorstellung davon teilen, was es bedeutet, als Mensch in der Welt zu leben" (Nussbaum 1999: 47). Nussbaum fragt also nach anthropologischen Grunderfahrungen, nach dem, was wir alle aufgrund unseres Menschseins teilen. Ihre Vorgehensweise lässt sich dabei so charakterisieren, dass sie diese vage Vorstellung in allgemeine Bedingungen des Menschseins überhaupt zu übersetzen versucht. Um dieses ehrgeizige Ziel zu erreichen, stützt Nussbaum sich auf Texte unterschiedlicher Epochen. Damit soll sichergestellt werden, dass in ihrem Katalog menschlicher Eigenschaften möglichst viele gemeinsame Erfahrungen berücksichtigt werden. Diese Erzählungen, Nussbaum hat insbesondere antike Mythen und moderne Romane untersucht, sollen als Quelle der „allgemeinen Umrisse" (Nussbaum 1999: 188) des Menschseins dienen, über die sich Menschen zu allen Zeiten an allen Orten einig waren. Sie sollen mithin die Grundannahme stützen, dass überhaupt Einigkeit über die wesentlichen Eigenschaften besteht, die den Menschen ausmachen. Zu beachten ist dabei, dass es sich bei ihren Quellen vornehmlich um mythische, literarische und philosophische, nicht jedoch um naturwissenschaftliche Texte handelt. Dies resultiert aus ihrer intern realistischen Vorgehensweise, der zufolge ein externer Zugriff auf den Menschen nicht möglich ist. In den literarischen Texten spiegeln sich demgegenüber immer auch die jeweiligen normativen Qualifizierungen menschlicher Daseinsformen, und diesen gilt Nussbaums Interesse. Aus ihnen generiert sie, und damit sind wir bei ihrem zweiten Schritt angekommen, eine Liste menschlicher Fähigkeiten, deren Gewährleistung ein gutes Leben ermöglichen soll.

6.1.2 Die grundlegenden Fähigkeiten des Menschen und deren politische Implikationen

Die Menschen sind laut Nussbaum insofern gleich, als sie über eine Schnittmenge gemeinsamer Eigenschaften verfügen, die sich in ihren Erfahrungen widerspiegelt: Dazu gehören zunächst das Wissen um die eigene Sterblichkeit und eine Abneigung gegen den Tod, die Erfahrung von Hunger und Durst, das Bedürfnis nach Schutz, sexuelles Verlangen und das Streben nach Mobilität. All diese Fähigkeiten und Grenzen stehen im engen Zusammenhang mit der biologischen Konstitution des Menschen, seiner Körperlichkeit und seinen Grundbedürfnissen. Nussbaum vertritt hierbei jedoch keinen Biologismus. Zwar wird ihr immer wieder vorgehalten, sie missachte die kulturelle Verschiedenheit der menschlichen Existenzformen, doch diese Kritik ist insofern verfehlt, als Nussbaum durchaus die kulturelle Überformung der Grundbedürfnisse einräumt. Es handelt sich also um Bedürfnisse, die zwar aus der Körperlichkeit des Menschen resultieren, aber kulturell spezifiziert werden müssen. Für Nussbaum ist der Mensch zudem nicht nur körperlich bestimmt. Darüber hinaus ist ihm die Fähigkeit gegeben, Freude und seelischen Schmerz zu empfinden, er besitzt Wahrnehmungs-, Vorstellungs- und Denkfähigkeiten sowie die Fähigkeit, sein Leben zu planen und zu organisieren. Ferner nimmt der Mensch Anteil am Leben anderer Menschen und empfindet sich als eingebunden in ein System aus anderen Lebewesen, er kann lachen und spielen. Jeder Mensch stellt zudem eine eigene Einheit dar, die das Bedürfnis nach eigenem Raum und Besitz hat.[83] Von dieser Liste ausgehend unterscheidet Nussbaum sodann zwei Schwellen. Die erste Schwelle benennt diejenigen Grenzen und Fähigkeiten, ohne die ein menschliches Leben nicht als solches zu führen ist, also eine Art Minimalkonzeption des Überlebens. Auf der zweiten Schwelle werden sodann diejenigen Fähigkeiten benannt, die ein ‚gutes Leben' ausmachen:

„1. Fähig zu sein, bis zum Ende eines vollständigen Lebens leben zu können, soweit, wie es möglich ist; nicht frühzeitig zu sterben oder zu sterben, bevor das Leben so vermindert ist, dass es nicht mehr lebenswert ist.
2. Fähig zu sein, eine gute Gesundheit zu haben; angemessen ernährt zu werden; angemessene Unterkunft zu haben; Gelegenheit zur sexuellen Befriedigung zu haben; fähig zu sein zur Ortsveränderung.
3. Fähig zu sein, unnötigen und unnützen Schmerz zu vermeiden und lustvolle Erlebnisse zu haben.
4. Fähig zu sein, die fünf Sinne zu benutzen; fähig zu sein, zu phantasieren, zu denken und zu schlussfolgern.
5. Fähig zu sein, Bindungen zu Personen ausserhalb unserer selbst zu unterhalten; diejenigen zu lieben, die uns lieben und sich um uns kümmern; über ihre Abwesenheit zu trauern; in einem allgemeinen Sinne lieben und trauern sowie Sehnsucht und Dankbarkeit empfinden zu können.

---

[83] Eine neuere Version der Liste der zentralen menschlichen Fähigkeiten sind in Nussbaum (2000 u. 2001) enthalten.

6. Fähig zu sein, sich eine Auffassung des Guten zu bilden und sich auf kritische Überlegungen zur Planung des eigenen Lebens einzulassen.

7. Fähig zu sein, für und mit anderen leben zu können, Interesse für andere Menschen zu zeigen, sich auf verschiedene Formen familialer und gesellschaftlicher Interaktion einzulassen.

8. Fähig zu sein, in Anteilnahme für und in Beziehung zu Tieren, Pflanzen und zur Welt der Natur zu leben.

9. Fähig zu sein, zu lachen, zu spielen und erholsame Tätigkeiten zu geniessen.

10. Fähig zu sein, das eigene Leben und nicht das von irgend jemand anderen zu leben.

10a. Fähig zu sein, das eigene Leben in seiner eigenen Umwelt und in seinem eigenen Kontext zu leben" (Nussbaum 1993: 339 f.).

Viele Eigenschaften und Fähigkeiten dieser Liste des ‚guten Lebens' ergeben sich dabei erst mittelbar aus der biologischen Konstitution des Menschen; sie resultieren vornehmlich aus dem Umstand, dass der Mensch ein geselliges Wesen ist. Hier folgt Nussbaum Aristoteles, der den Menschen primär als ein ‚politisches Wesen' bestimmt hat. Auch räumt sie der Fähigkeit, ein vernuftbestimmtes Leben zu führen einen besonderen Stellenwert ein. Zudem erhebt sie nicht den Anspruch, bereits alle menschlichen Eigenschaften erschöpfend erkannt und beschrieben zu haben. Sie betrachtet ihren Katalog als eine offene Liste, die erweitert werden kann. Gerade diese soll das Adjektiv ‚vage' in ihrer Konzeption des Guten und ihrem Fähigkeitenkatalog zum Ausdruck bringen. Es handelt sich dabei um eine Liste, die auf der einen Seite spezifische Bedingungen des Menschseins umfasst, auf der anderen jedoch – zumindest dem Anspruch nach – offen bleibt für Konkretisierungen und Erweiterungen. Nussbaum reagiert damit auf Kritiker, die ihr vorgeworfen haben, ihre Liste der Güter und Fähigkeiten allen Gesellschaften unter Missachtung der je speziellen kulturellen Wertvorstellungen einerseits und der materiellen Voraussetzungen andererseits überstülpen zu wollen.

Ein weiterer Einwand wendet sich gegen die angeblich paternalistischen Implikationen von Nussbaums Konzeption. Dabei wird kritisiert, ihr ‚aristotelischer Sozialdemokratismus', also die Forderung, der Staat müsse für die Bedingungen eines ‚guten Lebens' durch die Bereitstellung öffentlicher Güter sorgen, lasse für die freie Entfaltung zu wenig Raum, insofern die staatliche Vorsorge potentiell in alle Lebensbereiche eingreife.[84] Auch sei das von ihr geforderte wohlfahrtsstaatliche Programm mit erheblichen Kosten verbunden, die zu Lasten der ‚Leistungsstarken' gehen könne. In diesem Zusammenhang wird dann auch der Vorwurf erhoben, ihre Theorie laufe auf eine Herrschaft von Experten hinaus, die mit technokratischem Geist die Aufgaben des Staates aufgrund ihrer

---

[84] Vgl. zum Paternalismusvorwurf Scherer (1993) und Gutschker (2002).

Kenntnis des menschlichen Daseins bestimmten. Dies stünde aber einer demokratischen Selbstbestimmung entgegen. Insofern Nussbaum in neueren Publikationen aber gerade die Offenheit und Kontextsensibilität ihrer Liste betont und auch ihre anfängliche Distanz zum politischen Liberalismus, der ja die Freiheit des Einzelnen ins Zentrum rückt, sich mittlerweile reduziert hat, erweisen sich diese Vorwürfe als überzogen; zumindest dann, wenn man in der Hervorhebung der gleichen Entwicklungschancen aller Menschen nicht ausschließlich ein westliches Kulturgut sehen will.[85]

Staatliches Handeln hat somit in Nussbaums Konzeption nicht, wie ihr von liberalen Kritikern vorgehalten wird, die Aufgabe, Menschen in ihrer Lebensführung zu reglementieren, ihnen eine spezifische Vorstellung vom guten Leben aufzudrücken. Vielmehr soll jeder Mensch befähigt werden, ein Leben nach seinen je individuellen Vorstellungen zu führen. Der Mensch soll beispielsweise fasten oder enthaltsam leben dürfen, die Gesellschaft soll ihn aber befähigen, sich angemessen ernähren zu können und Möglichkeiten der sexuellen Befriedigung zu haben.

Allerdings lässt Nussbau es bei diesen eher allgemein gehaltenen Hinweisen bewenden. Hier sind es vor allem die erwähnten Gefahren des Kulturimperialismus einerseits und des Paternalismus andererseits, die sie vor einer konkreteren Bestimmung etwa des Umfanges wohlfahrtsstaatlicher Güter oder auch der staatlich zu gewährleistenden Schulbildung zurückschrecken lässt: „The approach is designed to offer the philosophical grounding for constitutional principles, but the implementation of such principles must be left, for the most part, to the internal politics of the nation in question" (Nussbaum 2000: 105). Zwar führt sie im Kontext der Debatten um die Entwicklungspolitik die Möglichkeit einer externen Kritik bis hin zu ökonomischen und politischen Sanktionen an, und sie betont ebenso die Notwendigkeit einer demokratischen Bestimmung dieser nationalen Standards, doch dies ändert wenig an der Tatsache, dass dem Tiger an dieser Stelle die Zähne gezogen werden. Dies gilt auch im Hinblick auf die wohlfahrtsstaatlichen Forderungen ihrer Theorie des guten Lebens. Hat Nussbaum in den 80iger Jahren noch für einen starken Sozialdemokratismus nach skandinavischem Vorbild plädiert, welcher die grundlegenden Fähigkeiten eines ‚guten Lebens' bereitstellen soll, so hat sie hiervon stillschweigend Abstand genommen. In Reaktion auf Kritik von liberaler Seite hat Nussbaum ihren Ansatz im Laufe

---

[85] Vgl. zu Nussbaums Annäherung an den politischen Liberalismus, insbesondere der Rawlschen Provenienz, Nussbaum (2000, 2000a), wo sie ihren Fähigkeitenkatalog als Gegenstand eines ‚overlaping consensus' charakterisiert. Sie distanziert sich damit von früheren Schriften, in denen sie in Anlehnung an Aristoteles' Theorie des Guten eine stärkere Distanz zu liberalen Positionen vertreten hat (Nussbaum 1986, 1990, vgl. auch Wallach 1992). Indes finden sich auch in diesen frühen Arbeiten deutliche Hinweise auf eine liberale Theorie des guten Lebens; Nussbaum hat nie einen kommunitaristischen Neoaristotelismus vertreten.

der letzten Jahre sukzessive renoviert. Was sich zunächst wie ein anthropologisch fundierter alternativer Gesellschaftsentwurf hat interpretieren lassen, ist mehr und mehr in die Bahnen des vorherrschenden liberal-demokratischen Diskurses geraten. Darin mag man eine gewisse Spannung zur erwähnten Ausweitung der Staatsaufgaben sehen, doch die Überführung der konkreten Umsetzung des Fähigkeitenkatalogs an die politische Praxis einzelner Staaten lässt zumindest einen großen Spielraum bei der Festlegung der jeweiligen Kriterien zu. Allein die Garantie liberaler Grundrechte scheint dieser Interpretationspraxis vorgeordnet zu sein. Somit kommt Nussbaum am Ende zu einem ähnlichen Ergebnis wie die kantianischen Ansätze von Habermas und Rawls. Dies führt uns zur Frage nach der Leistungsfähigkeit von Nussbaums politischer Anthropologie und damit zurück zum ‚internen Realismus'.

6.1.3 Die Grenzen des anthropologischen Arguments

Nussbaum begeht weder einen naturalistischen Fehlschluss, noch versucht sie, das Wesen des Menschen festzustellen. Auch ist ihr gesamter Ansatz von einem Bekenntnis zur liberalen Demokratie geprägt. Insofern entgeht sie einer Kritik, wie sie von Horkheimer und Habermas einerseits und liberalen Autoren wie Rorty andererseits gegen anthropologische Begründungsmuster vorgebracht worden ist. Die Frage ist indes, was ihr Ansatz zu leisten vermag. Kann ihre politische Anthropologie in einem internen Sinne wirklich die Ziele erreichen, die sie sich verspricht? Im Folgenden möchte ich zwei Einwände formulieren. Der erste besagt, dass sie dem internen Ansatz mehr aufbürdet als dieser zu leisten vermag. Nussbaum hat ein ehrgeiziges Ziel. Obwohl sie sich von externen, naturalistischen Ansätzen distanziert, hält sie an einer essentialistischen Bestimmung des Menschen fest. Und diese Bestimmung soll diejenigen normativen Ressourcen enthalten, welche es uns gestatten, universelle Standards für ein ‚gutes Leben' zu formulieren. Sie versucht damit gleichsam eine Quadratur des Kreises zu leisten, ist es doch gerade das Kennzeichen von normativen Aussagen, dass diese nicht den Grad an Objektivität erlangen können, den wir wissenschaftlichen Aussagen über die äußere Natur zuschreiben. Sie sind daher auch immer und notwendig umstritten, was sich nicht zuletzt in der Auseinandersetzung zwischen Universalisten und Relativisten zeigt. Aus diesem Grunde verfehlt dann auch die Liste der menschlichen Grundfähigkeiten, sofern sie denn tatsächlich einem ‚internen Realismus' geschuldet sind, die angestrebte Universalität: „Appeals to internal accounts can generate ethical conclusions, but the crucial premise about human nature will only be acceptable to someone who antecedently endorses the value judgements embodied therein, rendering the appeal itself otiose" (Antony 2000: 15 f.). Vor dem Hintergrund eines grundlegenden Wertepluralismus sind die wertenden Schilderungen menschlichen Daseins eben doch nicht so einheitlich, wie Nussbaum anzunehmen scheint. Nehmen wir etwa den ersten Bestandteil ihrer Liste der menschlichen Grundfähigkeiten, die Fähigkeit, nicht frühzeitig sterben zu müssen. Hier lässt sich eine ganze Reihe von Kulturen nennen, in denen der Tod als eine Art Erlösung vom menschlichen Dasein verklärt oder der Heldentod auf dem Schlachtfeld als ein erstrebenswertes Ideal propagiert wird. Auch die von Nussbaum zugrunde gelegte Metanorm der Egalität lässt sich nicht sozialanthropologisch fundieren. Indes kann sie sich mit diesem kulturrelativistischen Ergebnis nicht zufrieden geben, will sie doch eine gleichermaßen normativ gehaltvolle wie universalistische Beschreibung des menschlichen Lebens liefern. Doch dies sprengt die Grenzen eines internen Ansatzes. Mit anderen Worten: wir stehen hier vor einem Dilemma: „The more it invokes facts about human beings that are decidable independently of value judgements, the less the normative import; but the more normative material the account of human nature builds in, the less persuasive it becomes as a foundation for any particular ethical vision" (Antony 2000: 22).

Der zweite Einwand ist, dass Nussbaums Vorgehensweise, sofern sie in den Bahnen eines internen Realismus verbleibt, also normative Argumente aus wertenden Urteilen über die menschliche Natur zu gewinnen versucht, nicht nur zirkulär bleiben muss, sondern aus diesem Grunde auch auf einen rationalistischen und tendenziell auch auf einen ethnozentristischen Fehlschluss hinausläuft. Ihre eigenen normativen Vorstellungen werden nämlich daran deutlich, welche Eigenschaften sie für so entscheidend hält, dass ein Wesen ohne diese nicht als Mensch bezeichnet werden kann. Indem sie diesen Katalog menschlicher Eigenschaften mit dem gemeinsamen Menschenbild aller Menschen gleichsetzt, beansprucht sie auch die Allgemeingültigkeit ihrer normativen Vorstellungen. Sie legitimiert diese Verfahrensweise damit, sich auf die gemeinsamen Erfahrungen aller Menschen zu beziehen. Hierbei hat sie jedoch einen selektiven Zugriff. Denn es ist auffällig, dass sie in ihrem Katalog der Fähigkeiten Phänomene wie Macht und Gewalt nahezu vollständig ausblendet; sie kommen lediglich als negative Erfahrungen vor. Vor diesen müssen die Menschen weitgehend geschützt werden; sie müssen überwunden werden. Sie scheinen somit nicht zum Wesen des Menschen zu gehören; für ein ‚gutes Leben' ist vielmehr die weitgehende Abwesenheit dieser Phänomene konstitutiv. Mit diesem Befund stimmt auch überein, dass Nussbaum die Zugehörigkeit zu anderen Menschen sowie Humor und Spiel, also primär kooperative Interaktionsformen zu den grundlegenden Bestandteilen ihrer ‚dichten vagen Konzeption' rechnet. So schreibt sie hinsichtlich der Zugehörigkeit: „Alle Menschen anerkennen und verspüren ein gewisses Gefühl der Zugehörigkeit oder der sozialen Bindung zu anderen Menschen und ein Gefühl der Anteilnahme ihnen gegenüber" (Nussbaum 1993: 336). Interaktionsformen, die sich primär am Konflikt orientieren, werden dagegen nicht zu den wesentlichen Bestandteilen der menschlichen Existenz gerechnet. Damit wird deutlich, dass sie das, was sie aus der menschlichen Natur herausholen möchte, zuvor in ebendiese hineingelegt hat. Es ist ein spezifisches, normativ imprägniertes Bild von dem Menschen, welches Nussbaum zugrunde legt. Wenn dies aber der Fall ist, dann besitzt der Rückgriff auf eine vermeintlich universelle Natur des Menschen unter begründungstheoretischen Aspekten jedoch lediglich einen illustrativen Charakter. Die Beweislast verschiebt sich somit zu der Frage nach der normativen Überzeugungskraft ihrer Liste der menschlichen Fähigkeiten. Entspricht diese tatsächlich den Vorstellungen vom guten Leben aller Menschen, oder enthält sie doch spezifische Wertungen, denen wir zwar als Bürger einer liberalen Demokratie anhängen, deren Universalität aber alles andere als unstrittig ist?

6.2 Otfried Höffes anthropologische Fundierung der Menschenrechte

Im Gegensatz zu Nussbaum verzichtet Otfried Höffe mit seiner Konzeptualisierung einer ‚Partialanthropologie' auf eine umfassende Bestimmung des ‚guten Lebens'. Angestrebt wird dagegen eine „Abschwächung des anthropologischen Anspruchs", es geht also um die Festlegung derjenigen Elemente, die ein menschliches Leben überhaupt erst möglich machen: „eine Theorie jener Anfangsbedingungen des Menschseins, in denen die unverzichtbaren Bedingungen von Handlungsfähigkeit liegen" (Höffe 1999: 56). Diese bezeichnet er als ‚transzendentale Interessen', die allen Menschen als Menschen zukommen sollen. Zu fragen ist gleichwohl, inwieweit es sich bei diesen Interessen nicht doch um mehr handelt, als um transzendentale Voraussetzungen von Handlungsfähigkeit überhaupt. Wie wir bei der Diskussion von Martha Nussbaums ‚capability approach' gesehen haben, geht mit derartigen Auflistungen ja immer auch die Gefahr einer Verallgemeinerung des Partikularen einher. Inwieweit ist dies nun auch, oder eben auch nicht, bei Höffe der Fall? Um diese Frage zu beantworten, ist zunächst ein Blick auf die kategorialen und konzeptionellen Grundlagen von Höffes anthropologischer Rechtfertigung des Rechtsstaates zu werfen, die er in seinem Werk *Politische Gerechtigkeit* (1987) systematisch entwickelt hat. Hier noch mit dem Ziel einer Legitimation staatlichen Zwanges überhaupt, enthält das Buch eine Herleitung der Notwendigkeit von Recht aus Annahmen über die Konfliktnatur des Menschen (1). Daran anschließend gilt es, die wesentlichen Aspekte seiner partialanthropologischen Fundierung der Menschenrechte zu diskutieren. Ein kurzer Vergleich mit Nussbaums Konzeption soll dabei ab-

schließend Hinweise auf die Überzeugungskraft von Höffes Begründungsprogramm liefern (2).

6.2.1 Der begründungstheoretische Vorrang der Konfliktnatur

Warum brauchen wir überhaupt staatlichen Zwang und wie lässt sich dieser
gegenüber der anarchistischen Utopie einer herrschaftsfreien Gesellschaft legitimieren? Es sind diese Fragen, auf die Höffe in *Politische Gerechtigkeit*[86] eine
Antwort zu liefern versucht, eine Antwort, die er als die einer Kombination aus
‚Anthropologie plus Ethik' bezeichnet. Die Struktur dieser Antwortstrategie lässt
sich folgendermaßen zusammenfassen: Recht und dessen Gewährleistung durch
eine staatliche Sanktionsgewalt liegen im Interesse aller Menschen, da sie alle in
einem rechtsfreien Zustand um Leib und Leben fürchten müssten. Das moraltheoretische Element ist hierbei die Idee eines ‚distributiven Vorteils', der dadurch
entsteht, dass alle gleichermaßen vom Rechtszustand profitieren. Wenn jeder im
gleichen Umfang seine absolute Handlungsfreiheit aufgibt und sich einer staatlichen Gewalt unterwirft, dann ist dies im Interesse eines jeden, da er nun nicht
mehr einer ständigen Gefahr ausgesetzt ist. Insofern reichen Höffe zufolge rein
strategische Überlegungen zur Begründung aus. Entsprechend dünn soll der
ethische Gehalt sein. Inwieweit dies nun tatsächlich zutrifft, muss an dieser Stelle jedoch zunächst offen bleiben.[87] Wie schaut es nun mit dem anthropologischen
Element der Rechtsbegründung, welches sowohl den Gegenstand, die Materie
des Rechts bestimmen als auch dessen Allgemeingültigkeit rechtfertigen soll,
aus?

Höffe nimmt zwei sich wechselseitig stützende Einklammerungen vor. Zunächst einmal geht es ihm nicht um die menschliche Natur im Ganzen, sondern
nur um diejenigen Aspekte, die von politischer Bedeutung sind, es wird also
„keine umfassende Anthropologie gesucht [...], sondern nur eine ‚politische
Anthropologie', worunter anthropologische Probleme zu verstehen sind, auf die
die politische Legitimationsdebatte nicht verzichten kann" (219). Da er auf die
Rechtfertigung staatlicher Herrschaft abzielt, diese jedoch nur dann erforderlich
ist, wenn ohne sie menschliches Zusammenleben in einer allgemein zustim-
mungsfähigen Weise nicht möglich erscheint, sind lediglich diejenigen Facetten
der *conditio humana* relevant, die das zwischenmenschliche Verhalten betreffen.
Es ist mithin die Sozialnatur des Menschen, aus der er Rückschlüsse für die universelle Geltung des Rechts zu gewinnen versucht.

---

[86] Die nachfolgenden Seitenzahlen beziehen sich, soweit sie nicht anders ausgewiesen sind, auf
dieses Werk (Höffe 1987).
[87] Vgl. unten S. 104.

Nun kennen wir aus der Ideengeschichte zwei Grundmodelle, und zwar wird der Mensch sowohl als ein Kooperations-, wie auch als ein Konfliktwesen bestimmt. Steht für das erste Modell in der Rezeptionsgeschichte Aristoteles, so ist das zweite Modell vornehmlich mit Hobbes verbunden. Für Höffe stellt sich jedoch nicht die Frage nach dem Primat oder die nach einem vermeintlich optimistischen oder pessimistischen Menschenbild. Für ihn ist der Mensch immer beides, und er beruft sich dabei auf Kants Bestimmung von der ‚ungeselligen Geselligkeit'. Doch allein der Umstand, dass der Mensch auch ein Konfliktwesen ist, könnte staatlichen Zwang erforderlich machen. Entsprechend ist Höffe bestrebt, die partielle Konfliktnatur des Menschen in anthropologischer Allgemeinheit nachzuweisen, um damit zu einer „Begründung der Herrschaft aus dem Konflikt" zu gelangen: „Sollten sich die Konflikte als unvermeidbar erweisen, wäre es als nächstes zu überlegen, ob bei einigen Arten von Konflikten [...] die zwangsbefugte Lösung distributiv vorteilhaft, mithin gerecht ist" (290f.). Im weiteren Verlauf der Argumentation will er eben diesen Nachweis einer grundlegenden Konfliktnatur des Menschen erbringen. Dabei bedient er sich der Naturzustandsfiktion, also einer Form des Zusammenlebens ohne Recht und legitimer Herrschaft. Dieser Konstruktion vorgeschaltet ist als zweite anthropologische Einklammerung der Verzicht auf jegliche Annahmen über ein objektives Glück, dem Menschen nachstreben (oder nachstreben sollten). Auch hier nimmt Höffe mit Hobbes gegen Aristoteles und Platon Stellung. Es ist einzig die Handlungsfreiheit, die unter legitimationstheoretischen Gesichtspunkten für ihn relevant ist. Welche Ziele die einzelnen Menschen verfolgen, ist dagegen gleichgültig: „Und dieser Verzicht bedeutet nichts anderes, als die Legitimationsdebatte mit dem Prinzip der Handlungsfreiheit zu beginnen" (302). Auf die Einzelheiten dieses Gedankenexperimentes, das sich in seiner Durchführung stark an Hobbes anlehnt, kann an dieser Stelle nicht eingegangen werden. Erwähnt seien lediglich drei Merkmale:

- die Menschen leben in einer gemeinsamen Welt
- die Menschen besitzen eine „soziale unbegrenzte Freiheit" (303), ihr Begehren ist also frei
- Menschen können dieselben Güter begehren, es herrschen mithin Bedingungen der Güterknappheit[88]

Höffe gelangt vor dem Hintergrund dieser Prämissen zu dem nicht weiter überraschenden Ergebnis, dass Freiheitskonflikte im Naturzustand unvermeidlich sind: „Bei einer Koexistenz freier Personen in derselben Außenwelt muß ständig mit

---

[88] Höffe glaubt zwar, diese Voraussetzung nicht machen zu müssen (304 f.), seine spätere Beweisführung (328 ff.) geht aber dann doch von Knappheitsbedingungen aus.

Konflikten gerechnet werden; die Handlungsfreiheit des oder der einen muß stets durch die Handlungsfreiheit des oder der anderen begrenzt werden; das heißt: sie kann nicht mit ihr zusammen bestehen" (331). Und was für den Naturzustand, also einer Form des Zusammenlebens vor jeglicher gesellschaftlicher Formation gilt, gilt daher auch in anthropologischer Allgemeinheit, wie Höffe nicht müde wird zu unterstreichen: „Das Ziel eines der Konflikt- und Zwangsgefahr enthobenen Zusammenlebens freier Personen ist nicht nur in der gegenwärtigen Welt, sondern in allen möglichen Welten unerreichbar" (334). Kurzum, der Anarchismus ist nicht haltbar und eine herrschaftsfreie Gesellschaft undenkbar.

Doch inwieweit hat Höffe sein Beweisziel tatsächlich erreicht? Zu klären ist zum einen, ob seine Prämissen tatsächlich dem Anspruch der anthropologischen Allgemeinheit Genüge tun.[89] Sollte dies jedoch nicht der Fall sein, dann würde er in die Falle des ethnozentristischen Fehlschlusses laufen, etwas Partikulares für universell erklären. Die Annahmen der Konkurrenz, der Knappheit und der daraus resultierenden Konflikten gelten für Gesellschaften, die sowohl durch Individualismus als auch durch einen gewissen Materialismus gekennzeichnet sind, also für Gesellschaften, wie sie in Europa seit gut 400 Jahren vorherrschen, doch sicherlich nicht für alle denkbaren Formen menschlichen Zusammenlebens. Auch wenn sich Höffe an mehreren Stellen gegen den Vorwurf, sein Bild vom Menschen sei lediglich das einer spezifisch liberal-kapitalistischen Gesellschaftsformation, wehrt; der Verdacht ist nicht ohne weiteres von der Hand zu weisen. Zwar hebt Höffe hervor, dass es sich bei der Auszeichnung der Handlungsfreiheit und der daraus resultierende Konfliktnatur des Menschen allein um eine legitimationstheoretische Akzentuierung handelt, doch gleichzeitig spricht er auch von einer anthropologisch verwurzelten Konstante, und diese lädt er mit erheblichen Beweislasten auf. So bescheiden und zurückhaltend wie Höffe mitunter suggeriert, ist dieses Projekt nun gerade nicht. Entsprechend weit reichend sind dann auch die Konsequenzen, beispielsweise hinsichtlich des Schutzes von Eigentum.[90]

Zum anderen stellt sich der Verdacht ein, dass die Versuchsanordnung derartig konzipiert ist, dass das Ergebnis präjudiziert ist, Höffe sich also eine *petitio principi* zu Schulden kommen lässt. Auch dies ist der Fall. Aus der Konstruktion des Naturzustandes ergibt sich zwangsläufig eine konfliktuelle Situation, und zwar folgt dies aus der Bestimmung der Handlungsfreiheit in Kombination mit der Annahme einer notwendig individualistischen Konfliktlösungsstrategie. Dies wird an einem Beispiel deutlich, mit dem Höffe die Unhintergehbarkeit von

---

[89] Im Folgenden stütze ich mich auf Argumente von Brunkhorst (1997) und Günther (1997).

[90] Höffe spricht an mehreren Stellen (1995: 149, 1999: 407) von einem Menschenrecht auf Eigentum. Ein solches in anthropologischer Allgemeinheit zu behaupten, ist zumindest in unqualifizierter Weise problematisch.

Konflikten zu demonstrieren versucht. Zwei Personen (oder Gruppen) wollen sich die gleiche Insel in der Ägäis aneignen, und zwar jeweils mit einem Ausschließlichkeitsanspruch. Die notwendige Folge laut Höffe: Konflikt. Doch diese Konklusion ergibt sich lediglich, wenn man das Streben nach individueller Aneignung für unbedingt und unhintergehbar hält. Klaus Günther fasst diesen Vorwurf folgendermaßen zusammen: „Das legitimationstheoretische Gedankenexperiment erweist sich als ein leichtes Spiel, weil Höffe das Element der ‚Handlungsfreiheit' semantisch dergestalt festlegt, daß das Ergebnis schon vor der Ausführung des Experiments feststeht. Es kann zu gar nichts anderem als ‚Zwang' führen" (1997: 196).

Nun findet sich neben dieser Konstruktion eines hypothetischen Naturzustandes in *Politischer Gerechtigkeit* noch eine zweite Argumentationslinie. Obwohl Höffe sich der „Gefahr eines Naturalismus" (344), womit er die Reduzierung des Menschen auf seine biologischen Funktionsabläufe meint, durchaus bewusst ist, erhofft er sich die zusätzliche Absicherung des Naturzustandsargumentes „durch eine empirische Überprüfung seiner Voraussetzungen" (342). Dabei greift er auf Überlegungen der philosophischen Anthropologie, insbesondere derjenigen von Arnold Gehlen zurück. Wie wir gesehen haben, ist der Mensch für Gehlen infolge spezifischer Besonderheiten ein gleichermaßen entbundenes wie weltoffenes Lebewesen. Es ist nun diese biologische Sonderstellung des Menschen, seine Instinktoffenheit und die Ungerichtetheit der Triebe, die laut Höffe das Begehrungsvermögen ins Unendliche steigern: Der „Mensch ist ‚von Natur aus' niemals endgültig saturiert, womit sich die Konfliktgefahr, die sich aus einer ‚objektiven' Güterknappheit ergeben könnte, von Seiten des Subjektes verstärkt" (346). Weil der Mensch also aufgrund seiner Instinktentbundenheit nach immer mehr strebt, besteht ohne staatlichen Zwang ständig die Gefahr von Güterkonflikten. Und diese Auseinandersetzungen würden zusätzlich durch den Umstand verschärft, dass beim Menschen ebenfalls infolge der Instinktentbundenheit keine Tötungshemmung gegen Artgenossen existiere: „[D]er Mensch lebt tatsächlich in Gefahr vor einem gewaltsamen Tod durch seinesgleichen, und die Gefahr hat dieselbe anthropologische Grundlage wie die Handlungsfreiheit" (349).

Mit diesem Rückgriff auf biologische Annahmen beansprucht Höffe, sein Naturzustandsargument bestätigt zu haben. In einer schwachen Lesart würde dies eine Art empirische Ergänzung darstellen, die das Argument vielleicht plausibilisieren, aber nicht stützen kann. Sie bliebe somit abhängig von der Überzeugungskraft der Prämissen des Naturzustandes. Wie wir gesehen haben, können diese aber den Anspruch auf anthropologische Allgemeinheit nicht einlösen. In einer starken Lesart müsste der Verweis auf die biologischen Grundlagen von Handlungsfreiheit, schrankenlosem Besitzstreben und Verwundbarkeit einen fundierenden Status besitzen. Damit würde Höffe aber in eine naturalistische Argumentationsweise zurückfallen und sein Begründungsprogramm besäße zumindest an dieser Stelle deutliche Parallelen nicht nur zu Gehlen, sondern auch zu den oben diskutierten biopolitischen Ansätzen. Die Einwände gegen derartige Legitimationsmuster brauchen an dieser Stelle nicht wiederholt zu werden, zumal Höffe in seinen späteren Arbeiten zur Begründung von Menschenrechten (und zur Bioethik) sich ihrer auch nicht weiter bedient. Bevor diese im nächsten Abschnitt diskutiert werden, ist noch ein kurzer Blick auf die vermeintliche Bescheidenheit der moraltheoretischen Prämissen in der Begründungsfigur ,Anthropologie plus Ethik' zu werfen. Bei genauerer Betrachtung kann dieser Anspruch nämlich nicht aufrechterhalten werden.

Es ist das ,Hobbessche Ordnungsproblem', welches sich mit der Figur des ,distributiven Tausches', also der Annahme, dass es zu jedermanns Vorteil gereicht, wenn man sich einer Obrigkeit unterwirft, die die äußeren Freiheiten garantiert, nicht auflösen lässt.[91] Hobbes und mit ihm Höffe müssen voraussetzen, dass die Individuen nicht allein ihre eigenen Interessen, sondern darüber hinaus auch das allgemeine Wohl berücksichtigen. Zweckrationale Erwägungen reichen dagegen allein nicht aus, um den Vertragsschluss plausibel zu machen. Zwar mag es richtig sein, dass potentiell jeder dort von seinen Mitmenschen bedroht ist, aber insofern wirklich rein zweckrationale Überlegungen entscheidend sind und der Naturzustand nun alles andere als eine egalitäre Gesellschaftsordnung darstellt, wird wohl kaum jemand von den Stärkeren zugunsten der Schwächeren auf seine Macht bzw. seinen Besitz verzichten. Nur vor dem Hintergrund des Kooperationsmodells lässt sich somit erklären, dass die Gesellschaftsmitglieder sich einer Rechtsordnung unterwerfen und sich auch dann noch an den Rechtsvorschriften orientieren, wenn deren Missachtung eigentlich den größeren Vorteil verspricht. Der Rückgriff auf die Konfliktnatur und dem ,Volk von Teufeln' reicht somit nicht aus, um den Ausgang aus dem Naturzustand plausibel zu machen. Daher ist auch Kersting (1997) und Koller (1997) zuzustimmen, wenn sie darauf hinweisen, dass Höffes Modell eines distributiven oder transzendentalen Tausches zu schwach sei, um zu einer gerechten und egalitären Herrschaftsordnung im Sinne einer Gleichverteilung von Rechten und Pflichten zu gelangen.

---

[91] Vgl. hierzu die klassische Diskussion bei Parsons (1949: 93 ff.) und Habermas (1981, 2: 314 ff.).

6.2.2 Eine partialanthropologische Rechtfertigung der Menschenrechte

In den 90iger Jahren hat Höffe in mehreren Beiträgen eine anthropologische Rechtfertigung der Menschenrechte formuliert.[92] Damit knüpft er zum einen an Überlegungen aus *Politische Gerechtigkeit* an, die er jedoch, wie wir sogleich sehen werden, an einigen Stellen zumindest modifiziert. Bereits in diesem Werk hat das Recht ja eine äußerst prominente Stellung besessen und die Verbindung mit einer Theorie der Menschenrechte ergibt sich aus dem angestrebten Nachweis der Universalität des Rechtes gleichsam von selbst. Zum anderen reagiert er mit dem Programm einer philosophischen Fundierung der Menschenrechte auf Denker der Postmoderne, die in der Artikulation von universellen Rechten entweder lediglich eine besonders perfide Form des westlichen Dominanzstrebens erblicken oder eine Begründung von Rechten aus philosophischen Gründen schlichtweg für unmöglich halten, wie dies etwa bei Rorty der Fall ist. In der Kritik derartiger Schwanengesänge auf die philosophische Moderne trifft Höffe sich mit Habermas und auch mit Nussbaum. Und wie Nussbaum ist Höffe davon überzeugt, dass eine Begründung anthropologische Überlegungen einzubeziehen hat. Doch dies kann – und hier knüpft er an seine früheren Überlegungen an – nicht durch den Rekurs auf ein umfassendes Menschenbild erfolgen. Vielmehr ist, um nicht der Gefahr der Verallgemeinerung des Partikularen zu erliegen, eine „Umkehrung des anthropologischen Blicks", eine „kopernikanische Revolution" von Nöten: „Der Gedanke der Menschenrechte begnügt sich mit dem, was den Menschen als Menschen möglich macht; in bewusster anthropologischer Bescheidenheit konzentrieren sie sich auf die Anfangsbedingungen" (Höffe 1992a: 12). Es geht Höffe nicht um den Menschen überhaupt, auch nicht um eine teleologische Bestimmung des Zwecks des Menschen, sondern einzig um die Bedingungen der Möglichkeit menschlicher Existenz. Höffe spricht in diesem Zusammenhang dann auch von ‚transzendentalen Interessen'.

Bis hierhin gleicht die Argumentation noch derjenigen von *Politischer Gerechtigkeit*. In den späteren Veröffentlichungen zur Anthropologie der Menschenrechte bzw. zur Universalität des Rechtes kommt es jedoch auch zu zwei zumindest impliziten Verschiebungen, die zusammengenommen die oben erwähnten Schwachpunkte korrigieren. Da ist zunächst der Verzicht auf naturalistische Begründungsmuster. Zwar spricht Höffe auch weiterhin davon, dass es die Konfliktnatur und die damit korrespondierende Verletzbarkeit des Menschen in anthropologischer Allgemeinheit ist, die die wechselseitige Anerkennung von Rechten und Pflichten erforderlich macht, doch beides wird nicht mehr im Anschluss an die philosophische Anthropologie behauptet; von einer natürlichen

---

[92] Höffe (1990, 1992, 1992a, 1995, 1996, 1998, 1999). Ich stütze mich im Folgenden vornehmlich auf den Aufsatz *Ein transzendentaler Tausch: Zur Anthropologie der Menschenrechte* (1992a).

Aggressionsneigung ist ebenso wenig die Rede wie von einem Aussetzen der Tötungshemmung. Es reicht die historische Erfahrung, um zu dem Ergebnis zu gelangen, dass der Mensch „sowohl verletzbar wie gewaltfähig" ist, und dabei handelt es sich schlichtweg um einen „Tatbestand" (Höffe 1992a: 16). Vor diesem Hintergrund ist dann gegen das Programm einer ‚Partialanthropologie' nichts einzuwenden: „Die (bald unmittelbare, bald mittelbare) Gewalt gegen seinesgleichen gilt nicht als ein Grundzug des Menschen, sondern nur als eine nicht auszuschließende Gefahr" (ebd.).[93]

Daneben kommt es aber auch zu einer Formalisierung des Konzepts der Handlungsfreiheit. Konnte Höffe in *Politische Gerechtigkeit* den Verdacht nicht ausräumen, einem liberal-atomistischen Menschenbild aufzusitzen, so ist dies nun tendenziell abgeschwächt. Zwar ist es weiterhin die Aufgabe des Rechts, die Handlungsfähigkeit des Menschen abzusichern, doch wird das Konzept der ‚transzendentalen Interessen' sehr weit gefasst. Es geht dabei um die Bedingungen der Möglichkeit von Handlungsfähigkeit überhaupt: „Als transzendental ist das anzusprechen, was man immer schon will, wenn man irgendetwas will; transzendental heißen die Bedingungen dafür, daß man gewöhnliche Interessen überhaupt haben und verfolgen kann" (Höffe 1992a: 22). Wie dieser Handlungsspielraum dann gefüllt wird, bleibt jedoch offen; das Dasein eines Emeriten ist damit ebenso vereinbar wie die Aufopferung für eine Gemeinschaft oder das individuelle Gewinnstreben eines Börsenmaklers. Kurzum, es findet durch die Garantie der Menschenrechte keine Bevorzugung einer bestimmten Konzeption des ‚guten Lebens' statt. „Hier tritt die singuläre Bedeutung eines transzendentalen Interesses und des ihm korrespondierenden Menschenrechtes zutage: was auch immer man in concreto begehrt und zur Realisierung des Begehrten unternimmt – als Lebewesen braucht der Mensch dafür Leib und Leben" (Höffe 1992a: 23).[94]

Die Menschenrechte schützen nach Höffe somit einen Entfaltungsraum, legen aber keine Lebensweise fest. Daraus ist aber nicht zu schließen, dass sie mit allen Formen des ‚guten' oder auch weniger guten Lebens kompatibel wären. Lebensweisen, deren Inhalt darin besteht, anderen Menschen die Handlungsfreiheit zu versagen oder zumindest zu beschneiden, sind mit Höffes Konzept nicht vereinbar. Entsprechend geht mit diesen ‚transzendentalen Interessen', die von den Menschenrechten geschützt werden sollen, eine normative Voraussetzung

---

[93] Höffes Verweis auf die ‚Universalität des Rechts' (Höffe 1995) ist daher als ein zusätzliches Beleg einer historisch-kulturell informierten Anthropologie zu betrachten. Freilich gelingt dieser Nachweis nur bei einem sehr weit gefassten Rechtsverständnis.

[94] In *Demokratie im Zeitalter der Globalisierung* (1999: 74 ff., 407 ff.) erweitert Höffe die hier anklingenden negativen Freiheitsrechte um positive Sozialrechte, die jedoch einen abgeleiteten Status besitzen.

einher, und zwar handelt es sich dabei um die Prämisse, dass es im gleichen Interesse aller ist, dass jedem diese Handlungsfreiheit gewährt wird. Es ist diese Prämisse, die wie schon bei Nussbaum sich nun gerade nicht mehr aus anthropologischen Befunden gewinnen lässt. Die universalistisch-egalitäre Norm folgt nicht aus der Natur des Menschen. Dass Menschen verletzlich sind, ist schwer zu bestreiten, dass sie deswegen aber auch alle gleichermaßen geschützt werden sollen, ist anthropologisch nicht ableitbar. Höffe ist sich dieser Tatsache auch bewusst, wenn er weiterhin die Struktur seines Begründungsprogramms mit den Worten ‚Anthropologie plus Ethik' charakterisiert. Doch seine Behauptung, dass „der ethische Anteil so gut wie unproblematisch" (Höffe 1992: 19) ist, ist nun ihrerseits nicht unproblematisch. Insofern er sich auf die bereits in *Politische Gerechtigkeit* entwickelte Figur eines ‚distributiven Vorteils' stützt, die er nun unter dem Label eines ‚transzendentalen Tausches' fasst, zehrt er von Voraussetzungen, die stärker sind als Höffe einzuräumen bereit ist.

Es ist die Gefahr zu starker und damit mutmaßlich partikularer moraltheoretischer Annahmen, die ihn zu möglichst dünnen ethischen Annahmen bewegen. Nun lässt sich aber bestreiten, dass die Prämissen der Tauschgerechtigkeit tatsächlich so universalisierbar sind, wie er suggeriert. Vielmehr gibt es gute Gründe anzunehmen, dass sich hinter diesem moraltheoretischen Konzept seinerseits ein dann doch einseitiges Menschenbild versteckt. Es ist die Figur des ‚homo oeconomicus', welches hier zu Grunde gelegt wird. Dieses Personenkonzept ist nun aber nicht so neutral, wie Höffe im Anschluss an die liberale Tradition annimmt. Dahinter steckt vielmehr eine spezifische Konzeption des Guten, und zwar die eines atomistischen Selbst. Im nächsten Kapitel kommt mit Charles Taylor einer der prominentesten kommunitaristischen Kritiker dieser Personenkonzeption zu Wort. Gerade die Gegenüberstellung mit Taylors ebenfalls anthropologisch fundierter Sozialphilosophie verdeutlicht, dass das Modell eines ‚transzendentalen Tausches' somit nicht nur nicht ausreichend ist, um die Menschenrechte zu begründen, sondern es darüber hinaus auf Annahmen basiert, die nicht ohne weiteres verallgemeinerbar sind. Dies wird auch im Vergleich mit Nussbaums ‚vager Theorie des Guten' und dem dahinter stehenden Kooperationsmodell deutlich.

Höffe teilt mit Nussbaum das Programm einer anthropologisch informierten Begründung der Menschenrechte. Zu diesem Zweck formulieren beide spezifische Listen, und zwar „Grundfähigkeiten des Menschen" (Nussbaum 1999: 57) bzw. „einen Katalog von Freiheitsrechten" (Höffe 1999: 72). Insofern existiert zwischen beiden Begründungsprogrammen eine erstaunliche Parallelität. Und auch die Zusammenführung von anthropologischen und moraltheoretischen Überlegungen ist für beide charakteristisch. Indes haben wir gesehen, dass gerade hierdurch auch die Grenzen anthropologischer Begründungsmuster deutlich werden. Dies wird bei Nussbaum zumindest insofern eingeräumt, wie sie den internen, wertenden Charakter ihrer Ausführungen betont. Problematisch ist jedoch ihre Annahme, dass es sich bei allen Aspekten ihrer Liste um universelle Urteile über das gute Leben handelt. Auch haben wir gesehen, dass die Auswahl der grundlegenden Fähigkeiten sich einer vorgängigen normativen Entscheidung verdankt. Diese müssen aber nicht zwangsläufig partikular sein, nur verschiebt sich die Beweislast von der anthropologischen Ebene hin zu moraltheoretischen Begründungen. Dies wird von Höffe mit der Formel ‚Anthropologie plus Ethik' unterstrichen. Trotz der hier formulierten Kritik an der nur vermeintlichen Bescheidenheit und Neutralität des ethischen Teils dieser Formel eröffnet Höffe damit die Perspektive eines Ergänzungsverhältnisses von anthropologischen Untersuchungen einerseits und moralphilosophischen Begründungsfiguren andererseits. Eine Figur, die wir in der Schlussbetrachtung wieder aufnehmen werden.

Ein wesentlicher Unterschied besteht nun in der Hervorhebung der Kooperationsnatur des Menschen bei Nussbaum auf der einen und der Konfliktnatur bei Höffe auf der anderen Seite. Es ist diese Differenz, die Höffes Begründungsprogramm in der Tat bescheidener ausfallen lässt. Er kann sich mit dem Verweis auf die Verletzbarkeit des Menschen begnügen, wohingegen Nussbaum zu gehaltvolleren Voraussetzungen hinsichtlich des guten Lebens in anthropologischer Allgemeinheit greifen muss. Entsprechend begeht sie tendenziell einen ethnozentristischen Fehlschluss, was jedoch bei Höffe zumindest hinsichtlich seiner anthropologischen Annahmen – der Mensch als verletzbares Geschöpf – nicht der Fall ist. Doch dieser begründungstheoretische Vorteil ist mit einer inhaltlichen Formalität verknüpft, die etwa für die Rechtfertigung globaler Sozialstandards, wie er sie in *Demokratie im Zeitalter der Globalisierung* (Höffe 1999) anstrebt, nicht hinreichend ist. Im Anschluss wiederum an Nussbaum lässt sich daher sagen, dass Höffe zwar in der Lage ist, die minimalen Bedingungen menschlicher Existenz zu bestimmen, für weitergehende Menschenrechte, die auf die Bedingungen eines ‚guten Lebens' abzielen, müsste er aber zusätzliche Annahmen machen. Mit Charles Taylor und Axel Honneth sollen im folgenden Kapitel zwei Autoren vorgestellt werden, die diesen Weg beschreiten.

7 Sozialphilosophische Anthropologien: Taylor und Honneth

Es ist sicherlich keine Übertreibung, die Auseinandersetzung zwischen Liberalen und Kommunitaristen als die herausragende ethische Debatte der 80er und 90er Jahre zu bezeichnen. Ausgelöst durch Michael Sandels Kritik am angeblichen Atomismus des Rawlschen Personenkonzeptes, bestimmte die Kontroverse zwischen Befürwortern einer möglichst neutralen Konzeption der Gerechtigkeit und Anhängern einer stärker substantialistischen Theorie des ‚guten Lebens' die Diskussion der letzten Jahrzehnte. Konnten die Vertreter einer im weiteren Sinne neoaristotelischen Konzeption durchaus einige Defizite der begründungstheoretischen Voraussetzungen wie auch der praktisch-politischen Konsequenzen neokantianischer Ansätze aufzeigen, so mussten sie sich umgekehrt den Vorwurf gefallen lassen, die von ihnen favorisierte Tugendethik lasse sich angesichts der zunehmenden Pluralität von Lebensentwürfen zumindest in westlichen Gesellschaften kaum überzeugend rechtfertigen und führe darüber hinaus zu paternalistischen und somit illiberalen Konsequenzen.

Die Sozialphilosophie von Axel Honneth stellt sicherlich einen der elegantesten Versuche dar, diese Auseinandersetzung mit der Formulierung einer Theorie der Anerkennung produktiv zu wenden. Dabei teilt er mit den Kommunitaristen die Kritik an den atomistischen Grundlagen des Liberalismus, grenzt sich aber von deren Gemeinschaftsverständnis ab. Für unseren Gegenstand ist Honneths Ansatz insofern von Bedeutung, als er diesen selbst als einen sozialanthropologischen Beitrag versteht (2). Zuvor soll mit Charles Taylor einer der prominentesten Vertreter des Kommunitarismus diskutiert werden, der ebenfalls seine Sozialphilosophie mit anthropologischen Annahmen zu stützen versucht. Dabei werden erneut die Leistungen aber auch die Grenzen einer normativen Theorie, die sich auf Annahmen über den Menschen stützt, deutlich (1).

7.1 Der Mensch als selbstinterpretierendes Tier – Charles Taylors Wiederaufnahme einer philosophischen Anthropologie

Charles Taylor hat sich in der Einleitung der *Philosophical Papers* selbst als ‚Monomaniac' bezeichnet, womit er sich auf die Ausarbeitung einer philosophischen Anthropologie als das zentrale Anliegen seines Werkes bezieht. Er knüpft damit an eine Tradition an, die im angelsächsischen Raum weitgehend unbekannt gewesen ist, und auch heute noch sind dort die Werke von Scheler, Plessner und Gehlen nur einer Minderheit vertraut.[95] Die Selbstverortung Taylors innerhalb der philosophischen Anthropologie ist jedoch nicht so zu verstehen, dass er unmittelbar an die zumindest biologisch inspirierten Überlegungen der ersten Hälfte des 20. Jahrhunderts anknüpfen würde. Im Gegenteil, Hinweise auf anatomische, neurophysiologische oder auch genetische Besonderheiten des Menschen findet man nicht in seinem Werk. Vielmehr ist es die vornehmlich sprachbedingte Selbstbeziehung des Menschen, die im Zentrum seiner anthropologischen Ausführungen stehen. Es sind dabei insbesondere die intersubjektiven Voraussetzungen personaler Identität und die Tatsache, dass der Mensch ein ‚self-interpreting animal' ist, die Taylor hervorhebt.

Im Folgenden möchte ich kurz auf einige grundlegende Motive für seine Hinwendung zur philosophischen Anthropologie eingehen, und zwar handelt es sich hierbei um das Programm der Kritik und Korrektur eines naturalistischen Menschenbildes, das er nicht nur für sachlich unangemessen, sondern darüber hinaus insofern als gefährlich ansieht, als es zu einer in der Konsequenz selbstzerstörerischen sozialen Praxis führt (1). Anschließend sollen die Grundzüge von Taylors anthropologischem Begründungsprogramm, in deren Mittelpunkt eine Theorie starker Wertungen und die Idee des Menschen als selbstinterpretierendes Lebewesen stehen, sowie dessen gesellschaftlichen und politischen Implikationen skizziert werden (2). In einem dritten Schritt soll die Leistungsfähigkeit des anthropologischen Arguments diskutiert werden (3).

7.1.1 Kritik des naturalistischen Menschenbildes

Die Auseinandersetzung mit szientistischen Konzeptionen der menschlichen Natur, und hier vor allem mit dem behavioristischen Versuch, den Menschen mittels naturwissenschaftlicher Methoden zu objektivieren, steht von Anfang an im Zentrum von Taylors Werk.[96] Seine Kritik hat dabei eine doppelte Stoßrichtung. Zum einem geht es darum zu zeigen, dass die behavioristische Erklärung menschlichen Verhaltens grundlegende Dimensionen verfehlen muss, und zwar diejenigen Facetten unseres Erlebens, die sich einzig mittels hermeneutischer Methoden aufzeigen lassen, mithin all das, was sich nicht messen lässt: „In other terms, to be a full human agent, to be a person or a self in the ordinary meaning, is to exist in a space defined by distinctions of worth. A self is a being for whom

---

[95] Vgl. hierzu Schacht (1990).
[96] So bereits in Taylors ersten Buch *The Explanation of Behaviour* (Taylor: 1964), das aus seiner Dissertation hervorgegangen ist, vgl. Rosa (1998), Smith (2002: 35 ff.)

certain questions of categoric value have arisen, and received at least partial answers. [...] My claim is that this is not just a contingent fact about human agents, but is essential to what we would understand and recognize as full, normal human agency" (Taylor 1985: 3). Es ist diese essentielle Dimension menschlichen Handelns, die szientistische Erklärungsmuster ausblenden und der er sein ‚Best Account Principle' entgegenstellt. Dieses bestreitet die Möglichkeit, eine objektive, interpretationsunabhängige Beschreibung menschlichen Verhaltens liefern zu können. Deren Deutung ist vielmehr immer und notwendig hermeneutisch. „In diesem Sinne kann es für Taylor keine wertfreie Anthropologie, und auch keine Sozial- und Geisteswissenschaft geben, die auf die Verwendung sekundärer bzw. anthropozentrischer Begriffe verzichtet" (Rosa 1998: 74).

Doch Taylors Kritik richtet sich nicht allein gegen eine falsche Erklärung menschlicher Praxis, sie zielt darüber hinaus auch auf die sozialen und politischen Auswirkungen dieses szientistischen, oder in Taylors Worten naturalistischen, Menschenbildes. Dahinter steht die Annahme, dass naturalistische Überzeugungen in erheblichem Umfang die kulturellen Praktiken moderner, westlicher Gesellschaften bestimmen, und dies mit problematischen Folgen. Er denkt hierbei insbesondere an Phänomene, die er unter dem Begriff ‚Atomismus' fasst, also einer Theorie des Selbst, die den Menschen als unabhängige Entität begreift, als ein Individuum, das in Abgrenzung von seiner sozialen Umwelt betrachtet werden kann. Diese atomistische Konzeption des Selbst, deren Gründungsväter Taylor zufolge Hobbes und Locke sind, ist nun eine der augenfälligsten Konsequenzen der Übertragung naturalistischer Modelle auf den Menschen. Problematisch ist dieser Atomismus insofern, als er in modernen Gesellschaften zu einer Art öffentlicher Philosophie avanciert ist, die nicht nur deren soziale und sittliche Grundlagen sukzessive aushöhlt, sondern darüber hinaus auch zu einem grundlegenden Unbehagen der Gesellschaftsangehörigen führt. Dies stellt bekanntlich eine der Grundannahmen der kommunitaristischen Liberalismuskritik dar, zu deren Hauptvertretern Taylor gehört. Nun darf man diese Kritik jedoch nicht in dem Sinne missverstehen, dass er den Grundwerten des politischen Liberalismus generell ablehnend begegnet. Seine Argumentation richtet sich lediglich gegen eine einseitige, negative Freiheitskonzeption, die die sozialen Voraussetzungen der Ausübung liberaler Freiheiten in pluralistischen Gesellschaften nicht reflektiert. Zudem befürwortet er ausdrücklich den liberalen Grundwert der Autonomie. Nur stellt dieser, wie Taylor in seiner Kritik am Kantianischen Prozeduralismus hervorhebt, kein abstraktes Moralprinzip dar, sondern ist Ausdruck einer spezifischen Praxis. Ihm zufolge finden wir bei Habermas und Rawls, die beide an Kant anschließen, nämlich eine Artikulation von genuin neuzeitlichen Wertvorstellungen: Sie werden „durch die stärksten moralischen Ideale motiviert, wie z.B. Freiheit, Altruismus und Universalismus. Diese Ideale gehören zu den zent-

ralen moralischen Bestrebungen der neuzeitlichen Kultur; sie sind die Hypergüter, welche diese Kultur auszeichnen" (Taylor 1994: 170). Der vom politischen
Liberalismus eingeforderte Vorrang des Rechten ist somit selbst eine Konzeption
des Guten. In der Tradition Hegels stehend verweist Taylor somit darauf, dass
die Hypergüter gelebt werden müssen, um wirksam zu sein. Entsprechend ist es
eines seiner Kernanliegen, die Bedeutung dieser gelebten Hypergüter für das
menschliche Selbstverständnis und für die soziale Kohäsion der Gesellschaft
herauszuarbeiten. Damit ist die Entwicklung einer holistischen Konzeption des
Menschen auch politisch motiviert. Es geht ihm darum, der falschen Theorie und
der daraus resultierenden falschen Praxis eine Anthropologie entgegenzustellen,
die nicht nur unsere Natur besser erfasst, sondern auch zu einer besseren Praxis
führt.

7.1.2 Das anthropologische Argument

In Taylors Schriften lassen sich drei grundlegende Aussagen über den Menschen
finden. Da ist erstens die These der ‚embodied subjectivity', zweitens die Hervorhebung des expressiven Gehaltes der Sprache sowie drittens die Betonung der
Bedeutung von ‚starken Wertungen' für die Entwicklung menschlicher Identität.
Die Auffassung, dass der Mensch in erster Linie ein leiblich Handelnder und
insofern immer auch ein kontextuell situiertes Subjekt ist, hat Taylor in Auseinandersetzung mit der Phänomenologie Merleau-Pontys gewonnen. Ohne an
dieser Stelle ins Detail gehen zu können, so soll doch zumindest hervorgehoben
werden, dass sich die These der ‚embodied subjectivity' vor allem gegen Theorien der menschlichen Natur richtet, die den Geist zum einen vom physikalischen
Körper abzugrenzen versuchen und zum anderen den Weltbezug des Menschen
einzig im Modus des Erkennens verorten. Gegen diesen, zumeist auf die Philosophie Descartes zurückgeführten, Zugang zur menschlichen Erfahrung unterstreicht Taylor deren primäre Einheit. Zunächst und zumeist begegne ich der
Welt nicht im Modus des Erkennens, sondern bin mit meinem Handeln eingebettet in einen vorbewussten Kontext.[97]
　　Taylors Sprachtheorie ist Produkt der Beschäftigung mit der deutschen Ro-
mantik, und hier insbesondere mit Herder und Humboldt. Im Unterschied zur

---

[97] Wie erwähnt hat Taylor die These von der vorbewussten Einheit der Erfahrung und deren primär
körperlichen Grundlagen durch die Lektüre der *Phänomenologie der Wahrnehmung* von Merleau-
Ponty gewonnen. In nahezu identischer Weise findet sich diese Auffassung bereits bei John Dewey
und hier insbesondere in seinem philosophischen Hauptwerk *Erfahrung und Natur* (Dewey 1995),
vgl. hierzu auch Jörke (2003); auf Taylors uneingestandene Nähe zum pragmatistischen Denken
macht auch Hans Joas (1996) aufmerksam.

analytischen Sprachphilosophie, die Sprache nahezu ausschließlich als Medium der Repräsentation der Welt konzeptualisiert, und in Differenz zur funktionalistischen Sprachtheorie, die in der Sprache ein Medium der Handlungskoordination sieht, hebt Taylor deren expressive Dimension hervor. Zwar ist Sprache immer auch Mittel der Repräsentation und der Koordination, doch darüber hinaus erzeugt sie Bedeutsamkeit. Es ist die Sprachfähigkeit des Menschen, die ihn aus dem unmittelbaren Zusammenhang der Natur heraushebt, ihm gestattet, zu seiner Umgebung und zu sich selbst auf Distanz zu gehen. Sie ist es aber auch, die der Natur und dem eigenen Handeln in ihr die spezifisch menschliche Dimension der Sinnhaftigkeit verleiht. Und mittels der Sprache sind wir in der Lage, neue Bedeutungen zu erschließen, die Welt und uns selbst immer wieder neu zu beschreiben. Diese expressive Dimension der Sprache verweist nun auf den dritten Grundaspekt von Taylors philosophischer Anthropologie, die Theorie starker Wertungen. Diese lässt sich als Konsequenz der ersten beiden Aspekte begreifen.

Zwar gibt es auch für Menschen unmittelbare Handlungsursachen, nämlich ein durch Gewohnheiten geprägtes instinktanaloges Verhalten, doch das, was den Menschen als Menschen auszeichnet, ist seine Fähigkeit zu starken Wertungen. Menschen und Tiere haben nach Taylor die Gemeinsamkeit bestimmter Wünsche, die sich auf unmittelbare Bedürfnisse beziehen. Eine spezifisch menschliche Fähigkeit ist dagegen die Ausbildung von Wünschen zweiter Ordnung, die sich auf die Wünsche erster Ordnung – die unmittelbaren Handlungsmotivationen – beziehen und diese bewerten. Sie stellen einen übergeordneten Handlungsmaßstab dar. Im Gegensatz zu Tieren handeln Menschen also nicht nur, um unmittelbare Bedürfnisse zu befriedigen, sondern auch gemäß der Bewertung dieser Bedürfnisse. „Und dies ist ein notwendiger Wesenszug dessen, was wir als ein Selbst oder als eine Person bezeichnen" (Taylor 1988: 21). Menschen können ihre Wünsche und Wertungen reflektieren und diese für sich und andere verständlich machen. Sie orientieren sich in ihrem Handeln auf das, was sie für gut oder wünschenswert halten, wie sie sich selbst im moralischen Raum lokalisieren (wollen). Taylor differenziert sodann diese Wünsche zweiter Ordnung in schwache und starke Wertungen. Erstere haben lediglich eine ordnende Funktion, in letzteren kommt dagegen eine Vorstellung von dem ‚guten Leben', seinen intrinsischen Zielen zum Ausdruck. Das Streben nach den starken Wertungen ist das, was für Taylor das spezifisch Menschliche ausmacht.[98] Und für den Menschen ist es konstitutiv, dass er „sein Leben innerhalb eines derart durch starke qualitative Unterscheidungen geprägten Horizontes führt" (Taylor 1994:

---

[98] Taylor stützt sich hierbei auf eine Unterscheidung von Harry Frankfurt (1971) zwischen Wünschen erster und zweiter Ordnung, erweitert diese jedoch um das Konzept der ‚starken Wertungen'. Wo jedoch die Grenze zwischen schwachen und starken Wertungen verläuft, wird bei Taylor nicht so recht klar.

55). Es handelt sich hierbei um eine Aussage in anthropologischer Allgemeinheit. Dass man sich in seinem Handeln an starken Wertungen orientiert, gilt für
alle Menschen unabhängig vom jeweiligen kulturellen Kontext. „Taylor pro-
poses this as an ontological thesis: he claims to be identifying something essential to human agency, something without which an agent would not be recog-
nizably human" (Smith 2002: 89).[99]

Starken Wertungen versetzen den Menschen in die Lage, qualitative Unterscheidungen zu treffen, beispielsweise zwischen gut und schlecht, mutig und
feige. Starke Wertungen sind dabei Güter im Sinne von Aristoteles. Der Mensch
strebt nach ihrer Realisierung, um eines guten Lebens willen. Dabei hebt Taylor,
und dies ist entscheidend, die Kontextualität von starken Wertungen hervor.
Deren Unterscheidungen werden von ihm „als zu qualitativ verschiedenen Lebensweisen zugehörig eingestuft" (Taylor 1988: 11). Sie sind Produkt einer ‚moralischen Landkarte', die wiederum durch den jeweiligen Sprach- und Kulturraum geprägt ist. Diese konstitutive Bedeutung der sozialen Umwelt für das
menschliche Handeln ergibt sich dabei aus der Sprach- und Ausdrucksfähigkeit
des Menschen. Starke Wertungen sind nur in einem Bedeutungsraum möglich;
qualitative Unterscheidungen müssen artikuliert werden, ohne Sprache gäbe es
sie schlichtweg nicht. Die Sprachfähigkeit hat also insofern eine konstitutive
Funktion für das Selbst, als das Individuum in (meist vorbewusster) Auseinandersetzung mit seiner sozialen Umwelt sich die ihm eigenen Wünsche zweiter
Ordnung verdeutlicht.

Grundlegend für Taylors Anthropologie ist somit die Annahme, dass die
Identität eines Menschen, sein Selbst, abhängig ist von dem sittlichen oder kulturellen Raum, in dem er aufwächst. Dies ergibt sich daraus, dass „das menschliche Tier ein selbstinterpretierendes Subjekt" (Taylor 1988: 49) ist. Das, was den
Zweck, die Bedeutsamkeit ihrer Existenz ausmacht, ergibt sich nicht unmittelbar,
sondern ist Produkt eines Systems von starken Wertungen, die in ihrer Gesamt-
heit eine ‚moralische Landkarte' ergeben, die dem Individuum Orientierungen
und Sinn vermittelt. Da nun die moralische Landkarte konstitutiv für das Selbst
ist, ergibt sich: „Ein Selbst ist man nur unter anderen Selbsten. Es ist nie möglich, ein Selbst zu beschreiben, ohne auf diejenigen Bezug zu nehmen, die seine
Umwelt bilden" (Taylor 1994: 69).

Taylor vertritt mit diesen Annahmen zunächst eine formale Anthropologie.
Das heißt, er definiert einen unveränderlichen, weil essentiellen Rahmen
menschlichen Daseins, doch die Gestaltung dieses Rahmens ist abhängig von
historischen und kulturellen Gegebenheiten. Der Rahmen besteht in der doppel-
ten Annahme, dass der Mensch ein selbstinterpretierendes Wesen ist und dies im

---

[99] Diese ontologische bzw. anthropologische Dimension wird auch von White (2000: 42-74) betont.

Austausch mit seiner jeweiligen sozialen Umwelt geschieht. Ein Selbst wird man nur in Gemeinschaft mit jenen Menschen, mit denen man einen Sprach- und Kulturraum teilt. In Auseinandersetzung mit der hierdurch geprägten moralischen Landkarte bilden sich dabei jene starken Wertungen, die für die Identität des Menschen grundlegend sind. Dabei geht Taylor davon aus, dass es spezifische Kulturräume gibt, und zwar sowohl hinsichtlich der Pluralität gegenwärtiger Gesellschaftsformen als auch im Bezug auf die geschichtliche Entwicklung.

Nun zeigt er sich in den *Quellen des Selbst* von der moralischen Überlegenheit unserer westlichen Kultur überzeugt; er geht sogar soweit, die Position des moralischen Realismus, also die Überzeugung, dass es eine objektive und erkennbare moralische Ordnung gibt, als einzig überzeugende auszuweisen (Taylor 1994: 20-24). In diesen und ähnlichen Passagen erweist er sich als ein entschiedener Gegner relativistischer Kulturtheorien. Wie wir noch sehen werden, ist dies jedoch eine Position, die durch seine anthropologischen Überlegungen gerade nicht gedeckt wird.[100] Hinzu kommt, dass die Hypergüter unseres Kulturkreises, wie Quentin Skinner (1996: 616 f.) zeigt, Produkte eines historisch kontingenten Prozesses darstellen und schon aus diesem Grunde die von Taylor beanspruchte Universalität verfehlen müssen.

Ist nun in groben Zügen Taylors philosophische Anthropologie skizziert worden, so ist jetzt nach deren politischen Implikationen zu fragen. Wie gezeigt, betrachtet er den Menschen als ein Gemeinschaftswesen, was sich aus seinen anthropologischen Grundannahmen ergibt. Die spezifisch menschliche Eigenschaft ist die Fähigkeit zu starken Wertungen und diese beruht wiederum auf seiner Sprach- und Reflexionsfähigkeit. Die Ausbildung und Verwirklichung dieser genuin menschlichen Fähigkeiten sind Taylor zufolge nur im Rahmen einer konstitutiven Gemeinschaft möglich. Die jeweilige Identität ist abhängig von der sozialen Umwelt, in der die Person aufwächst. Entsprechend wendet sich Taylor auf dieser anthropologischen oder ontologischen Ebene gegen atomistische Vorstellungen, die das Selbst als etwas unabhängig Existierendes begreifen. Zwischen individuellen Identitäten und ihren Gemeinschaften besteht vielmehr ein konstitutives Wechselspiel. Zwischenmenschliche Beziehungen haben keinen rein instrumentellen Charakter zur Befriedigung individueller Bedürfnisse, sondern sind entscheidend für die Herausbildung personaler Identität. Ein Selbst werde ich nur in Auseinandersetzung mit einem gemeinschaftlichen Bedeutungsraum. Doch dieses Verhältnis besteht auch umgekehrt, denn die kollektive Identität einer Gemeinschaft lebt von den Individuen, die sie in ihren alltäglichen Handlungen reproduzieren: „Die Gruppenzugehörigkeit liefert wichtige Elemente für die persönliche Identität, und zugleich nimmt die Gruppe, sofern sich ge-

---

[100] Vgl. unten S. 118.

nügend Mitglieder relativ fest zu ihr bekennen, eine kollektive Identität an, die das gemeinsame historische Handeln trägt" (Taylor 2002: 277).

Taylor behauptet jedoch nicht, dass das Selbst, die individuelle Identität, ausschließlich von der jeweiligen sozialen Umwelt determiniert wird. Sein Identitätskonzept lässt innerhalb des kulturellen Raums, in dem sich das Selbst befindet, Freiheit zur Wandlung und Veränderung zu. Dies gilt in besonderer Weise für moderne Gesellschaften, die durch ein großes Maß an Pluralität und differierenden moralischen Landkarten gekennzeichnet sind. Ein Freiheitsgewinn, der aber auch seinen Preis hat: Identität droht willkürlich und somit bedeutungsarm zu werden. Dies führt zu seiner Kritik an liberalen Konzeptionen, die den Vorrang des ‚Rechten' vor dem ‚Guten' behaupten. So macht er in mehreren zeitdiagnostischen Schriften die Dominanz eines prozeduralistischen oder auch atomistischen Paradigmas für den Zerfall des öffentlichen Lebens in den liberalkapitalistischen Gesellschaften verantwortlich.[101]

Diesem liberalen Personen- und eben auch Gesellschaftsverständnis stellt er sein holistisches Konzept gegenüber: der Mensch kann nicht unabhängig von seiner sozialen Umwelt verstanden werden. Nun folgt aus dieser ontologischen These, wie Taylor selbst betont, nicht notwendig die Bevorzugung einer bestimmten politischen Form, aus dem anthropologischen Holismus nicht notwendig ein kollektivistisches Gesellschaftsverständnis. Dennoch hilft eine ontologische Position dabei, „die Optionen zu definieren, für die man sinnvollerweise eintreten kann" (Taylor 1993a: 105). Und so ist es dann auch nicht weiter verwunderlich, dass aus einem holistischen Menschenbild ein positives Freiheitsverständnis folgt. Wie Taylor in seiner Kritik an Isaiah Berlins Verteidigung des Vorrangs der negativen Freiheit unterstreicht, ist die Partizipation des Bürgers an den politischen Entscheidungen des Gemeinwesens für seine Selbstverwirklichung konstitutiv. Seine positive Konzeption will Freiheit dementsprechend „mit kollektiver Selbstregierung identifizieren" (Taylor 1988: 120 f.). Hiermit knüpft er an den klassischen Republikanismus an, für den Partizipation und Selbstentfaltung konstitutiv verschränkt sind. Doch bleibt Taylor nicht bei dieser republikanischen These stehen, sondern verknüpft sie mit substantialistischen Annahmen. Er geht nämlich davon aus, dass ein funktionierendes republikanisches Gemeinwesen der Absicherung in einer kollektiven Identität bedarf, ohne die der tägliche Prozess der Selbstregierung auszutrocknen droht. Erforderlich sei daher ein „Sinn gegenseitiger Verpflichtungen" und dieser „könne nur von gebundenen Individuen aufrechterhalten werden, die einen starken Gemeinschaftssinn teilen" (Taylor 1993: 107). Doch diese zusätzliche Annahme ist zu stark; in modernen

---

[101] Vgl. Taylor (1988, 1993, 1995, 2002).

pluralistischen Gesellschaften ist ein starker Gemeinschaftssinn schlichtweg nicht mehr verfügbar und auch nicht durch staatliche Vorgaben herstellbar.[102]

7.1.3 Grenzen des anthropologischen Arguments

Taylor hat sich vor allem mit den Besonderheiten der neuzeitlichen, abendländischen Identität auseinandergesetzt. Diese unterscheidet sich in erheblicher Weise von antiken und mittelalterlichen Vorstellungen über das menschliche Dasein, über das, was es heißt, ein Mensch zu sein und ein gutes Leben zu führen. Vor allem ist unsere Vorstellung von Identität, unser Konzept von Innerlichkeit etwas Gewordenes. Wäre die Genese des Selbst nun nicht abhängig vom kulturellen Raum, könnte es auch keine spezifisch neuzeitliche Identität geben. Somit ist Taylor bei seinem Vorhaben, diese neuzeitliche Identität zu bestimmen, an anthropologische Prämissen gebunden, und zwar die beiden zentralen Annahmen, dass der Mensch ein selbstinterpretierendes Lebewesen ist und diese Interpretation nur vor dem Hintergrund eines besonderen Kulturraumes geschehen kann. Die Lektüre seiner Schriften sieht sich jedoch mit einer grundlegenden Schwierigkeit konfrontiert: Taylor verwischt oftmals die Unterscheidung zwischen der Anthropologie im engeren Sinne und seinen Ausführungen zur neuzeitlichen Identität, wie insgesamt sich eine grundlegende Spannung in seinem Werk feststellen lässt: „On the one hand, the aim of philosophical anthropology as Taylor understands it is to identify certain human constants, that is, more or less universal features of human subjectivity. [...] To get beyond a minimal description of who we are simply *qua* human, to bring a richer portrait of *ourselves* into view, Taylor has to interpret historically specific ways in which these capacities are realized in modern civilization. He has to interpret the specifically modern ways in which meaning is created, recovered and indeed destroyed. This side of the project has ,thicker' or more substantive normative implications. [...] But it is not going to be easy to keep the two tasks separate" (Smith 2002: 101 f., Herv.i.O.).

Auf der inhaltlichen Ebene stellt sich ein zusätzliches Problem. Der Verdacht, dass wir es auch bei den formalen Bestimmungen von Taylors Anthropologie mit einem spezifisch modernen Blick auf den Menschen zu tun haben, lässt sich nicht ohne weiteres ausräumen. Damit würde Taylor aber in die Falle geraten, die wir als ethnozentristisch bezeichnet haben. Dieser Eindruck entsteht

---

[102] In *Multikulturalismus und die Politik der Anerkennung* (1993) plädiert Taylor für die staatliche Förderung einer ,kulturellen Identität'. Damit gerät er jedoch, wie verschiedene Kritiker deutlich gemacht haben, in das Fahrwasser einer paternalistischen Konzeption; vgl. hierzu die Beiträge von Habermas (1993) und Michael Walzer (1993) in dem aufgeführten Band.

insbesondere in den Passagen, in denen er den Prozess der Selbstinterpretation und die damit einhergehende Reflexionstätigkeit als eine anthropologische Konstante bezeichnet. Zu fragen ist jedoch, ob dies nicht lediglich eine genuin moderne Eigenschaft darstellt.

Damit hängt ein dritter Einwand zusammen. Das Ziel von Taylors Sozialphilosophie ist nicht zuletzt die Kritik eines prozeduralistischen bzw. atomistischen Liberalismus. Gegen diesen macht er, wie gezeigt, geltend, dass Menschen in ihrer Identität konstitutiv abhängig sind von kollektiven Güterordnungen, die es zu bewahren gilt. Doch hiermit ist auf der anthropologischen Ebene eine eigentümliche Spannung verbunden, wie Hartmut Rosa herausgestellt hat. Denn gerade weil unsere Deutungen und Wertungen abhängig sind vom jeweiligen kulturellen Kontext, können sie keine Universalität beanspruchen: „Jede Kultur muß vielmehr als *Lebensform* begriffen werden, für die je spezifische Deutungsmuster und Konzeptionen des Guten und Wichtigen, des wahren Wissens, der guten Gesellschaft, des guten Lebens etc. konstitutiv und in der Sprache, den Handlungsweisen und Institutionen verkörpert sind" (Rosa 1998: 489, Herv.i.O.). Doch gerade der von Taylor anthropologisch geführte Nachweis der Kulturabhängigkeit unserer ‚Hypergüter' könnte diese zusätzlich aushöhlen. Mithin stellt sich „die drängende Frage, ob nicht die Einsicht in diese selbstinterpretatorische soziale Konstruktion personaler Identität und sozialer Wirklichkeit den Glauben an solche Güter und damit die *Möglichkeit* starker Wertungen notwendig untergraben muss" (Rosa 1998: 492, Herv.i.O.).

Dieses Problem wird zusätzlich dadurch verschärft, dass das Projekt einer philosophischen Anthropologie, wie es von Taylor betrieben wird, folgt man seinen sozialontologischen Prämissen, notwendig eine spezifische Kulturleistung darstellt. Kulturspezifisch sind ja nicht nur die Deutungsmuster der Gesellschaftsmitglieder, sondern auch die Kategorien und Methoden der Sozialwissenschaftler und Philosophen. Am Ende des Unterfangens stünde somit die Einsicht nicht nur in die Relativität eigener starker Wertungen, sondern auch des Unterfangens einer anthropologischen Festlegung des Menschen als ‚selbstinterpretierendes Subjekt'. Somit liefert Taylor zusätzliche Gründe für die bereits von den Vertretern der kritischen Theorie vorgenommene Historisierung der anthropologischen Fragestellung, gerade um sowohl die Falle eines ethnozentristischen wie auch die eines rationalistischen Fehlschlusses zu vermeiden.

7.2 Anerkennung als anthropologische Konstante?

In dem programmatischen Aufsatz *Pathologien des Sozialen* beschreibt Axel Honneth sein Programm als das einer Sozialphilosophie im Sinne einer Reflexionsinstanz, „innerhalb derer Maßstäbe für gelingende Formen des sozialen Lebens erörtert werden" (Honneth 1994: 13). Aus welchen kategorialen Mitteln, so fragt er hier, kann eine Gesellschaftstheorie, die sich nicht mit der bloßen Beschreibung bescheiden möchte, ihre Legitimitätsgrundlagen schöpfen? Wie schon bei Charles Taylor und Martha Nussbaum so zielt somit auch das Werk von Honneth auf die Grundlegung normativer Maßstäbe, wobei es ihm insbesondere um die Fundierung einer ‚kritischen Theorie' der Gesellschaft geht. Bereits in seiner Dissertationsschrift *Kritik der Macht. Reflexionsstufen einer kritischen Gesellschaftstheorie* (1986) hatte er sich mit deren Hauptvertretern – Horkheimer und Adorno – auseinandergesetzt. In der Ablehnung der Vereinseitigungen und Aporien der negativen Geschichtsteleologie, wie sie exemplarisch in der *Dialektik der Aufklärung* enthalten ist, stimmt er mit Jürgen Habermas überein, der die zweite Generation der Frankfurter Schule repräsentiert und dessen Werk ebenfalls um eine Refundierung der ‚kritischen Gesellschaftstheorie' zentriert ist.

Indes ist Honneth bereits damals der Überzeugung gewesen, dass der formalpragmatische Ansatz, den Habermas in der *Theorie des kommunikativen Handelns* eingeführt hat, und hier insbesondere seine strikte Gegenüberstellung von System und Lebenswelt, selbst nicht zu einer befriedigenden Fundierung einer kritischen Sozialphilosophie beitrage. In jüngeren Schriften hat Honneth diesen Vorwurf wieder aufgegriffen und in Auseinandersetzung mit den moraltheoretischen Schriften von Habermas erweitert. Gegen das Projekt einer diskurstheoretischen Fundierung macht er vornehmlich zwei Punkte geltend. Dabei handelt es sich um einen systematischen und einen inhaltlichen Einwand. Inhaltlich kritisiert er die sprachtheoretische Engführung der Diskursethik. Moralische Verletzungen und damit auch soziale Pathologien kommen bei Habermas nur dann zum Vorschein, wenn sie in Rahmen von Diskursen artikuliert werden. Dies führt aber, so Honneth, „ungewollt zu einer Einschränkung des moralischen Phänomenbereichs" (Honneth 2000: 101). Ausgeblendet bleiben nämlich all diejenigen Verletzungen, die gleichsam vor der Schwelle moralischer Diskurse liegen. Dies folge mit einer gewissen Zwangsläufigkeit aus dem Umstand, dass es für Habermas nicht die sozialen Interaktionsformen als solche, sondern einzig die Strukturen der menschlichen Sprache sind, denen ein normativer Gehalt innewohne.[103] Aus dieser Kritik ergibt sich für Honneth das Programm, denjenigen Formen moralischer Verletzungen kategorial nachzugehen, die, wenn schon nicht gänzlich unabhängig von sprachlicher Verständigung, so doch über eine gewisse Eigenständigkeit verfügen, wie sie körperlichen Gesten und mimischen Ausdrücken zu eigen sind. Und dabei greift er, wie wir sogleich sehen werden, explizit auf anthropologische Überlegungen zurück.

---

[103] Vgl. oben S. 85 f.

Auch unter systematischen Gesichtspunkten erweist sich für Honneth das Unternehmen von Habermas als ergänzungsbedürftig. Und zwar ist es das alte Problem des ‚falschen Bewusstseins', welches bei Habermas in neuer Gestalt wiederkehrt. Denn wenn es ausschließlich die Betroffenen selbst sind, die in praktischen Diskursen über moralische und auch ethische Fragen des Zusammenlebens zu befinden haben, dann ist es ja nicht unwahrscheinlich, dass sie sich ihrer ‚wahren' Interessen gar nicht bewusst sind. Der Diskurs würde dann tendenziell lediglich die jeweiligen gesellschaftlichen Machtstrukturen widerspiegeln und um das Projekt einer ‚kritischen Sozialphilosophie' wäre es mit der Prozeduralisierung der Ethik geschehen: „Der Nachteil dieser Alternative aber bestünde ganz offensichtlich darin, daß sich mit ihr die Sozialphilosophie als ein theoretisches Unternehmen gewissermaßen selbst auflöst; denn ihre Deutungskompetenz ginge restlos an die Betroffenen selbst über, die als Mitglieder einer konkreten Gesellschaft alleine darüber entscheiden, was als ‚pathologisch' an ihrer sozialen Lebensform zu gelten hat" (Honneth 1994: 66 f.). Mit diesem Einwand knüpft Honneth an das Programm der frühen kritischen Theorie an, der es ja ursprünglich auch um die Aufhebung gesellschaftlichen Unrechts ging. Indes erscheint der unmittelbare Rückgriff auf das Unterfangen einer materialistischen Gesellschaftsanalyse, wie sie noch Horkheimer vorschwebte, aufgrund ihrer geschichtsphilosophischen Reminiszenzen nicht mehr möglich. Stattdessen weist für Honneth, hier mit deutlichen Parallelen zu Nussbaum, auch unter dem Aspekt der Kritik eines ‚falschen Bewusstseins' der Rückgriff auf anthropologische Annahmen den Weg einer Neubegründung der Sozialphilosophie. Dieses Unterfangen beschreibt er als die „Lösung der schwierigen Aufgabe [...], an die Stelle der Habermaschen Universalpragmatik eine anthropologische Konzeption treten zu lassen, die die normativen Voraussetzungen der sozialen Interaktion in ihrer ganzen Breite erklären kann" (Honneth 1994a: 100f.).[104]

Nun gehen mit anthropologischen Begründungsprogrammen, wie wir gesehen haben, ihrerseits eine ganze Reihe von spezifischen Schwierigkeiten einher. Für Honneth ist es dabei vor allem der Vorwurf eines ethnozentristischen Fehlschlusses, dem er zu entgehen versucht. Da nämlich Ethiken oder Sozialphilosophien, die unter Verweis auf die Natur des Menschen zu normativ gehaltvollen Aussagen zu gelangen trachten, notwendig Aussagen über das gute, dem Menschen angemessene Leben machen, ist mit ihnen immer auch die Gefahr verbunden, dass sie partikulare Lebensformen und die mit diesen einhergehenden Theorien des Guten in unzulässiger Weise verallgemeinern. Ein solches Vorgehen würde aber das angestrebte Ziel einer Sozialphilosophie, die gerade nicht lediglich die vorherrschenden Wertvorstellungen einer spezifischen Gesell-

---

[104] Vgl. zu diesem Programm auch Honneth (2003a).

schaftsformation widerspiegeln soll, von vornherein vereiteln. Um dieser Gefahr nun entgehen zu können, will Honneth seine Form einer kritischen Gesellschaftstheorie nur mit einer „möglichst sparsamen Anthropologie" (Honneth 1994: 67) verbunden wissen. Diese soll gleichsam eine Art Quadratur des Kreises leisten. Sie muss nämlich auf der einen Seite so formal ausfallen, dass sie nicht in die Falle des ethnozentristischen Fehlschlusses gerät, auf der anderen Seite muss sie aber stark genug sein, um überhaupt normativ gehaltvolle Aussagen stützen zu können. Es ist dieser Anspruch, an dem im Folgenden Honneths anerkennungstheoretische Grundlegung gemessen werden soll. Dabei gehe ich in zwei Schritten vor. Zunächst sollen die Grundzüge des Theoriedesigns, wie er sie in *Kampf um Anerkennung* entwickelt, skizziert werden (1). Vor diesem Hintergrund und unter Bezugnahme auf einige neuere Veröffentlichungen soll dann auf eine Ambivalenz hinsichtlich des Geltungsbereiches anthropologischer Aussagen hingewiesen werden (2).

7.2.1 Die drei Formen der Anerkennung

Die Grundzüge des Programms einer ‚anerkennungstheoretischen Wende' der kritischen Theorie hat Honneth in seiner Habilitationsschrift im Anschluss an den jungen Hegel formuliert.[105] Dieser hatte Hobbes' Konzeption eines ‚Kampfes um Selbsterhaltung' die Idee eines ‚Kampfes um Anerkennung' entgegengehalten. Die „atomistische[n] Irrtümer[n]" der neuzeitlichen Sozialphilosophie werden Honneth zufolge von Hegel überwunden und durch einen „intersubjektivitätstheoretische[n] Neuansatz" (20) ersetzt. Denn bei Hegel ist „der praktische Konflikt, der sich zwischen den Subjekten entzündet, von allem Anfang insofern ein sittliches Geschehen, als er auf die intersubjektive Anerkennung von Dimensionen der menschlichen Individualität zielt" (32). An diese Grundintention anknüpfend, entwickelt er sein eigenes Modell des Kampfes um Anerkennung als Motor des sozialen Fortschritts. Dabei unterscheidet er ebenfalls im Anschluss an Hegel und an Meads „naturalistischer Transformation der Hegelschen Idee" (114) drei Muster der reziproken Anerkennung (Liebe, Recht und Solidarität), denen er jeweils eine Form des positiven Selbstbezuges (Selbstvertrauen, Selbstachtung und Selbstschätzung) zuordnet. Erst wenn die Person sich in allen drei Dimensionen von seinen Mitmenschen anerkannt weiß, so die These, kann von einer gelungenen Identität ausgegangen werden. Die erste Form stellen Primärbeziehungen wie Liebe und Freundschaft dar. In ihnen erfahren Subjekte eine emotionale Zuwendung, welche ihnen das Gefühl des Selbstvertrauens vermit-

---

[105] Die nachfolgenden Seitenzahlen beziehen sich, soweit sie nicht anders ausgewiesen sind, auf Honneth (1992).

telt. Die Anerkennungsform der Liebe ist elementar; sie geht den anderen Formen voraus, denn „sie bildet die psychische Voraussetzung für die Entwicklung aller weiterer Einstellungen der Selbstachtung" (172).

Das zweite Muster der wechselseitigen Anerkennung ist nach Honneth das Rechtsverhältnis. Durch die Zuerkennung von elementaren Rechten erfahren Personen eine wechselseitige Achtung; ihre moralische Zurechnungsfähigkeit wird von den anderen Gesellschaftsmitgliedern anerkannt, wodurch sie die Fähigkeit zur Selbstachtung erlangen. „[D]ie Rechtssubjekte erkennen sich dadurch, daß sie dem gleichem Gesetz gehorchen, wechselseitig als Personen an, die in individueller Autonomie über moralische Normen vernünftig zu entscheiden vermögen" (177). Entscheidend bei dieser zweiten Anerkennungsform ist für Honneth, dass sie sich im Verlauf der modernen Ausdifferenzierung des Rechtssystems von der ständisch vermittelten sozialen Wertschätzung abgekoppelt hat und dem Subjekt unabhängig von seiner sozialen Stellung zukommt (Generalisierung). Das Anerkennungsmuster des Rechts enthält darüber hinaus das Entwicklungspotential der Materialisierung; neben den individuellen Abwehrrechten kommen sukzessive politische Teilnahme- und soziale Wohlfahrtsrechte hinzu.

Das dritte Muster begreift Honneth als Solidarität. Diese bezeichnet ein Interaktionsverhältnis, „in dem die Subjekte wechselseitig an ihren unterschiedlichen Lebenswegen Anteil nehmen, weil sie sich untereinander auf symmetrische Weise wertschätzen" (208). Durch die Anerkennungsform der Solidarität erfahren Subjekte eine soziale Wertschätzung; sie werden dabei von ihren Mitmenschen aufgrund von Eigenschaften geschätzt, die ihnen in besonderer Weise zukommen. „[J]emandem Solidarität entgegenzubringen nämlich meint, ihn oder sie als eine Person zu betrachten, deren Eigenschaften von Wert für eine gemeinsame Lebenspraxis sind" (Honneth 1993: 263). Dabei sind die Maßstäbe, nach denen gleichsam der ‚Wert' der jeweiligen Person bemessen wird, abhängig von den kulturellen Standards der Gesellschaft, der sie angehört. Sind die ethischen Zielvorstellungen der Gesellschaft bis ins 19. Jahrhundert hinein noch substantiell gefasst und ihre entsprechenden Wertvorstellungen hierarchisch gegliedert gewesen, so lässt sich für moderne Gesellschaften nach Honneth ein Wandel der Solidaritätsbeziehungen feststellen. Die Muster der gegenseitigen Wertschätzung haben sich infolge des Modernisierungsprozesses radikal gewandelt. Die wechselseitige Wertschätzung bemisst sich in modernen Gesellschaften nicht mehr an der jeweiligen Standeszugehörigkeit, sondern es kommt zu einer „radikalen Öffnung des ethischen Werthorizontes" (Honneth 1993: 269). Dies hat nach Honneth eine Individualisierung und damit eine potentielle Egalisierung des solidarischen Anerkennungsmusters zu Folge: „Je mehr die ethischen Zielvorstellungen für verschiedene Werte geöffnet sind und ihre hierarchische Anordnung einer horizontalen Konkurrenz gewichen ist, um so stärker wird die soziale Wertschätzung einen individualisierenden Zug annehmen und symmetrische Beziehungen schaffen können" (Honneth 1993: 266).

Die Pointe besteht nun darin, dass die Anerkennungsmuster „nur in ihrem jeweils höchsten Entwicklungsgrad als Elemente von Sittlichkeit gelten können" (Honneth 1992: 280). Das Anerkennungsmuster der Liebe besitzt jedoch kein Entwicklungspotential; Primärbeziehungen lassen sich nicht erweitern. Demgemäß stellt die Liebe „den innersten Kern aller als ‚sittlich' zu qualifizierenden Lebensformen" (Honneth 1992: 282) dar. Das Recht hingegen beinhaltet sowohl das Entwicklungspotential der Generalisierung als auch das der Materialisierung. Erst wenn allen Gesellschaftsmitgliedern die gleichen Rechte zukommen und neben liberalen Abwehrrechten auch politische Teilnahme- und soziale Wohlfahrtsrechte bestehen, kann das Rechtsverhältnis als Element der Sittlichkeit gelten. Auch die Solidarität beinhaltet nach Honneth ein Entwicklungspotential. Und von einem Zustand der ‚posttraditionalen Sittlichkeit' kann dann ausgegangen werden, wenn der ethische Werthorizont der Gesellschaft so weit gefasst ist, „daß im Prinzip jedes Gesellschaftsmitglied die Chance erhält, sich in seinen Fähigkeiten sozial wertgeschätzt zu wissen" (Honneth 1992: 284). Solidarische Beziehungen beruhen demgemäß auf der wechselseitigen „affektiven Teilnahme an dem individuellen Besonderen [...]: Denn nur in dem Maße, in dem ich aktiv dafür Sorge trage, daß sich ihre mir fremden Eigenschaften zu entfalten vermögen, sind die uns gemeinsamen Ziele zu verwirklichen" (Honneth 1993: 269).

Es stellt sich jetzt jedoch die Frage, inwiefern bei einer solchen Öffnung und Pluralisierung des intersubjektiv geteilten Werthorizontes überhaupt noch solidarische Anerkennungsmuster vorstellbar sind. Es kommt hier zu einer Überdehnung der motivationalen Voraussetzungen der wechselseitigen Anerkennung. Wertschätzung bemisst sich ja gerade an besonderen Leistungen gemäß einer ebenso dichten wie partikularen Konzeption des ‚guten Lebens'. Entsprechend ist es mehr als fraglich, dass die von Honneth vorgeschlagene Universalisierung dieser Anerkennungssphäre überhaupt noch den Rahmen für die Wertschätzung je individueller Leistungen abgeben kann. Darüber hinaus steht aber auch die Auszeichnung einer ‚posttraditionalen' Konzeption der Sittlichkeit, wie sie Honneth in den gegenwärtigen Gesellschaften des Westens zumindest tendenziell verwirklicht sieht, in einer Spannung zu der angestrebten Formalität des Konzeptes. Denn gleichzeitig soll der formale Begriff der Sittlichkeit ja lediglich „das Insgesamt von intersubjektiven Bedingungen" (Honneth 1992: 277), die die notwendigen Voraussetzungen der individuellen Selbstverwirklichung darstellen, abgeben. Wie gesehen, sind diese notwendigen Voraussetzungen für Honneth die drei Formen der Anerkennung; erst wenn Subjekte sich in allen drei Dimensionen anerkannt wissen, kann von einer gelingenden Selbstverwirklichung die Rede sein. Die Phänomenologie der Anerkennungsverhältnisse zeigt somit Dimensionen der positiven Selbstbeziehung auf, die allgemeine (formale) Strukturen eines gelingenden Lebens darstellen sollen. Hier kehrt eine Spannung zwischen formaler Analyse und substantiellen Urteilen wieder, die wir bereits bei Taylor kennen gelernt haben.

7.2.2 Eine ungelöste Spannung zwischen formaler Anthropologie und Geschichtsteleologie

In neueren Beiträgen hat Honneth auf diese Spannung zwischen der Formalität der Anerkennungstypen und den jeweiligen historischen Konkretisierungen innerhalb dieser Sphären insofern reagiert, als er nun die Dreiteilung der Anerkennungssphären als Produkt der bürgerlich-kapitalistischen Gesellschaft begreift. So zeigt er sich davon überzeugt, „daß sich die den Subjekten unterstellten Anerkennungserwartungen nicht als eine Art von anthropologischer Größe behandeln lassen [...]; vielmehr sind derartige Erwartungen in dem Sinn das Produkt der sozialen Formung eines tiefsitzenden Anspruchspotentials, daß ihre normative Rechtfertigung sich stets der Bezugnahme auf Prinzipien verdankt, die in den historisch jeweils etablierten Anerkennungsordnungen institutionell verankert sind" (Honneth 2003b: 161; vgl. 2000a: 109). Die Anerkennungsordnung ist demnach historisch variabel und, wie Honneth hinzufügt, Ergebnis von sozialen Kämpfen, die durch spezifische Missachtungserfahrungen ausgelöst werden. Lediglich der grundsätzlichen Angewiesenheit auf intersubjektive Anerkennung kommt somit ein anthropologischer Status zu, nicht jedoch dem spezifischen Gehalt der Anerkennungsformen. Es sind die Erfahrungen von vorenthaltener Anerkennung, die den ‚Kampf um Anerkennung' auslösen und denen er einen anthropologischen Status zuerkennen möchte; entsprechend spricht er, wenn auch mit einer gewissen Zurückhaltung, von „quasi-transzendentalen Interessen der menschlichen Gattung" bei gleichzeitiger „historischer Variabilität anthropologischer Bedingungen" (Honneth 2000a: 109). Gleichwohl geht er von einem zielgerichteten Prozess der Anerkennungskämpfe aus. Den Anerkennungsprinzipien wohnt ein „normativen Geltungsüberhang" (Honneth 2003b: 221) inne, der eine historische Dynamik entfaltet.

An dieser Stelle seiner Argumentation bleibt daher offen, ob es lediglich die schwache These ist, dass Menschen grundsätzlich auf die Anerkennung durch ihre Mitmenschen angewiesen sind, der er einen anthropologischen Status einräumt. Dann zumindest könnten nicht-egalitäre und potentiell unterdrückende Formen der Anerkennung, wie die Anerkennung als ‚gute Hausfrau' mit Bezug auf anthropologisch tief sitzende Grundbedürfnisse wohl kaum kritisiert werden.[106] Oder ob er nicht doch die weitergehende These vertritt, dass sich aus der Verschränkung der konstitutiven Intersubjektivität der Menschen und des Bedürfnisses nach Anerkennung normative Schlüsse für das Programm einer kritischen Sozialphilosophie ziehen lassen. Honneth scheint zumindest in denjenigen Passagen, in denen er von einer „moralischen Überlegenheit der Moderne" (Honneth 2003b: 218) und von einem gerichteten Fortschrittsprozess ausgeht, der stärkeren These anzuhängen. Dann nämlich hätte er eine quasi-transzendentale und mithin anthropologische Fundierung des oben skizzierten Konzeptes einer ‚posttraditionalen Sittlichkeit' geliefert. Und dieses Konzept wiederum diente als normative Folie einer kritischen Gesellschaftstheorie. Damit bleibt aber der Status des anthropologischen Arguments letztlich ungeklärt. Zwar mag man Honneth zu Gute halten, dass es sich bei seiner Anerkennungstheorie um ein ‚work in progress' handelt, doch er wird sich zwischen der schwachen und der starken Version entscheiden müssen. D. h. entweder er belässt es bei der kaum bestreitbaren Aussage, dass Menschen infolge der konstitutiven Intersubjektivität auf die wie auch immer geartete Bejahung durch ihre Mitmenschen angewiesen sind, woraus jedoch kaum die normativen Grundlagen einer kritischen Gesellschaftstheorie gewonnen werden können, oder aber er traut sich inhaltlich gehaltvolle Aussagen in anthropologischer Allgemeinheit zu, aus denen sich dann in der Tat auch die Grundprinzipien nicht nur einer gerechten, sondern auch einer guten Gesellschaftsordnung gewinnen lassen.[107]

Honneths Schwanken zwischen diesen beiden Alternativen erklärt auch, dass Nancy Fraser in einer Diskussion der Anerkennungstheorie ihm zwei eigentlich sich ausschließende Vorwürfe machen kann. Sie kritisiert nämlich zum einen die Existenz einer „quasi-transzendentalen Moralpsychologie" die den Geschichtsverlauf vorherbestimmen würde: „Historische Ereignisse können die Anerkennung lediglich in unterschiedliche ‚Sphären' ausdifferenzieren […]. Ungeachtet seines Gestus der Historisierung ordnet Honneth zu guter Letzt das Moment der Immanenz demjenigen der Transzendenz unter" (Fraser 2003: 237). Damit, so kann man diesen Vorwurf zusammenfassen, tritt er aber in die Fußstapfen Hegels und übernimmt von diesem die spekulative Annahme eines gerichteten Fortschritts der Menschheitsgeschichte. Zum anderen wirft Fraser Honneth aber auch eine mangelnde Substantialität der Annerkennungsprinzipien vor, welche sich aus seinem Streben nach Formalität ergibt: „Dazu gezwungen, seine normativen Prinzipien formal zu begreifen, muß er ihnen jeden substantiellen Gehalt absprechen – und damit auch jegliche normative Kraft" (Fraser 2003:

---

[106] Vgl. zu dieser Problematik der *Anerkennung als Ideologie* Honneth (2004).
[107] Laut Heidegren (2002) hat sich Honneth in den letzten Jahren in Richtung einer sehr ‚dünnen' Anthropologie bewegt. Gegen diese Deutung sprechen jedoch sowohl die normativen Zielsetzungen als auch die skizzierte Kritik an den blinden Flecken der Habermaschen Diskursethik.

264). Ungeachtet möglicher Schwachpunkte ihres eigenen Beitrages zur Refundierung einer kritischen Gesellschaftstheorie macht Fraser mit diesen beiden Vorwürfen auf eine grundlegende Spannung innerhalb des Honnethschen Theoriedesigns aufmerksam. Es ist das ungelöste Verhältnis zwischen anthropologischen Grundannahmen auf der einen Seite und der Analyse historischer Entwicklungen auf der anderen Seite, welches einer genaueren Klärung bedarf.

Erste Hinweise für dieses Desiderat sind aber zumindest in denjenigen Untersuchungen Honneths enthalten, in denen er seiner Anerkennungstheorie eine empirische Rückendeckung zu geben versucht. Bereits in *Kampf um Anerkennung* sind es ja die sozialpsychologischen Überlegungen Meads sowie die psychoanalytischen Ausführungen von Donald W. Winnicott gewesen, die der Kernthese des gattungsgeschichtlichen Zusammenhangs von Individuierung und wechselseitiger Anerkennung eine wissenschaftliche Basis geben sollen. Darauf kann hier im Einzelnen nicht näher eingegangen werden, entscheidend ist jedoch, dass sich dieser Zusammenhang nur für die erste der drei Anerkennungsformen nachweisen lässt. Der Mensch ist in der Tat in den ersten Lebensjahren auf die Anerkennung durch seine primäre Bezugspersonen angewiesen, und zwar nicht nur aufgrund der organischen Mängellage des Neugeborenen, sondern „auch in dem tieferen Sinn seines eigenen Erlebnisvollzuges" (Honneth 2000b: 151). Für die beiden anderen Anerkennungsformen, der des Rechts und der der Solidarität, lässt sich dieser empirische Nachweis dagegen wohl nicht ohne weiteres erbringen, zumindest nicht in einer anthropologischen Allgemeinheit.

8 Habermas' Entdeckung des Leibes

Habermas Beitrag über *Die Zukunft der menschlichen Natur* ist Ausdruck eines massiven Unbehagens an den gegenwärtigen Entwicklungen im Bereich der humanen Gentechnologie.[108] Doch die Möglichkeit einer positiven Eugenik, also die gentechnologische Einwirkung auf den menschlichen Phänotyp, sprengt ihm zufolge nicht nur die Grenzen der konventionellen Vorstellungen über die menschliche Natur, sie verweist auch auf bisher unthematisierte Voraussetzungen deontologischer Moralkonzeptionen. Es ist insbesondere dieses Eingeständnis von Habermas, welches den Text so bemerkenswert erscheinen lässt. Aufschlussreich ist auch die Antwort, die er auf diese neuartige Herausforderung zu geben versucht, nämlich das Konzept einer anthropologisch begründeten ,Gattungsethik', die einer – deontologisch verstandenen – Moral erst ihren weltlichen Halt gibt. So heißt es am Ende: „An dieser Stelle kommt das lang vorbereitete Argument zum Zug, dass die gentechnische Entwicklung im Hinblick auf die menschliche Natur anthropologisch tief sitzende kategoriale Unterscheidungen zwischen Subjektivem und Objektivem, Gewachsenem und Gemachtem unscharf werden lässt. Deshalb steht mit der Instrumentalisierung des vorpersonalen Lebens ein gattungsethisches Selbstverständnis auf dem Spiel, das darüber entscheidet, ob wir uns auch weiterhin als moralisch urteilende und handelnde Wesen verstehen können. Wo uns zwingende moralische Gründe fehlen, müssen wir uns an den gattungsethischen Wegweiser halten" (121). Dass dies für einen, der in den letzten Jahren so hartnäckig eine Kantianische Moralkonzeption vertreten hat, kein leichtes Bekenntnis ist, dürfte offensichtlich sein. Im Folgenden möchte ich zunächst in wenigen Stichpunkten die wesentlichen Argumentationsschritte dieser ausdrücklich als „Versuch" (44) charakterisierten Stellungnahme wiedergeben, um sodann mit einigen Bemerkungen, die vor allem den zögerlichen Gebrauch anthropologischer Denkfiguren betreffen, zu schließen.

Laut Habermas besitzen die gentechnologischen Eingriffe in den menschlichen Entwicklungsprozess, sei es in der Form der Präimplantationsdiagnostik, der Herstellung von Stammzellen zum Zweck der Forschung, oder auch in Form der Zukunftsszenarien eines genetischen Designs etwas ,Obszönes', dem aber mit dem klassischen Mitteln des politischen Liberalismus nicht beizukommen ist. Insbesondere das Konzept der Menschenwürde eigne sich nicht für ein Verbot derartiger Technologien, da die Embryonen (noch) keine Personen darstellen,

---

[108] Die nachfolgenden Seitenzahlen beziehen sich auf Habermas (2001).

denen allein die Unantastbarkeit der Menschenwürde zukommt. Dass daraus aber
nicht eine Gleichsetzung mit Sachen folgen darf, versucht Habermas mit dem
Begriff der ‚Unverfügbarkeit' zum Ausdruck zu bringen. Menschliches Leben ist
somit auch in frühen Entwicklungsstadien nicht einer Sache gleichzusetzen, über
die man beliebig verfügen könnte. Wenn aber die Unverfügbarkeit vorpersonalen
Lebens einen anderen Status besitzt als die Unantastbarkeit der Person, dann
können die Begrenzungen der Manipulierbarkeit, auf die seine Ausführungen
zielen, nicht mittels des direkten Rückgriffs auf die Kantische Zweckbestim-
mung erfolgen. Es lassen sich im Text nun zwei Argumentationsstränge vorfinden, die vielfach ineinander verschachtelt sind und die Unverfügbarkeit stützen
sollen.[109]

Der erste ist konsequentialistisch. Aufgezeigt werden die negativen Folgen
gentechnologischer Eingriffe für die moralische Kommunikationsgemeinschaft.
Die Beseitigung der Differenz zwischen Gewordenem und Gemachtem birgt die
Gefahr, die Reziprozitätsbeziehungen kommunikativen Handelns nachhaltig zu
zerstören. Damit werden aber die Voraussetzungen moralischen Handelns überhaupt untergraben: „Verbessernde eugenische Eingriffe beeinträchtigen die ethische Freiheit insoweit, wie sie die betroffene Person an abgelehnte, aber irrever-
sible Absichten Dritter fixieren und ihr damit verwehren, sich unbefangen als der
Autor des eigenen Lebens zu verstehen" (109). Wenn man aber nicht länger
Autor des eigenen Lebens ist – genau dies ist bei gentechnologischen Manipulationen im Gegensatz zu Sozialisationsprozessen Habermas zufolge der Fall – und
sich als abhängig vom Willen Dritter erfährt, dann tritt eine asymmetrische Beziehung ein, die Reziprozität und damit zwangsläufig kommunikatives Handeln
verunmöglicht. Diese konsequentialistische Zurückweisung ist allerdings zu
schwach. Zum einen weil es ja gar nicht ausgemacht ist, dass der von eugeni-
schen Eingriffen betroffene diesen ablehnend gegenübersteht. Es könnte ja auch
der Fall eintreten, dass in einem entsprechenden kulturellen Umfeld gerade der
Verzicht auf eine mögliche Verbesserung der eigenen Anlagen Anlass gibt für
die Ablehnung der Entscheidungen der Erzeuger. In einer Gesellschaft, in der die
Wertschätzung immer mehr vom je individuellen Erfolg abhängt, könnte das
Bedürfnis nach optimalen Ausgangsbedingungen weiter verbreitet sein als es
Habermas sich vorstellen mag. Zum anderen bleibt diese Argumentationsstrate-
gie abhängig von der Überzeugungskraft einer moralphilosophischen Konzepti-
on, deren Schwächen wir im vorigen Abschnitt kennen gelernt haben. Vor dem
Hintergrund der gentechnologischen Herausforderungen scheint Habermas dies
selbst zumindest zu ahnen, wenn er einräumt, „vom Pfade der deontologischen
Tugend" (121, Fn.) abweichen zu müssen. Doch gerade weil er sich hiermit

---

[109] Auch Siep (2002) geht von zwei Argumentationslinien aus; der anthropologische Charakter des
zweiten Stranges wird von ihm jedoch nicht hervorgehoben.

ersichtlich schwer tut, ist der zweite Argumentationsstrang, der im Kern auf eine anthropologische und damit notwendig inhaltliche Fundierung der menschlichen Natur abzielt, erst in Umrissen erkennbar und bleibt mit dem formal ansetzenden sprachphilosophischen Begründungsprogramm auf eine schwer entzifferbare Weise verschränkt.

Es sind vor allem zwei anthropologisch gehaltvolle Annahmen, die den Text durchziehen. Die erste drückt sich in der Rede von der ‚Gattungsethik' aus, welche „intuitive Selbstbeschreibungen, unter denen wir uns *als Menschen* identifizieren und von anderen Lebewesen unterscheiden" (72, Herv.i.O.) enthält. Ein Bild vom Menschen also, das kulturübergreifende Geltung besitzt. In diesem „von allen moralischen Personen geteilten ethischen Selbstverständnis der Gattung" (74) findet eine deontologische Moral ihren Halt. Damit ist jedoch erst der Rahmen formuliert. Zwar wissen wir bereits, dass es etwas gibt, was alle Menschen teilen und vor dessen Hintergrund die Manipulation des humanen Genoms als ‚obszön' erscheint, doch dessen Inhalt ist an dieser Stelle der Argumentation noch offen. Erwartet man nun, dass es die Sprachfähigkeit des Menschen ist, die diesen Rahmen füllen soll, so wird man indes enttäuscht. Dieser für Habermas zunächst einmal nahe liegende Weg stellt nämlich insofern eine Sackgasse dar, als es nicht primär die kommunikative Kompetenz ist, die durch die neuen Technologien bedroht ist. Wäre dies der Fall, dann könnte man sich mit den begrifflichen Mitteln der Sprachphilosophie begnügen und der deontologische Pfad der Tugend bräuchte nicht verlassen zu werden. Ihm zufolge wird jedoch eine grundlegendere Dimension des Menschseins in Frage gestellt, und zwar ist es das Verhältnis des Menschen zu seinem Leib als die fundamentale Bedingung des Selbsteinkönnens, die durch die positive Eugenik negiert wird: „Und damit sich die Person mit ihrem Leib eins fühlen kann, scheint er als naturwüchsig erfahren werden zu müssen – als die Fortsetzung des organischen, sich selbst regenerierenden Lebens, aus dem heraus die Person geboren worden ist" (101).

Diesen Zusammenhang versucht Habermas unter Rückgriff auf die philosophische Anthropologie Helmuth Plessners zu verdeutlichen, für die die Unterscheidung zwischen Leibsein und Körperhaben zentral ist, innerhalb derer sich die exzentrische Daseinsweise des Menschen vollzieht. Wir erfahren den Leib in präreflexiver Weise gleichsam unmittelbar. Gleichzeitig können wir uns zu ihm als Körper verhalten, etwa wenn wir einem Schmerz nachgehen oder uns einer Schönheitsoperation unterziehen. „Ihren Körper ‚hat' oder ‚besitzt' eine Person nur, indem sie diesen Körper als Leib – im Vollzug ihres Lebens ‚ist'", wobei der „Erfahrungsmodus des Leibseins" gegenüber dem des Körperhabens primär ist (89). Genau dieses Verhältnis wird jedoch durch die Biotechnologien in Frage gestellt, die Person erfährt sich als ‚gemacht', als ein manipulierbares Ding, die Relation von Leib und Körper wird gleichsam auf den Kopf gestellt, die prekäre

Balance zwischen diesen beiden Aspekten und mithin der Prozess der Identitätsbildung als Ganzes zerstört: „Einer Person, die ausschließlich Produkt eines
bestimmenden und nur erlittenen Sozialisationsschicksals wäre, entglitte im
Fluss der bildungswirksamen Konstellationen, Beziehungen und Relevanzen ihr
‚Selbst'. Die Kontinuierung des Selbstseins ist uns im Wandel der Lebensge-
schichte nur deshalb möglich, weil wir die Differenz zwischen dem, was *wir*
sind, und dem, was *mit uns* geschieht, an einer leiblichen Existenz festmachen
können, die ein hinter den Sozialisationsprozess zurückreichendes Naturschick-
sal fortsetzt" (103 f., Herv.i.O.). Es ist nun aber nicht nur die Gefährdung des
ethischen Selbstverständnisses durch gentechnologische Eingriffe in den Natur-
prozess, die Habermas hiermit unterstreicht. Diese bedrohen darüber hinaus, wie
bereits erwähnt, auch die für kommunikatives Handeln grundlegende Reziprozität der Interagierenden.

Allerdings deutet Habermas diesen Zusammenhang zwischen der Integrität
des Leibes und gelingender Identitätsbildung einerseits und deren Bedeutung für
Reziprozitätsbeziehungen andererseits lediglich an, und auch das Verhältnis
zwischen der physisch bestimmten Gattungsethik und der sprachphilosophisch
hergeleiteten Diskursethik bleibt merkwürdig in der Schwebe. Hier scheint er vor
den Konsequenzen einer anthropologischen Fundierung der Moral zurückzu-
schrecken. Stattdessen flüchtet er sich in eine dualistische Gegenüberstellung
von Physis und Person.[110] Dies wird schon an der Unterscheidung zwischen der
Unverfügbarkeit des menschlichen Lebens und der Unantastbarkeit der Person
deutlich. Hier offenbart sich ein Kantisches Erbe, von dem Habermas sich nun
doch nicht vollständig lösen konnte. Der menschliche Leib ist dabei Träger eines
höherwertig angesehenen Geistes. Zwar rückt in *Die Zukunft der menschlichen
Natur* zum ersten Mal die physische Konstitution des Menschen in das Zentrum
von seiner Philosophie, doch deren geltungstheoretischer Status bleibt ambivalent.

Diese Ambivalenz drückt sich darüber hinaus in dem ungeklärten Verhältnis der beiden skizzierten Argumentationswege aus. Hier schwankt Habermas
zwischen dem konsequentialistischen Weg, der sich zwar mit einer deontologischen Konzeption vereinbaren lässt, angesichts der gentechnologischen Herausforderung aber letztlich hilflos bleibt, und einer anthropologischen Fundierung,
die in ihrer Konsequenz den Rahmen eines politischen Liberalismus zu sprengen
droht, gerade indem sie etwas Inhaltliches, nämlich die Naturwüchsigkeit der
menschlichen Existenz, für unverfügbar erklärt. Noch scheinen zumindest die
grundsätzlichen Bedenken gegenüber anthropologischen Begründungsversuchen,
wie er sie in seinem frühen Lexikonartikel, damals noch gegen Gehlen, formu-

---

[110] Vgl. hierzu auch Haucke (2002: 172 ff.).

liert hat, nicht restlos ausgeräumt zu sein. Allerdings hat er sich damals bereits mit Plessner beschäftigt.

Auffällig ist, dass er dort eine vergleichsweise wohlwollende Darstellung von dessen Grundeinsichten wie dem Konzept der ‚exzentrischen Positionalität' und der Verschränkung von Leibsein und Körperhaben gibt. Und in einem 1972 geschriebenen Brief an Plessner findet Habermas folgende lobende Worte: „Sie jedoch vollziehen sehr energisch die naturalistische Wendung, ohne dafür den Preis eines philosophischen Naturalismus zu entrichten" (Habermas 1972a: 232). Diese zustimmende Rezeption basiert in einer Grundannahme, die Habermas mit Plessner, aber eben auch mit Gehlen, teilt, dass dem Menschen seine Natur nicht mehr unmittelbar gegeben ist, dass seine Welt gebrochen ist, er sie daher immer wieder aufs Neue bewältigen muss. Der entscheidende Unterscheid zu Plessner zu dieser Zeit ist jedoch die Betonung der menschlichen Sprachfähigkeit durch Habermas. Ihr räumt er eine konstitutionstheoretische Vorrangstellung ein: „Der Doppelaspekt von Leib und Körper" bilde nämlich „die Doppelstruktur der Sprache bloß" ab (Habermas 1972a: 235). Mit *Die Zukunft der menschlichen Natur* scheint sich dieses Verhältnis bei Habermas nun umzukehren. Der Mensch ist zunächst ein Wesen, das einen Leib hat und dann über seinen Körper verfügen kann, in eine symbolische strukturierte Welt geworfen wird und mittels der Sprache sich zu sich selbst, seinen Mitmenschen und der symbolischen Welt verhalten kann und muss. Sprache und Leib, so könnte man diesen Synthetisierungsversuch zusammenfassen, bilden dann zwei voneinander abhängige transzendentale Bedingungen der menschlichen Existenz. Zwar ist unsere Wahrnehmung des Leibes immer schon symbolisch, doch gleichzeitig ist auch die Kommunikation ohne leibliche Substrate, und seien sie auch noch so vermittelt, nicht denkbar.[111]

Indes darf man von einer derartigen anthropologischen Grundlegung nicht zuviel erwarten. Sie kann zwar spezifische Vereinseitigungen formalistischer Ethiken korrigieren und diejenigen Aspekte der menschlichen Existenz aufzeigen, die eine Moral zu schützen hat, dass wir dies aber tatsächlich tun sollen, lässt sich anthropologisch nicht andemonstrieren. Hier ist Habermas' frühere Kritik einer Fundierung der Ethik in der Anthropologie nach wie vor überzeugend.

---

[111] Dies gilt trotz der Entwicklungen im Bereich der künstlichen Intelligenz. Noch sind es Menschen, die die Computer programmieren.

9 Grenzen und Perspektiven einer politischen Anthropologie

Im Laufe dieser Untersuchung haben wir zentrale Positionen innerhalb der gegenwärtigen Renaissance des Menschen in der politischen Theorie kennen gelernt. Dabei stand neben der Rekonstruktion der einzelnen Ansätze immer auch der Nachweis der Probleme und Grenzen anthropologischer Begründungsmuster im Vordergrund. Deutlich geworden ist dabei, dass auch heutzutage der Rekurs auf ein vermeintliches Wesen des Menschen der Gefahr einer im weiteren Sinne ideologischen oder zumindest ethnozentristischen Verallgemeinerung von etwas Partikularem nur schwer entkommen kann. Dies trifft in besonderer Weise auf diejenigen Konzeptionen zu, die einen externen Zugriff auf die menschliche Natur für möglich halten und sich vor diesem Hintergrund eindeutige Antworten auf die Frage nach dem guten Leben oder nach den richtigen Rahmungen menschlichen Sozialverhaltens erhoffen. Doch es ist deutlich geworden, dass das Unterfangen einer naturalistischen Fundierung scheitert. Auch wenn unsere Kenntnis der menschlichen Natur in den letzten Jahrzehnten infolge der Fortschritte in der Humangenetik oder auch der Neurophysiologie immens angewachsen ist, so lassen sich aus diesem erweiterten biologischen Wissen keine normativen Bestimmungen ableiten. Zwar ist der Kritik an einer allzu strikten Trennung von Fakten und Werten, wie sie von den Vertretern der ‚biopolitics' immer wieder vorgetragen wird, durchaus beizupflichten, entgegen der naturalistischen Auffassung folgt daraus jedoch nicht die Möglichkeit einer biologischen Fundierung von Normen und Institutionen. Die Hervorhebung von bestimmten, ausgewählten Fakten ist nämlich immer abhängig von zumindest impliziten Wertungen, wie wir dies bei Wilson, Somit und Peterson aber auch bei Fukuyama sehen konnten. Gefunden wird zumeist das, wonach man sucht, ob es sich nun um das Dominanzverhalten so genannter ‚Alphamännchen' oder die evolutionären Vorteile der Kooperation handelt. Der Nachweis stammesgeschichtlicher Wurzeln entsprechenden Verhaltens stellt dann nur noch eine nachträgliche Rationalisierung dar. Und selbst wenn sich tatsächlich zeigen ließe, dass der Mensch aufgrund seiner Gattungsgeschichte beispielsweise zu Fremdenfeindlichkeit neigt, so wird damit ja auch von den Befürwortern der ‚biopolitics' nicht behauptet, dass dieses Verhalten durch entsprechende Regulierungen zu fördern sei. Stattdessen finden wir etwa bei Somit und Peterson den Appell, gleichsam gegen die angebliche Natur des Menschen, auf Erziehung zur Toleranz und Demokratie zu setzen. Und auch Fukuyama spricht sich in *Our Posthuman Future* für demokratische Prinzipien aus, die sich biologisch eben nicht fundieren lassen. Gleichwohl können biopolitische Überlegungen einen wichtigen Beitrag im Rahmen einer politischen Anthropologie liefern. Insofern sie nämlich Grenzen des Menschen thematisieren, können sie sowohl einer ethische Überdehnung entgegenwirken wie auch auf Instrumentarien (beispielsweise Institutionen) verweisen, mit deren Unterstützung das Erreichen normativer Zielvorstellungen zumindest wahrscheinlicher wird. Um auf das Beispiel der Fremdenfeindlichkeit zurückzukommen. Wenn dies eine angeborene Eigenschaft des Menschen ist, wir diese aus guten Gründen jedoch nicht für wünschenswert halten, dann können biopolitische Untersuchungen uns wertvolle Hinweise darauf geben, wie wir diesem Drang begegnen können, aber auch bis wohin eine derartige Veränderung oder Kanalisierung unserer natürlichen Neigungen gehen kann. Die Ergebnisse biologisch geleiteter Forschungen erhalten damit eine ähnlichen, korrigierenden Status wie die Erträge der Ethnologie und der historischen Anthropologie, auf die wir gleich noch zu sprechen kommen werden.

Wie schaut es aber mit den internen Ansätzen aus? Hier wird von vornherein eingeräumt, dass eine naturalistische und damit objektive Beschreibung der menschlichen Natur und seines Sozialverhaltens nicht möglich ist. Dennoch ist mit dieser Vorgehensweise die Hoffnung verbunden, zu normativ gehaltvollen Aussagen über den Menschen zu gelangen und somit das Programm einer anthropologischen Grundlegung nicht aufgegeben zu müssen. Der interne Ansatz befindet sich damit zwischen naturalistischen Fundierungen auf der einen Seite und postmodernen Konzeptionen, die den Tod des Menschen behaupten, auf der anderen Seite. Aber auch gegenüber formalistischen oder prozeduralistischen Ethiken, etwa der Diskursethik oder den verschiedenen Ausprägungen des Kontraktualismus, die unabhängig von substantiellen Bestimmungen normative Maßstäbe zu generieren trachten, besteht eine Distanz, und zwar gerade indem nun substantielle Aussagen über den Menschen getroffen werden. Dies ist insofern als ein Fortschritt zu betrachten, als damit unvermeidbare Vorannahmen offen ausgesprochen werden. Denn auch in den vermeintlich inhaltsleeren Ethiken, die sich allein auf das unparteiliche Verfahren der Normbegründung stützen, gehen, wie wir am Beispiel von Habermas gesehen haben, substantielle Annahmen über den Menschen ein. Gleiches lässt sich über den Personenbegriff, der der Rawlschen Version des politischen Liberalismus und hier insbesondere seiner Urzustandskonstruktion zugrunde liegt, sagen. Dabei handelt es sich um zumindest implizite Annahmen über die Vernunftfähigkeit des Menschen und den Werten, denen er im Urzustand den Vorzug einräumt. Dahinter verbirgt sich aber, wie insbesondere kommunitaristische Kritiker zeigen konnten, eine spezifi-

sche, nämlich liberale bis atomistische Vorstellung vom guten Leben.[112] Gleichwohl ist mit dem Nachweis der inhaltlichen Anreicherung des liberalen Perso-
nenbegriffs noch nicht gesagt, dass die damit einhergehenden Wertungen notwendig falsch sind. Dies verweist auf den Zusammenhang von normativen und
anthropologischen Annahmen in der politischen Theorie, auf den nun abschließend nochmals einzugehen ist.

Idealtypisch lassen sich drei Weisen unterscheiden, wie anthropologische
Feststellungen in normativen Argumenten Verwendung finden. Sie können erstens in Form von impliziten Vorstellungen in die normativen Begründungsprogramme eingehen und werden dann entweder als unproblematisch angesehen
oder schlichtweg bestritten. Eine derartige Vorgehensweise ist von den hier diskutierten Verfechtern einer politischen Anthropologie mit guten Gründen verworfen worden. Denn derartige Menschenbilder sind weder unvermeidbar, noch
kann man sie als unkontrovers ansehen, zumindest dann nicht, wenn sie kollektiv
verbindliche Regelungen, wie Gesetze, stützen sollen. Zweitens können anthropologische Aussagen einen fundierenden Status besitzen: Wir brauchen strengere
Gesetze, weil der Mensch zu Gewalt und Kriminalität neigt. Oder auch: Die
Demokratie als Staatsform widerspricht dem natürlichen Verhalten des Menschen und muss deshalb abgelehnt werden. Diese Argumentationsstruktur ist mit
Verweis auf das Scheitern externer Ansätze ebenfalls verworfen worden, und
sofern sich die Vertreter sozialphilosophischer Positionen eine Fundierung erhoffen, wie dies zumindest bei Martha C. Nussbaum in einigen Passagen durch-
klingt, muss dies ebenfalls zurück gewiesen werden. Damit bleibt drittens „die
korrigierende/justierende Bezugnahme auf Anthropologie, bei der anderweitig
gewonnene und begründete staats- oder rechtsphilosophische Prinzipien durch
die Berufung auf die Natur des Menschen ergänzt, erweitert, eingeschränkt,
gestärkt, kompensiert oder auf andere Art modifiziert" (Rapp 1995: 241) werden
sollen. Es ist diese korrigierende Funktion anthropologischer Argumente, die im
Folgenden im Anschluss an die vorgestellten internen Ansätze verteidigt werden
soll. Denn ob es sich nun um Höffe, Honneth, Nussbaum, Taylor oder auch dem
späten Habermas handelt: Sie alle liefern grundlegende Bausteine für eine politische Anthropologie, die normative Argumente zwar nicht ersetzen, aber zumindest in wesentlichen Punkten ergänzen kann.

So findet sich bei Otfried Höffe die programmatische Formel ‚Anthropologie plus Ethik', die hier aufgegriffen werden soll. Anthropologische Annahmen
dienen bei ihm der inhaltlichen Konkretisierung des Geltungsbereichs der Moral
bzw. politischer Regelungen. Diese bestehen in der Ausweisung der Notwendigkeit einer staatlichen Zwangsgewalt einerseits und der Menschenrechte anderer-

---

[112] Vgl. insbesondere Sandel (1982, 1984) und als Überblick über die Kontroverse zwischen Liberalismus und Kommunitarismus Forst (1993, 1994, Kap. 1), Haus (2003).

seits. Beides ergibt sich für Höffe aus der ,Konfliktnatur' und der konstitutiven Verletzbarkeit des Menschen, also Aussagen, denen man den Status der anthropologischen Allgemeinheit nicht absprechen kann. Allerdings haben wir bei der Diskussion seiner Konzeption gesehen, dass die Figur eines ,distributiven Tausches', die die ethische Seite der Menschenrechtsbegründung darstellt, nun nicht so unproblematisch ist, wie Höffe annimmt. Dass wir allen Menschen gleiche Rechte zukommen lassen sollen, ist eine normativ sehr gehaltvolle Annahme, die sich aus der Verallgemeinerung der Zweckrationalität nicht gewinnen lässt. In ihr kommt vielmehr eine Überzeugung zum Ausdruck, die wir im Anschluss an Taylor als Hypergut unserer neuzeitlichen Kultur bezeichnen können. Doch gerade weil es ein Hypergut einer spezifischen Epoche darstellt, lässt es sich weder naturalistisch, noch transzendentalphilosophisch begründen.

Dies scheint auch Charles Taylor in jenen Passagen seines Werkes einzuräumen, in denen er die konstitutive Bedeutung einer moralischen Landkarte für die Genese des Selbst betont. Wenn nun aber die Hypergüter tatsächlich kulturabhängig sein sollen, dann lassen sich aus ihnen gerade keine allgemeingültigen normativen Maßstäbe gewinnen und ein moralischer Realismus, den Taylor mit Verweis auf Gott bisweilen zu vertreten scheint, ist nicht länger aufrechtzuerhalten. An dieser Stelle deutet sich dann auch ein ethnozentristischer Fehlschluss an; die kulturellen Bedingungen unserer Existenz werden zu denen des Menschen überhaupt hypostasiert. Gleichwohl ist diese strikte Entgegensetzung von moralischem Realismus und kulturalistischem Relativismus zu stark; auf der methodischen Ebene verstellt sie mehr als dass sie zur Lösung des Problems beiträgt. Und an dieser Stelle hilft ein pragmatistischer Grundgedanke weiter. Wenn nämlich das Vokabular, mit dessen Hilfe wir ein Problem beschreiben, dessen Lösung im Wege steht, so sollte man das Vokabular verändern. Also noch einmal: Das Problem besteht in der Notwendigkeit der Rechtfertigung universeller normativer Kriterien. Ein naiver Rückgriff auf unsere moralischen Überzeugungen ist ebenso wenig möglich wie das Programm einer naturalistischen Fundierung. Auf letzteres hat Taylor selbst mit Nachdruck verwiesen, ersteres ergibt sich aus seiner überzeugenden Beschreibung des Menschen als ,selbstinterpretierendes Tier'. Beides zusammen muss nun aber nicht zu den befürchteten relativistischen Konsequenzen führen. Sofern man sich nämlich der strikten Dualität von Universalismus und Relativismus bzw. Ethnozentrismus entzieht, gewinnt die von Höffe ins Spiel gebrachte Formel ,Anthropologie plus Ethik' einen neuen Stellenwert. Die Grundidee ist bereits genannt worden. Anthropologische Annahmen besitzen eine korrigierende Funktion, sie dienen als erfahrungswissenschaftlicher Halt normativer Verallgemeinerungen, können diese aber nicht ersetzen. Damit werden normativ gehaltvolle Aussagen empirisch überprüfbar und prinzipiell fallibel. Gewonnen ist mit einer derartigen Arbeitsteilung die Perspektive einer Korrektur der oben diskutierten anthropologischen Fehlschlüsse. Insofern normative Aussagen nämlich zumindest immer auf impliziten Menschenbildern beruhen, können die eventuell damit einhergehenden Vereinseitigungen durch einen kulturübergreifenden Vergleich überprüft werden.[113] Gefragt werden soll also danach, ob sich grundlegende Annahmen, etwa über den Subjektstatus, die Bedingungen der Handlungsfähigkeit oder auch den Stellenwert von Emotionen tatsächlich in anthropologischer Allgemeinheit behaupten lassen. Eine solche Vorgehensweise ist im Werk von Nussbaum angelegt.

Nussbaum folgt Taylor in der programmatischen Ablehnung naturalistischer Begründungsprogramme, die sie als ‚external accounts' bezeichnet und denen sie einen internen Zugriff gegenüberstellt. Ihre Grundannahme ist, dass wir als Menschen eine gemeinsame Vorstellung darüber teilen, was es heißt, ein Mensch zu sein. Diese Vorstellung ist zwar vage, besitzt aber dennoch normative Implikationen, insofern in ihr grundlegende Annahmen über das gute Leben zum Ausdruck kommen, über das, was ein menschliches Leben qualitativ von dem von Tieren auf der einen und dem von Göttern auf der anderen Seite unterscheidet. Es sind die Wertungen, die in die qualitativen Beschreibungen menschlichen Daseins einhergehen, denen Nussbaum in ihren Untersuchungen nachgeht, um daraus dann eine ‚starke vage Theorie des Guten' zu gewinnen. Diese nimmt schließlich in ihrer Liste der menschlichen Grundfähigkeiten konkrete Gestalt an. Wie gezeigt, bleibt diese Vorgehensweise jedoch in doppelter Hinsicht defizitär. Zum einen ist der unklare Status, den sie anthropologischen Überlegungen einräumt, problematisch. Fällt sie doch in jenen Passagen, in denen sie gegen die kulturalistische Herausforderung anschreibt, in eine Konzeption zurück, die durch die Bestimmung des menschlichen Wesens die grundlegenden Güter fundieren möchte. Zumindest in früheren Arbeiten, in denen Nussbaum noch einen starken Aristotelismus vertritt, bleibt dieser Zusammenhang ambivalent und es wird der Eindruck erweckt, aus der Beschreibung der menschlichen Natur lassen sich normative Maßstäbe gewinnen. Zum anderen haben wir gesehen, dass sie sich einen rationalistischen Fehlschluss zu Schulden kommen lässt. Denn das, was als konstitutive Bestandteile in ihren Fähigkeitenkatalog eingeht, verdankt sich einer vorgängigen normativen Bestimmung, die wir gerade nicht durch anthropologische Annahmen vornehmen können. Wenn Nussbaum also mit Verweis auf philosophische und literarische Quellen sowie auf ihre Erfahrungen aus der Entwicklungsarbeit zu Aussagen über den Menschen gelangt, so besitzen diese zwar einen normativen Gehalt, in begründungstheoretischer Hinsicht kann ihnen aber kein fundierender Status zukommen. Beschränkt man sich aber auf

---

[113] Eine solche Perspektive deutet auch Wils (1997: 40) an.

einen illustrativen und damit gegebenenfalls auch korrigierenden Status, dann besteht weder die Gefahr eines naturalistischen, noch eines rationalistischen Fehlschlusses. Einem ethnozentristischen Fehlschluss wirkt dies nun insofern entgegen, als normative Verallgemeinerungen sich einem gleichsam empirischen Test stellen müssen: Sind die dort zugrunde gelegten Annahmen über den Menschen tatsächlich allgemeiner Natur, oder lediglich Ausdruck unserer Überzeugungen? Und hierfür liefert Nussbaum auf der methodischen Ebene mit ihrer Vorgehensweise einen wichtigen Baustein. Dabei handelt es sich namentlich um das Programm eines kulturübergreifenden Vergleiches menschlicher Selbstbeschreibungen. Nur solange normative Prinzipien diesen nicht auf fundamentale Weise widersprechen, können sie den Anspruch auf anthropologische Allgemeinheit aufrechterhalten. Dies ist dann aber zumindest teilweise eine empirische Frage.

Dies gilt auch für die Implikationen von Axel Honneths Theorie der Anerkennung. Mit seiner Betonung der konstitutiven Bedeutung von Anerkennungsformen für eine gelingende Identitätsbildung schließt er an Taylors These vom Menschen als ,selbstinterpretierendes Lebewesen' an. Ein gutes Leben kann ich nur führen, wenn ich mich von meinen Mitmenschen in den Sphären der Liebe, des Rechts und der Solidarität anerkannt weiß. Die Maßstäbe, anhand derer sich die Anerkennung bemisst, sind dabei offenkundig abhängig von den kulturellen Werten der jeweiligen Gesellschaft. Doch gerade im Hinblick auf die dritte Anerkennungsdimension muss dies nicht zwangsläufig nach egalitären Maßstäben geschehen, wie schon die Ausdifferenzierung der drei Sphären ein geschichtliches Produkt darstellt. Man kann ja gerade auch als ein ,minderwertiges' Mitglied der Gesellschaft anerkannt werden, beispielsweise, wenn man einen niedrig entlohnten Beruf ausübt. Allerdings scheut Honneth hier vor den damit einhergehenden gesellschaftstheoretischen Konsequenzen zurück. Entsprechend schwankt er, wie dies in ähnlicher Weise auch bei Taylor der Fall ist, zwischen einer relativistischen Position und der geschichtsphilosophischen These, dass es in der Moderne einen Fortschritt zu mehr Egalität gibt. Doch diese normativ gehaltvollere Behauptung lässt sich anthropologisch nicht begründen, denn sie übersteigt – wenigstens im Hinblick auf die beiden anspruchsvolleren Anerkennungssphären des Rechts und der Solidarität – den Bereich einer möglichst formalen Anthropologie. Somit zeigt sich auch bei Honneth, dass anthropologische Aussagen normative Annahmen nicht fundieren, sondern lediglich stützen können. Dass Menschen auf die Anerkennung durch ihre Mitmenschen angewiesen sind, lässt sich schwerlich bestreiten, dass dies in einer egalitären Form zu geschehen hat, ist jedoch Ausdruck unserer kulturellen Überzeugungen. Somit ist hier die Beweislast umzukehren. Gezeigt werden muss, dass die Implikationen einer egalitär konzeptualisierten Anerkennungstheorie der menschlichen Natur zumindest nicht widersprechen. Und an diese Stelle müssten empirische Untersuchungen treten, die die sozialphilosophischen Überlegungen in anthropologischer Allgemeinheit stützen oder eben auch nicht. Honneth selbst deutet diese Perspektive zumindest an, wenn er im Anschluss an den englischen Psychoanalytiker Donald W. Winnicott die emotionalen Bedingungen gelingender Subjektbildung beim Kinde veranschaulicht. Ist damit für die Anerkennungssphäre der Liebe der Weg gezeichnet, auf dem eine anthropologische Überprüfung sozialphilosophischer Hypothesen voranzuschreiten hat, so ist das für die beiden anderen Dimensionen der Anerkennung noch weitgehend ungeklärt. Gelegentliche Verweise auf historische Untersuchungen, die sich mit den motivationalen Anlässen für politische und soziale Revolten beschäftigen, weisen aber die Richtung, in die geschaut werden muss. Wobei man sich hier nicht auf historische Studien beschränken darf, gefordert ist vielmehr eine Ethnographie der Gegenwart.[114]

Eine Ethnographie der Gegenwart müsste schließlich auch das von Jürgen Habermas ins Spiel gebrachte Konzept einer ‚Gattungsethik‘ stützen. Auch wenn deren geltungstheoretischer Status letztlich offen bleibt, so hat die Perspektive, dass es noch vor aller kulturellen und damit auch moralischen Differenzierung einen gemeinsamen Grund des Mensch gibt, welche sich aus dem spezifischen Verhältnis zu seinem Körper/Leib ergibt, etwas Verlockendes. Sollte sich tatsächlich zeigen lassen, dass der Mensch als Mensch aufhört zu existierenden, wenn er sich als etwas ‚Gemachtes‘ erfährt, dann ist zumindest ein anthropologischer Kern benannt, an dem sich normative Überlegungen zu orientieren haben. Allerdings – und dem ist sich keiner so bewusst wie Habermas – handelt es sich dabei notwendig um eine inhaltlich angereicherte Konzeption. Man kommt eben vom ‚deontologischen Tugendpfad‘ ab, wenn man explizite Bestimmungen der menschlichen Natur vornimmt. Der Preis, den man hier zahlt, ist jedoch nicht so groß, wie Habermas befürchtet. Beruht doch auch die Diskursethik auf impliziten inhaltlichen Voraussetzungen hinsichtlich der Vernunft- und Sprachfähigkeit des Menschen.

Habermas' ‚gattungsethischer Wegweiser‘ will von unserem Selbstverständnis als Menschen ausgehen, und zwar in einer möglichst kultur- und epochenübergreifenden Perspektive. Wie soll man diesen Anforderungen Genüge tun? Zunächst einmal stehen wir hier vor einem Dilemma: Zwar lassen sich durchaus eine Reihe von Behauptungen über den Menschen aufstellen, die man schwerlich abweisen kann; diese sind aber in der Regel von solcher Trivialität, dass aus ihnen gerade keine oder nur sehr allgemeine Hinweise für den empiri-

---

[114] Ansatzpunkte für eine derartige empirische Unterfütterung der Anerkennungstheorie liefern Bourdieu et. al. (1998) sowie mit speziellen Fokus auf postfordistische Gesellschaften Boltanski/Chiapello (2003).

schen Rückhalt normativer Regelungen gewonnen werden können. Bei weitergehenden Aussagen, die spezifische normative Maßstäbe stützen könnten, fehlen hingegen die erforderlichen Methoden der Überprüfung, insofern wir ja nachweisen müssten, dass sie für alle Menschen dieser Erde, und dies auch noch in Vergangenheit und Zukunft, gelten. Ein solcher Nachweis in einem starken Sinne ist sicherlich nicht zu erbringen. Das muss aber nicht das völlige Scheitern anthropologisch angereicherter Begründungsfiguren bedeuten. Einen Ausweg könnten hier vergleichende Studien, und zwar sowohl in geschichtlicher wie auch in kulturübergreifender Perspektive, bieten. Angesprochen sind damit die historische Anthropologie wie die Ethnologie.

Zwar verhält sich eine historische Anthropologie gegenüber Versuchen, ein Wesen des Menschen zu bestimmen, kritisch bis ablehnend, und auch die anthropologische Fragestellung wird von ihr historisiert, aber gerade dies kann der hier vorgeschlagenen korrigierenden Funktion nur zuträglich sein.[115] Indem etwa auf die Verschiedenheit von Körpererfahrungen insistiert wird, wirken die Untersuchungen der historischen Anthropologie vorschnellen Generalisierungen entgegen.[116] Die Berücksichtigung entsprechender Forschungen mindert daher die Gefahr ethnozentristischer Fehlschlüsse. Darüber hinaus können die materiellen Studien über das Menschenbild vergangener Epochen aber durchaus auch Hinweise auf die trotz aller Differenzen bestehenden humanen Universalien liefern. Dies trifft auch auf ethnologische Untersuchungen zu.

Die Relevanz der Ethnologie für die empirische Überprüfung anthropologischer Annahmen bringt Neil Roughley wie folgt auf den Punkt: „Eine offenkundige systematische Verbindung zwischen den zwei Diskurstypen [philosophische Anthropologie und Ethnologie, D.J.] besteht darin, daß sich allgemeine Aussagen über ‚den' Menschen durch die Erforschung der empirischen Wirklichkeiten bestätigen lassen müssen oder zumindest nicht falsifizieren lassen dürfen. Insofern stellt die Ethnologie das ausgezeichnete Beispiel einer Disziplin dar, deren Befunde eine philosophische Anthropologie einzubeziehen hat" (Roughley 2000: 25). Wenn also in der Einleitung darauf hingewiesen wurde, dass der Terminus ‚politische Anthropologie' nicht im Sinne der ethnologischen Untersuchungen politischen Verhaltens in je verschiedenen kulturellen Räumen verstanden werden soll, so ergibt sich hier am Ende die Perspektive einer Verschränkung der beiden Disziplinen. Auch wenn weiterhin gilt, dass die Ethnologie sich als ‚cultural anthropology' auf die Untersuchung „der kulturellen Unterschiede und der Vielfalt der Menschen und seiner Lebensformen versteht", so „wird diese Pluralitätsannahme doch auf das Eine, nämlich ‚den' Menschen bezogen" (Endreß 2000: 62). Hinzu kommt, dass in den vergangenen Jahren die Erforschung von

---

[115] Vgl. Kamper/Wulf (1994a), Lenzen (1996) und Wulf (2004).
[116] Vgl. hierzu Wulf (2004: 137-155) und die dort genannte Literatur.

humanen Universalien wieder verstärkt in den Fokus der Ethnologie geraten ist.[117] Die Einbeziehung dieser ethnologischen Forschungen kann also als empirische Unterfütterung bzw. Falsifizierung normativer Aussagen, die den Anspruch auf anthropologische Allgemeinheit erheben, dienen.

Eine solche Bezugnahme auf die Empirie, die gleichsam das Rohmaterial für die normative Theoriebildung liefern soll, darf aber nicht unter szientistischen Vorgaben erfolgen. Es geht gerade nicht um eine möglichst objektive Darstellung der menschlichen Natur und seines Sozialverhaltens. Vielmehr ist von vornherein das Wechselspiel von Beschreibungen etwa des menschlichen Körpers und der jeweiligen kulturellen Praktiken zu berücksichtigen, woraus sich ein interner Zugriff ergibt. Für das von Habermas geforderte Modell einer Gattungsethik würde eine solche Vorgehensweise darin bestehen, dass man das menschliche Verhältnis zu Körper und Leib und die mit diesen einhergehenden Wertungen durch ‚dichte Beschreibungen' in vergleichender Perspektive zu erfassen versucht.[118] Ähnliches wäre für die von Honneth herausgestellten Praktiken der Anerkennung oder auch für die von Nussbaum aufgestellte Liste humaner Grundfähigkeiten denkbar. Diese vergleichende Betrachtung darf aber nicht ausschließlich aus der Vogelperspektive des Ethnologen geschehen. Vielmehr ist diese Vorgehensweise durch eine dialogische Struktur zu ergänzen, in der die Angehörigen der fremden Kultur selbst zu Wort kommen. Damit sollen die verschiedenen Verzerrungen, die aus dem spezifischen Blick des Ethnologen resultieren, korrigiert werden. Es kommt hier also darauf an, die ethnologische Forschungstätigkeit, die ja immer durch ein Vorverständnis strukturiert ist, zu entgrenzen, indem die Subjekt-Objekt-Beziehung aufgebrochen wird. „Solche Versuche zielen darauf ab, dass der Forscher nicht wie ein Puppenspieler, der alle Fäden des Geschehens in der Hand hält, festlegt, was auf welche Weise zur Darstellung gebracht wird" (Wulf 2004: 94). Eine Steigerungsform hiervon wäre dann ‚anthropologische Dialoge', wie sie Reiner Wimmer vorschlägt: „Eine Prüfung und Erprobung anthropologischer Sätze hat dialogisch zu geschehen. Es geht um die Sicherung eines *gemeinsamen* Verständnisses" (Wimmer 1995: 223, Herv.i.O.). Diese würden auf eine hierarchische Struktur (Forscher- Forschungsgegenstand) verzichten und näherten sich demokratischen Arenen an, in denen keine Partei einen privilegierten Status formal oder auch nur informell zugebilligt wird. Das Ergebnis hiervon könnte dann in einer Art überlappenden Konsens hinsichtlich dessen bestehen, was Menschen aus verschiedenen Kulturen als unhintergehbare Voraussetzungen gelingender Selbstverhältnisse verstehen. Und diese könnten wiederum in die normative Theoriebildung dergestalt Eingang finden, dass anthropologische Verallgemeinerungen oder zugrunde gelegte Men-

---

[117] Vgl. Brown (2000).
[118] Zur Methodologie der ‚dichten Beschreibungen' vgl. Geertz (1987).

schenbilder eine empirische Korrektur erfahren. Positiv ausgedrückt können jene Bestimmungen des menschlichen Wesens, die diesen ethnologisch-dialogischen Test bestehen, das inhaltliche Material einer politischen Anthropologie abgeben. Freilich darf man sich nicht zuviel erwarten. Zunächst ist hiermit bekanntlich eine ganze Reihe von methodischen Problemen verbunden. Am prominentesten ist sicherlich der hermeneutische Zirkel, der gerade bei ‚dichten Beschreibungen' fremder Kulturen eine große Herausforderung darstellt. Was wir wissen wollen, müssen wir zu einem gewissen Grad schon wissen. Wir gehen also mit einem bestimmten Vorverständnis, spezifischen Erwartungen an den jeweiligen Gegenstand heran. Entsprechend ist ein Einfühlen in fremde Kulturen immer unvollständig, insofern man sein eigenes Vorverständnis, welches einem nur zeigt, was man sehen will, nie völlig ausklammern kann.[119] Dies gilt auch für die von Wimmer eingeforderten ‚anthropologischen Dialoge'; ein vollständiges wechselseitiges Verstehen ist daher als ein regulatives Ideal zu betrachten. Sodann wird es Ränder des Konsenses geben, eine vollständige Übereinkunft hinsichtlich des Wesens des Menschen und des daraus folgenden ‚guten Lebens' ist mithin nicht zu erwarten. So mag es, um auf ein Problem bei Nussbaum und Honneth zurück zukommen, durchaus eine Reihe von Kulturen, wie das indische Kastensystem, geben, in denen vielen Menschen positive Anerkennungspraktiken zwar entzogen werden, diese darunter aber nicht sonderlich zu leiden scheinen. Um derartige Praktiken dennoch als ungerecht brandmarken zu können, bedarf es also mehr als ethnologischer Studien. Genau in diesem Sinne können anthropologische Aussagen normative Überlegungen auch nicht ersetzen, sondern höchstens flankieren. Und schließlich ist der Status der hierdurch gewonnenen Aussagen über den Menschen, über seinen Körper und seine Bedürfnisse immer nur vorläufig. Denn, um mit einem Zitat von Wilhelm Dilthey zu schließen, „was der Mensch sei [...], erfährt er erst in der Entwicklung seines Wesens durch die Jahrtausende und nie bis zum letzten Worte, nie in allgemeingültigen Begriffen, sondern immer nur in den lebendigen Erfahrungen, welche aus der Tiefe seines ganzen Wesens entspringen" (Dilthey 1978: 57).

---

[119] Zum hermeneutischen Zirkel in den Sozialwissenschaften vgl. Seiffert (1991) und Kurt (2004) sowie mit speziellen Bezug auf ethnologische Forschungen Kogge (2002).

Kommentierte Lektüreempfehlungen

Einführung

Höffe, Otfried (1992): Wiederbelebung im Seiteneinstieg. In ders. (Hg.): Der Mensch – ein politisches Tier? Essays zur politischen Anthropologie. Stuttgart, 5-13.
Programmatischer Aufsatz, in dem Höffe für die Wiederaufnahme anthropologischer Untersuchungen in der Politischen Theorie plädiert.

Rapp, Christoph (1995): Wieviel Anthropologie braucht – wieviel Anthropologie verträgt die politische Theorie? Eine Problemskizze. In: Allgemeine Zeitschrift für Philosophie 20, 233-243.
Der Aufsatz beschäftigt sich mit dem Verhältnis von Anthropologie und normativer politischer Theorie. Im Gegensatz zu den Anthropologiekritikern plädiert Rapp für eine stärkere Berücksichtigung anthropologischer Annahmen. Diesen möchte er aber keinen fundierenden, sondern nur einen ergänzenden Status einräumen.

Thies, Christian (2004): Einführung in die philosophische Anthropologie. Darmstadt.
Dieses Buch behandelt auf einführenden Niveau Grundfragen der philosophischen Anthropologie aus heutiger Perspektive. Der Autor geht dabei systematisch und nicht autorenzentriert vor. Der Leser erhält damit einen guten Überblick über die verschiedenen Aspekte der wissenschaftlichen Beschäftigung mit dem Menschen und die damit verbundenen Chancen und Gefahren.

1. Politische Anthropologie in der Ideengeschichte

Höffe (Hg.) (1992): Der Mensch – ein politisches Tier? Essays zur politischen Anthropologie. Stuttgart.
Der von Otfried Höffe herausgegebene Band enthält relative knappe Beiträge über anthropologische Motive bei einigen Klassikern des politischen Denkens (u.a. zu Aristoteles, Hobbes und Rousseau).

Lopston, Peter (1995): Theories of Human Nature. Peterborough, Ontario.
Nach einem systematischen Kapitel über grundlegende Muster anthropologischen Denkens beschäftigt sich der Autor mit insgesamt elf verschiedenen Theorien über den Menschen. Das Spektrum reicht dabei von Aristoteles über Locke, Rousseau, Marx, Darwin und Freud bis zum gegenwärtigen Feminismus.

2. Das Politische in der Philosophischen Anthropologie

Arlt, Gerhard (2001): Philosophische Anthropologie. Stuttgart.
Arlt liefert eine Einführung, die nicht nur die klassische Phase der philosophischen Anthropologie, sondern auch ihre Vorgeschichte und ihren Nachhall thematisiert. Dabei geht er vornehmlich autorenzentriert vor.

Gehlen, Arnold (1986): Der Mensch. Seine Natur und seine Stellung in der Welt (13. Aufl.). Wiesbaden.
In vielerlei Hinsicht das 'Hauptwerk' von Gehlen. Trotz seines beträchtlichen Umfanges, grundlegend für das Studium von Gehlens Anthropologie. Informativ ist auch die kurze Einleitung von Karl-Siegbert Rehberg.

Gehlen, Arnold (1963): Studien zur Anthropologie und Soziologie. Neuwied und Berlin.
Der Band enthält mehrere kleinere Abhandlung von Gehlen, die sowohl seine grundlegende Annahmen über den Menschen als auch die damit verbundenen gesellschaftspolitischen Konsequenzen thematisieren.

Plessner, Helmuth (1928): Die Stufen des Organischen und der Mensch. In ders.: Gesammelte Schriften IV, hg. von Dux, G./Marquard, O./Ströcker, E. Frankfurt/M. 1980.
Eine zunächst sehr philosophische Untersuchung, in der Plessner seine Grundlegende Bestimmung des Menschen als die einer 'exzentrischen Positionalität' entwickelt. Lesenswert ist insbesondere das letzte Kapitel, in dem es um die Sphäre des Menschen geht.

3. Anthropologiekritik

Horkheimer, Max (1935): Bemerkungen zur philosophischen Anthropologie. In ders.: Gesammelte Schriften, Bd. 3. Frankfurt/M. 1988, 249-76.
Ein grundlegender Aufsatz zur Anthropologiekritik aus Perspektive der Kritischen Theorie. Horkheimer kritisiert insbesondere den unhistorischen und ungesellschaftlichen Charakter anthropologischen Denkens.

Habermas, Jürgen (1958): Philosophische Anthropologie (ein Lexikonartikel). In ders.: Kultur und Kritik. Frankfurt/M. 1973, 89-111.
Einflussreicher Lexikon-Artikel aus den 50er Jahren. Habermas folgt dabei im Wesentlichen der Argumentation von Horkheimer und wendet diese gegen Arnold Gehlen.

Lepenies, Wolf (1971a): Anthropologie und Gesellschaftskritik. Zur Kontroverse Gehlen
    – Habermas. In ders./Nolte, H.: Kritik der Anthropologie. München, 77-102.
    Lepenies zeigt die strukturellen Parallelen zwischen der philosophischen Anthropo-
    logie Gehlens und der Erkenntnisanthropologie von Habermas auf. Der Beitrag
    vermittelt damit einen guten Überblick über die Diskussion Anfang der 70er Jahre.

Rorty, Richard (1988): Der Vorrang der Demokratie vor der Philosophie. In ders.: Solida-
    rität oder Objektivität? Drei philosophische Essays. Stuttgart, 82-125.
    Vor dem Hintergrund eines linguistisch radikalisierten Pragmatismus' wendet sich
    Rorty gegen jeglichen Versuch, die Demokratie philosophisch zu fundieren. In der
    ihm eigenen Art dekonstruiert er dabei insbesondere anthropologische Begrün-
    dungsfiguren.

4. ‚Biopolitics' – eine ‚objektive' Grundlage der Moral?

Arnhart, Larry (1995): The New Darwinian Naturalism in Political Theory. In: American
    Political Science Review 89, 389-400.
    Arnhart liefert einen äußerst wohlwollende Überblicksartikel über neuere Ansätze
    der Soziobiologie bzw. der ‚biopolitics'. Trotz des tendenziösen Charakters für einen
    ersten Einblick in Zielsetzung und Fronverläufe gut geeignet.

Euchner, Walter (2001): Politische Tiere – tierische Politik. Tradition und Wiederkehr der
    Zoologisierung des Politischen als biopolitics. In: Leviathan 29, 371-410.
    In dieser Abschiedsvorlesung bietet Euchner eine ebenso informative, kritische wie
    unterhaltsame Diskussion über den neuen Naturalismus in der Politischen Theorie.

Kitcher, Philip (1993): Vier Arten, die Ethik zu ‚biologisieren'. In Bayertz, K. (Hg.):
    Evolution und Ethik. Stuttgart, 221-242.
    Der Text enthält eine Auseinandersetzung mit der Soziobiologie. Er ist insbesondere
    aufgrund seiner systematisch-analytischen Argumentationsführung lesenswert.

5. Das Verblassen anthropologischer Motive im Werk von Jürgen Habermas

Habermas, Jürgen (1965): Erkenntnis und Interesse. In ders.: Technik und Wissenschaft
    als ‚Ideologie'. Frankfurt/M. 1968, 146-168.
    In seiner Frankfurter Antrittsvorlesung aus dem Jahr 1965 liefert Habermas eine
    knappe Skizze seines damaligen Programms einer erkenntnisanthropologischen
    Fundierung der kritischen Theorie.

Habermas, Jürgen (1975): Zur Rekonstruktion des Historischen Materialismus. In ders.:
Zur Rekonstruktion des Historischen Materialismus. Frankfurt/M. 1976, 144-199.
*In diesem Beitrag treten die sozialanthropologischen Dimensionen von Habermas'
universalpragmatischen Neuansatzes besonders anschaulich zu Tage. Der Text bietet darüber hinaus einen guten Überblick über die entscheidenden konzeptionellen
Weichenstellungen hin zur Ausformulierung der Theorie des kommunikativen Handelns.*

Honneth, Axel (2000a): Anerkennungsbeziehungen und Moral. Eine Diskussionsbemerkung zur anthropologischen Erweiterung der Diskursethik. In: Brunner/Kelbel
(2000), 101-111.
*In diesem kleinen Diskussionsbeitrag arbeitet Honneth die Defizite von Habermas'
Diskursethik heraus und plädiert für deren anthropologische Erweiterung.*

6. Kooperation oder Konflikt? Nussbaum und Höffe

Nussbaum, Martha C. (1999): Gerechtigkeit oder Das gute Leben, Frankfurt/M.
*Der Band versammelt insgesamt fünf Aufsätze von Nussbaum, die aus unterschiedli-
chen Perspektiven die wesentlichen Aspekte ihres anthropologischen Essentialismus
aufzeigen. Insbesondere im zweiten Beitrag „Die Natur des Menschen, seine Fähigkeiten und Tätigkeiten" werden die politischen Implikationen thematisiert. Einen guten Einstieg in Nussbaums Schriften vermittelt auch die knappe Einleitung von Herlinde Pauer-Studer.*

Scherer, Christiane 1993: Das menschliche und das gute menschliche Leben. Martha
Nussbaum über Essentialismus und menschliche Fähigkeiten, in: Deutsche Zeit-
schrift für Philosophie 41, 905-920.
Der Aufsatz liefert eine Kritik am vermeintlichen Essentialismus von Nussbaum.

Höffe, Otfried (1992a): Ein transzendentaler Tausch. Zur Anthropologie der Menschenrechte. In: Philosophisches Jahrbuch 99, 1. Halbband, 1-28.
*In diesem Aufsatz bemüht sich Höffe um eine anthropologische Begründung der
Menschenrechte, wobei er sich der Formel ‚Anthropologie plus Ethik' bedient. Damit bietet der Beitrag einen ebenso knappen wie gut lesbaren Einstieg in Höffes politische Philosophie.*

Kersting, Wolfgang (1997) (Hg): Gerechtigkeit als Tausch? Auseinandersetzungen mit
der politischen Philosophie Otfried Höffes. Frankfurt/M, 11-60.
*Der Band versammelt Beiträge zum Werk von Otfried Höffe. Dessen anthropologi-
sche Dimensionen werden unter anderem von Wolfgang Kersting, Klaus Günther
und Peter Koller problematisiert.*

7. Sozialphilosophische Anthropologien: Taylor und Honneth

Taylor, Charles (1988): Negative Freiheit? Zur Kritik des neuzeitlichen Individualismus. Frankfurt/M.
Diese Aufsatzsammlung enthält ausgewählte Übersetzungen aus Taylors Philosophical Papers, in denen es insbesondere um die Bestimmung des Menschen als ‚selbstinterpretatives Tier' und deren politischen Implikationen, wie die Ausformulierung einer positiven Freiheitskonzeption, geht. Lesenswert ist auch das Nachwort von Axel Honneth.

Rosa, Hartmut (2001): Die politische Theorie des Kommunitarismus: Charles Taylor. In Brodocz, A./Schaal, G. S. (Hg.): Politische Theorien der Gegenwart. Opladen, 56-88.
In diesem Einführungstext skizziert Rosa die wesentlichen Bestandteile von Taylors Sozialphilosophie. Dabei geht er ausführlich auf deren anthropologische Grundlagen und deren gesellschaftstheoretische Konsequenzen ein.

Honneth, Axel (1994): Pathologien des Sozialen. Tradition und Aktualität der Sozialphilosophie. In: ders. (2000), 11-69.
Der Text bietet einen Überblick über wesentliche Etappen der Sozialphilosophie. Dabei kommt Honneth immer wieder auch auf anthropologische Motive zu sprechen. Auf den letzten Seiten skizziert er sein eigenes Programm einer ‚möglichst formal Anthropologie'

8. Habermas' Entdeckung des Leibes

Habermas, Jürgen (2001): Die Zukunft der menschlichen Natur. Auf dem Weg zu einer liberalen Eugenik? Frankfurt/M.
In dieser ausgearbeiteten Vorlesung tastet sich Habermas vor dem Hintergrund der gentechnologischen Herausforderung an eine im Anschluss an Plessner formulierte anthropologische Neukonzeptionalisierung seiner Moral- und Sozialphilosophie heran. Dabei kommt es auch zu einer vorsichtigen anthropologischen Rahmung der Diskursethik.

Literatur

Adorno, Theodor W. (1966): Negative Dialektik. Frankfurt/M.

Altham, J. E. J./Harrison, Ross (Hg.) (1995): World, Mind, and Ethics. Essays on the Ethical Philosophy of Bernard Williams. Cambridge.

Antony, Louise M. (2000): Natures and Norms. In: Ethics 111, 8-36.

Aristoteles (o.J.): Politik, übersetzt von Franz Schwarz. Stuttgart 1989.

Arlt, Gerhard (1996): Anthropologie und Politik. Ein Schlüssel zum Werk Helmuth Plessners. München.

Arlt, Gerhard (2001): Philosophische Anthropologie. Stuttgart.

Arnhart, Larry (1995): The New Darwinian Naturalism in Political Theory. In: American Political Science Review 89, 389-400.

Barkhaus, Annette et. al. (Hg.) (1996): Identität Leiblichkeit Normativität. Neue Horizonte anthropologischen Denkens. Frankfurt/M.

Benhabib, Seyla (1992) Kritik, Norm und Utopie. Die normativen Grundlagen der Kritischen Theorie. Frankfurt/M.

Böhme, Gernot (1985): Anthropologie in pragmatischer Hinsicht. Darmstädter Vorlesungen. Frankfurt/M.

Boltanski, Luc/Chiapello, Ève (2003): Der neue Geist des Kapitalismus. Konstanz.

Bourdieu, Pierre et. al. (1998): Das Elend der Welt. Zeugnisse und Diagnosen alltäglichen Leidens an der Gesellschaft. Konstanz.

Brown, Donald E. (2000): Human Universals and their Implications. In Roughley, Neil (Ed): Being Humans. Berlin, New-York, 156-174.

Brunkhorst, Hauke (1997): Die Kontingenz des Staates. In Kersting, W. (Hg.): Gerechtigkeit als Tausch? Auseinandersetzungen mit der politischen Philosophie Otfried Höffes. Frankfurt/M, 225-242.

Brunner, Reinhard/Kelbel, Peter (Hg.) (2000): Anthropologie, Ethik und Gesellschaft. Für Helmut Fahrenbach. Frankfurt/New York.

Cohen, Ronald (Hg.) (1978): Origins of the State. The Anthropology of Political Evolution. Philadelphia, Pa.

Claessen, Henri J. M./Skalník, Peter (Hg.) (1981): The Study of the State. The Hague.

Clastres, Pierre (1976): Staatsfeinde. Studien zur politischen Anthropologie. Frankfurt/M.

Cohen, Ronald (Hg.) (1978): Origins of the State. The Anthropology of Political Evolution. Philadelphia, PA.

Czerwinska-Schupp, Ewa (Hg.) (2003): Philosophie an der Schwelle des 21. Jahrhunderts. Geschichte der Philosophie, Philosophische Anthropologie, Ethik, Wissenschaftstheorie, Politische Philosophie. Frankfurt/M u.a.

Dawkins, Richard (1978): Das egoistische Gen. Berlin/Heidelberg/New York.

Dewey, John (1989): Die Erneuerung der Philosophie. Hamburg.

Dewey, John (1995): Erfahrung und Natur. Frankfurt/M.

Dilthey, Wilhelm (1978): Gesammelte Schriften Bd. 6. Stuttgart.

Döhn, Lothar (1997): Liberalismus. In Neumann, F. (Hg.): Handbuch Politische Theorien und Ideologien 1. Opladen, 9-64.

Elwert, Georg (2004): Biologische und sozialanthropologische Ansätze in der Konkurrenz der Perspektiven. In Heitmeyer, W./Soeffner, H.-G. (Hg.): Gewalt. Frankfurt/M, 436-472.

Endreß, Martin (2000): Anthropologie und Moral: Soziologische Perspektiven. In ders./Roughley, N. (Hg.): Anthropologie und Moral. Philosophische und Soziologische Perspektiven. Würzburg, 53-97.

Eßbach, Wolfgang/Fischer, Joachim/Lethen, Helmut (Hg.) (2002): Plessners ,Grenzen der Gemeinschaft'. Eine Debatte. Frankfurt/M.

Euchner, Walter (1979): Naturrecht und Politik bei John Locke, Frankfurt/M.

Euchner, Walter (2001): Politische Tiere – tierische Politik. Tradition und Wiederkehr der Zoologisierung des Politischen als *biopolitics*. In: Leviathan 29, 371-410.

Fahrenbach, Helmut (1984): Zum anthropologischen Bezugsrahmen der ,Theorie des kommunikativen Handelns' von J. Habermas. In Reijen, W van (Hg.): Rationales Handeln und Gesellschaftstheorie. Bochum, 81-113.

Fahrenbach, Helmut (2004): Philosophische Anthropologie *und* Ethik? Eine Grenzfrage im Werk Helmuth Plessners. In: Deutsche Zeitschrift für Philosophie 52, 617-634.

Fischer, Joachim (1993): Plessner und die politische Philosophie der zwanziger Jahre. In: Politisches Denken. Jb. 1992, Stuttgart, 53-77.

Fischer, Joachim (2000): Exzentrische Positionalität. Plessners Grundkategorie der Philosophischen Anthropologie. In: Deutsche Zeitschrift für Philosophie 48, 265-288.

Fischer, Joachim/Joas, Hans (Hg.) (2003): Kunst, Macht und Institutionen. Studien zur Philosophischen Anthropologie, soziologischen Theorie und Kultursoziologie der Moderne. Frankfurt/M. u. New York.

Flohr, Heiner (1982): Biopolitics – Versuche jenseits des Kulturismus. In: Politische Vierteljahreszeitschrift 23, 196-203.

Flohr, Heiner (1986): Die Bedeutung der Biologie für die Sozialwissenschaften. In: Ratio 28, 1-16.

Flohr, Heiner (1987): Biological Bases of Prejudice. In: International Political Science Review 8, 183-192.

Forst, Rainer (1993):Kommunitarismus und Liberalismus – Stationen einer Debatte. In: Honneth, A. (Hg.): Kommunitarismus. Frankfurt/Main u. New York, 181-212.

Forst, Rainer (1994): Kontexte der Gerechtigkeit. Frankfurt/M.

Foucault, Michel (1974) Die Ordnung der Dinge. Frankfurt/M.

Frankfurt, Harry (1971): Freedom of the will and the concept of a person. In: Journal of Philosophy 67, 5-20.

Fraser, Nancy (2003): Anerkennung bis zur Unkenntlichkeit verzerrt. Eine Erwiderung auf Axel Honneth. In dies/Honneth, Axel: Anerkennung oder Umverteilung? Eine politisch-philosophische Kontroverse. Frankfurt/M, 225-270.

Friedrich, Jürgen/Westermann, Bernd (Hg.) (1995): Unter offenem Horizont. Anthropologie nach Helmuth Plessner. Frankfurt/M. u. Berlin.

Fuchs, Peter/Göbel, Andreas (Hg.) (1994): Der Mensch – das Medium der Gesellschaft? Frankfurt/M.

Fukuyama, Francis (1999): The Great Disruption. Human Nature and the Reconstitution of Social Order. New York.

Fukuyama, Francis (2002): Our Posthuman Future. Consequences of the Biotechnology Revolution. New York.

Geertz, Clifford (1991): Dichte Beschreibung. Beiträge zum Verstehen kultureller Systeme. Frankfurt/Main.

Gehlen, Arnold (1963): Studien zur Anthropologie und Soziologie. Neuwied und Berlin.

Gehlen, Arnold (1986): Der Mensch. Seine Natur und seine Stellung in der Welt (13. Aufl.). Wiesbaden.

Gehlen, Arnold (1986a): Moral und Hypermoral (5. Aufl.). Wiesbaden.

Gehlen, Arnold (1986b): Anthropologische und Sozialpsychologische Untersuchungen. Reinbek.

Gilligan, Carol (1984): Die andere Stimme. Lebenskonflikte und Moral der Frau. Frankfurt/M.

Günther, Klaus (1997): Kann ein Volk von Teufeln Recht und Staat moralisch legitimieren? Otfried Höffes Beitrag zum Neo-Naturrecht. In Kersting, W. (Hg.): Gerechtigkeit als Tausch? Auseinandersetzungen mit der politischen Philosophie Otfried Höffes. Frankfurt/M, 186-224.

Gutschker, Thomas (2002): Aristotelische Diskurse. Aristoteles in der politischen Philosophie des 20. Jahrhunderts. Stuttgart/Weimar.

Habermas, Jürgen (1957): Literaturbericht zur philosophischen Diskussion um Marx und den Marxismus. In ders.: Theorie und Praxis. Frankfurt/M. 1971, 387-463.

Habermas, Jürgen (1958): Philosophische Anthropologie (ein Lexikonartikel). In ders.: Kultur und Kritik. Frankfurt/M. 1973, 89-111.

Habermas, Jürgen (1963): Nachtrag zu einer Kontroverse: Analytische Wissenschaftstheorie und Dialektik. In ders.: Zur Logik der Sozialwissenschaften. Frankfurt/M. 1970, 9-38.

Habermas, Jürgen (1964): Gegen einen positivistisch halbierten Rationalismus. In ders.: Zur Logik der Sozialwissenschaften. Frankfurt/M. 1970, 39-70.

Habermas, Jürgen (1965): Erkenntnis und Interesse (Frankfurter Antrittsvorlesung). In ders.: Technik und Wissenschaft als >Ideologie<. Frankfurt/M. 1968, 146-168.

Habermas, Jürgen (1967): Arbeit und Interaktion. In ders.: Technik und Wissenschaft als >Ideologie<. Frankfurt/M. 1968, 9-47.

Habermas, Jürgen (1968): Erkenntnis und Interesse. Frankfurt/M.

Habermas, Jürgen (1970): Nachgeahmte Substantialität. In ders.: Philosophisch-politische Profile. Frankfurt/M. 1987, 107-126.

Habermas, Jürgen (1972): Notizen zum Begriff der Rollenkompetenz. In ders.: Kultur und Kritik. Frankfurt/M. 1973, 195-231.

Habermas, Jürgen (1972a): Aus einem Brief an Helmuth Plessner. In ders.: Kultur und Kritik. Frankfurt/M. 1973, 232-235.

Habermas, Jürgen (1974): Moralentwicklung und Ich-Identität. In ders.: Zur Rekonstruktion des Historischen Materialismus. Frankfurt/M. 1976, 9-47.

Habermas, Jürgen (1975): Zur Rekonstruktion des Historischen Materialismus. In ders.: Zur Rekonstruktion des Historischen Materialismus. Frankfurt/M. 1976, 144-199.

Habermas, Jürgen (1976): Was heißt Universalpragmatik. In ders.: Vorstudien und Ergänzungen zur Theorie des kommunikativen Handelns. Frankfurt/M. 1984, 353-440.

Habermas, Jürgen (1976a): Einleitung: Historischen Materialismus und die Entwicklung normativer Strukturen. In ders.: Zur Rekonstruktion des Historischen Materialismus. Frankfurt/M. 1976, 9-40.

Habermas, Jürgen (1977): Gespräch mit Herbert Marcuse. In ders.: Philosophisch-politische Profile. Frankfurt/M. 1981, 265-319.

Habermas, Jürgen (1981): Theorie des kommunikativen Handelns, 2 Bände. Frankfurt/M.

Habermas, Jürgen (1983): Diskursethik – Notizen zu einem Begründungsprogramm. In ders.: Moralbewusstsein und kommunikatives Handeln. Frankfurt/M. 1983, 53-126.

Habermas, Jürgen (1984): Der philosophische Diskurs der Moderne. Frankfurt/M.

Habermas, Jürgen (1985): Die Kulturkritik der Neokonservativen in den USA und in der Bundesrepublik. In ders.: Die neue Unübersichtlichkeit. Frankfurt/M. 1985, 30-56.

Habermas, Jürgen (1986): Treffen Hegels Einwände gegen Kant auch auf die Diskursethik zu? In ders.: Erläuterungen zur Diskursethik. Frankfurt/M. 1991, 9-30.

Habermas, Jürgen (1991): Erläuterungen zur Diskursethik. In ders.: Erläuterungen zur Diskursethik. Frankfurt/M., 119-226.

Habermas, Jürgen (1992): Faktizität und Geltung. Beiträge zur Diskurstheorie des Rechts und des demokratischen Rechtstaats. Frankfurt/M.

Habermas, Jürgen (1993): Anerkennungskämpfe im demokratischen Rechtsstaat. In Taylor, C.: Multikulturalismus und die Politik der Anerkennung. Frankfurt/M, 147-196.

Habermas, Jürgen (1996): Politischer Liberalismus – Eine Auseinandersetzung mit John Rawls. In ders.: Die Einbeziehung des Anderen. Frankfurt/M, 65-127.

Habermas, Jürgen (2000): Nach dreißig Jahren. Bemerkungen zu *Erkenntnis und Interesse*. In Müller-Dohm, S. (Hg.): Das Interesse der Vernunft. Frankfurt/M, 12-20.

Habermas, Jürgen (2001): Die Zukunft der menschlichen Natur. Auf dem Weg zu einer liberalen Eugenik? Frankfurt/M.

Haeffner, Friedrich (1995): Arnold Gehlen: Der Mensch als Mängelwesen. In Weiland, R. (Hg.): Philosophische Anthropologie der Moderne. Weinheim, 120-129.

Haucke, Kai (2000): Plessner zur Einführung. Hamburg.

Haucke, Kai (2002): Das Unverfügbare und die Unantastbarkeit der Würde. Habermas, die Bioethik und Plessners philosophische Anthropologie. In: Philosophische Rundschau 49, 165-177.

Haus, Michael (2003): Kommunitarismus. Einführung und Analyse. Wiesbaden.

Heidegren, Carl-Göran (2002): Anthropology, Social Theory, and Politics: Axel Honneth's Theory of Recognition. In: Inquiry 45, 433-446.

Hobbes, Thomas (1959): Vom Menschen. Vom Bürger. Hamburg.

Hobbes, Thomas (1984): Leviathan oder Stoff, Form und Gewalt eines kirchlichen und bürgerlichen Staates. Mit einer Einführung von Iring Fetscher. Frankfurt/M.

Höffe, Otfried (1979): Grundaussagen über den Menschen bei Aristoteles. In ders.: Ethik und Politik. Frankfurt/M.

Höffe, Otfried (1987): Politische Gerechtigkeit. Grundlegung einer kritischen Philosophie von Recht und Staat. Frankfurt/M.

Höffe, Otfried (1990): Kategorische Rechtsprinzipien. Frankfurt/M.

Höffe, Otfried (1992): Wiederbelebung im Seiteneinstieg. In ders. (Hg.): Der Mensch – ein politisches Tier? Essays zur politischen Anthropologie. Stuttgart, 5-13.

Höffe, Otfried (1992a): Ein transzendentaler Tausch. Zur Anthropologie der Menschenrechte. In: Philosophisches Jahrbuch 99, 1. Halbband, 1-28.

Höffe, Otfried (1995): Politische Anthropologie – unter besonderer Berücksichtigung des Rechts. In: Weiland (1995), 143-153.

Höffe, Otfried (1996): Vernunft und Recht. Bausteine zu einem interkulturellen Rechtsdiskurs. Frankfurt/M.

Höffe, Otfried (1999): Demokratie im Zeitalter der Globalisierung. München.

Höffe, Otfried (2002): Medizin ohne Ethik? Frankfurt/M.

Honnefelder, Ludger (Hg.) (1994): Die Einheit des Menschen. Zur Grundfrage der philosophischen Anthropologie. Paderborn u.a.

Honneth, Axel (1986): Kritik der Macht. Reflexionsstufen einer kritischen Gesellschaftstheorie. Frankfurt/M.

Honneth, Axel (1992): Kampf um Anerkennung. Zur moralischen Grammatik sozialer Konflikte. Frankfurt/M.

Honneth, Axel (1993): Posttraditionale Gemeinschaften. Ein konzeptueller Vorschlag. In Brumlik, M./Brunkhorst, H. (Hg.): Gemeinschaft und Gerechtigkeit. Frankfurt/M, 260-270.

Honneth, Axel (1994): Pathologien des Sozialen. Tradition und Aktualität der Sozialphilosophie. In: ders. (2000), 11-69.

Honneth, Axel (1994a): Die soziale Dynamik der Missachtung. Zur Ortsbestimmung einer kritischen Gesellschaftstheorie. In: ders. (2000), 88-109.

Honneth, Axel (2000): Das Andere der Gerechtigkeit. Aufsätze zur praktischen Philosophie. Frankfurt/M.

Honneth, Axel (2000a): Anerkennungsbeziehungen und Moral. Eine Diskussionsbemerkung zur anthropologischen Erweiterung der Diskursethik. In: Brunner/Kelbel (2000), 101-111.

Honneth, Axel (2003): Unsichtbarkeit. Stationen einer Theorie der Intersubjektivität. Frankfurt/M.

Honneth, Axel (2003a): Halbierte Rationalität. Erkenntnisanthropologische Motive der Frankfurter Schule. In: Fischer/Joas (2003), 58-74.

Honneth, Axel (2003b): Umverteilung als Anerkennung. Eine Erwiderung auf Nancy Fraser. In Fraser, Nancy/ders.: Anerkennung oder Umverteilung? Eine politisch-philosophische Kontroverse. Frankfurt/M, 129-224.

Honneth, Axel (2004): Anerkennung als Ideologie. In: WestEnd Neue Zeitschrift für Sozialforschung 1, 51-70.

Horkheimer, Max (1935): Bemerkungen zur philosophischen Anthropologie. In ders.: Gesammelte Schriften, Bd. 3. Frankfurt/M. 1988, 249-76.

Joas, Hans (1996): Ein Pragmatist wider Willen? In: Deutsche Zeitschrift für Philosophie, 44, 661-670.

Jörke, Dirk (2003): Demokratie als Erfahrung. John Dewey und die politische Philosophie der Gegenwart. Wiesbaden.

Kämpf, Heike (2001): Helmuth Plessner. Eine Einführung. Berlin.

Kamper, Dietmar (1973): Geschichte und menschliche Natur. Die Tragweite gegenwärtiger Anthropologiekritik. Mannheim.

Kamper, Dietmar/Wulf, Chrisitian (Hg.) (1994): Anthropologie nach dem Tod des Menschen. Frankfurt/M.

Kamper, Dietmar/Wulf, Chrisitian (1994a): Einleitung: Zum Spannungsfeld von Vervollkommnung und Unverbesserlichkeit. In: dies. (1994), 7-12.

Kant, Immanuel (1786): Grundlegung zur Metaphysik der Sitten, Werkausgabe Band VII, hg. von W. Weischedel. Frankfurt/M. 1968.

Karneth, Rainer (1991): Anthropo-Biologie und Biologie, Würzburg.

Kersting, Wolfgang (1997): Herrschaftslegitimation, politische Gerechtigkeit und transzendentaler Tausch. Eine kritische Einführung in das politische Denken Otfried Höffes. In ders. (Hg): Gerechtigkeit als Tausch? Auseinandersetzungen mit der politischen Philosophie Otfried Höffes. Frankfurt/M, 11-60.

Kersting, Wolfgang (1999): Platons >Staat<. Darmstadt.

Kitcher, Philip (1985): Vaulting Ambition: Sociobiology and the Quest for Human Nature. Cambridge.

Kitcher, Philip (1993): Vier Arten, die Ethik zu ‚biologisieren'. In Bayertz, K. (Hg.): Evolution und Ethik. Stuttgart, 221-242.

Kitcher, Philip (1999): Essence and Perfection. In: Ethics 110, 59-83.

Kogge, Werner (2002): Die Grenzen des Verstehens. Weilerswist.

Kolakowski, Leszek (1988): Die Hauptströmungen des Marxismus. Entstehung. München.

Koller, Peter (1997): Otfried Höffes Begründung der Menschenrechte und des Staates. In Kersting, W. (Hg.): Gerechtigkeit als Tausch? Auseinandersetzungen mit der politischen Philosophie Otfried Höffes. Frankfurt/M, 284-305.

Kramme, Rüdiger (1989): Helmuth Plessner und Carl Schmitt. Berlin.

Krüger, Hans-Peter (1996): Angst vor der Selbstentsicherung. Zum gegenwärtigen Streit um Helmuth Plessners philosophische Anthropologie. In: Deutsche Zeitschrift für Philosophie 44, 271-300.

Krüger, Hans-Peter (1999): Zwischen Lachen und Weinen, Bd. 1, Das Spektrum menschlicher Phänomene. Berlin.

Krüger, Hans-Peter (2000): Das Spiel zwischen Leibsein und Körperhaben. Helmuth Plessners Philosophische Anthropologie. In: Deutsche Zeitschrift für Philosophie 48, 289-317.

Krüger, Hans-Peter (2001): Zwischen Lachen und Weinen, Bd. 2, Der dritte Weg. Philosophische Anthropologie und die Geschlechterfrage. Berlin.

Krüger, Hans-Peter (2004): Das Hirn im Kontext exzentrischer Positionierungen. Zur philosophischen Herausforderung der neurobiologischen Hirnforschung. In: Deutsche Zeitschrift für Philosophie 52, 257-293.

Kurt, Ronald (2004): Hermeneutik. Eine sozialwissenschaftliche Einführung, Konstanz.

Lenzen, Dieter (1996): Historische Anthropologie als melancholische Humanwissenschaft? Anmerkungen zum Verhältnis von Anthropologie und Ethik bei der Diskursanalyse ethischer Dispositive. In: Barkhaus et all. (1996), 299-312.

Lepenies, Wolf (1971): Soziologische Anthropologie. Materialien. München.

Lepenies, Wolf (1971a): Anthropologie und Gesellschaftskritik. Zur Kontroverse Gehlen – Habermas. In ders./Nolte, H.: Kritik der Anthropologie. München, 77-102.

Lepenies, Wolf/Nolte, Helmut (1971): Kritik der Anthropologie. München.

Lethen, Helmuth (1994): Verhaltenslehre der Kälte. Lebensversuche zwischen den Kriegen. Frankfurt/M.

Lethen, Helmuth (2003): Anleitung zur Schlaflosigkeit. Über den Formzwang in der Politischen Anthropologie von Helmuth Plessner und Arnold Gehlen. In: Fischer/Joas (2003), 89-103.

Lévi-Strauss, Claude (1973): Das wilde Denken. Frankfurt/M.

Lewontin, Richard C./Rose, Steven/Kamin, Leon J. (1984): Not in Our Genes. New York.

Locke, John (1970): Einige Gedanken über die Erziehung, hrsg. von Heinz Wohlers, Stuttgart.

Locke, John (1974): Über die Regierung (The Second Treatise of Government), hrsg. von Peter Cornelius Mayer-Tasch. Stuttgart.

Locke, John (1981): Versuch über den menschlichen Verstand, 4. Aufl., Hamburg.

Lopston, Peter (1995): Theories of Human Nature. Peterborough, Ontario.

Lukács, George (1922): Geschichte und Klassenbewusstsein. Amsterdam 1967.

McCarthy, Thomas (1989): Kritik der Verständigungsverhältnisse. Zur Theorie von Jürgen Habermas. Frankfurt/M.

McShea, Robert J. (1978): Human Nature Theory and Political Philosophy. In: American Journal of Political Science 22, 656-79.

McShea, Robert J. (1990): Morality and Human Nature. A New Route to Ethical Theory. Philadelphia.

Marquardt, Odo (1971): 'Anthropologie'. In: Historisches Wörterbuch der Philosophie 1.

Marx, Karl (o. J.): Marx-Engels, Werke und Briefe, Berlin 1958-1968. Zitiert als MEW, Bandzahl, Seite.

Masters, Roger D. (1989): The Nature of Politics. New Heaven.

Masters, Roger D. (1993): Beyond Relativism. Science and Human Values. Hanover, NH.

Matthiesen, Ulf (1983): Das Dickicht der Lebenswelt und die Theorie des kommunikativen Handelns. München.

Midgley, Mary (1979): Beast and Man. The Roots of Human Nature. Methuen.

Midgley, Mary (1983): Selfish Genes and Social Darwinism. In: Philosophy 58, 365-377.

Moore, George Edward (1996): Principia Ethica. Cambridge: Revised edition.

Mouffe, Chantal (2000): Deliberative Democracy or Agonistic Pluralism? In: Social Research 66, 745-758.

Mulgan, Richard (2000): Was Aristotle an „Aristotelian Social Democrat"? In: Ethics 111, 79-101.

Nagl-Docekal, Herta/Pauer-Studer, Herlinde (Hg.) (1993): Jenseits der Geschlechter Moral. Beiträge zur feministischen Ethik. Frankfurt/M.

Nispen, Joris Van/Tiemersma, Douwe (Hg.) (1991): The Quest for Man. The Topicality of Philosophical Anthropology. Assen/Maastricht.

Nolte, Helmut (1984): Kommunikative Kompetenz und Leibapriori. Zur philosophischen Anthropologie von Jürgen Habermas und Karl-Otto Apel. In: Archiv für Rechts- und Sozialphilosophie 70, 518-539.

Norton, D. F. (1993): Hume, human nature, and the foundations of morality. In ders. (Hg.): The Cambridge Companion to Hume. Cambridge, 148-181.

Nussbaum, Martha C. (1986): The Fragility of Goodness: Luck and Ethics in Greek Tragedy and Philosophy. Cambridge.

Nussbaum, Martha C. (1990): Love's Knowledge: Essays on Philosophy and Literature. New York.

Nussbaum, Martha C. (1990a): Aristotelian Social Democracy. In Douglas, R. B./Mara, G./Richardson (Hg.): Liberalism and the Good. New York, 203-252.

Nussbaum, Martha C. (1992): Human Functioning and Social Justice: In Defense of Aristotelian Essentialism. In: Political Theory 20, 202-246.

Nussbaum, Martha C. (1993): Menschliches Tun und soziale Gerechtigkeit. Zur Verteidigung des aristotelischen Essentialismus. In Brumlik, M./Brunkhorst, H. (Hg.): Gemeinschaft und Gerechtigkeit. Frankfurt/M, 323-361.

Nussbaum, Martha C. (1995): Aristotle on Human Nature and the Foundations of Ethics. In: Altham/Harrison (1995), 86-131.

Nussbaum, Martha C. (1999): Gerechtigkeit oder Das gute Leben, Frankfurt/M.

Nussbaum, Martha C. (2000): Vom Nutzen der Moraltheorie für das Leben. Wien.

Nussbaum, Martha C. (2000a): Aristotle, Politics, and Human Capabilities: A Response to Antony, Arneson, Charlesworth, and Mulgan. In: Ethics 111, 102-140.

Nussbaum, Martha, C. (2001): Upheavals of Thought: The Intelligence of Emotions, Cambridge.

Ottmann, Henning (1992): Thomas Hobbes: Widersprüche einer extremen Philosophie der Macht. In Höffe, O. (Hg.): Der Mensch – ein politisches Tier? Essays zur politischen Anthropologie. Stuttgart, 68-91.

Parsons, Talcott (1949): The Structure of Social Action. New York u. London.

Platon (1988): Sämtliche Dialoge, 7 Bände. Übers. u. hrsg. von O. Appelt. Hamburg.

Plessner, Helmuth (1924): Grenzen der Gemeinschaft. In ders.: Gesammelte Schriften V, hg. von Dux, G./Marquard, O./Ströcker, E. Frankfurt/M. 1980, 7-133.

Plessner, Helmuth (1928): Die Stufen des Organischen und der Mensch. In ders.: Gesammelte Schriften IV, hg. von Dux, G./Marquard, O./Ströcker, E. Frankfurt/M. 1980.

Plessner, Helmuth (1931): Macht und menschliche Natur. In ders.: Gesammelte Schriften V, hg. von Dux, G./Marquard, O./Ströcker, E. Frankfurt/M. 1980, 135-234.

Plessner, Helmuth (1948): Zur Anthropologie des Schauspielers. In ders.: Gesammelte Schriften VII, hg. von Dux, G./Marquard, O./Ströcker, E. Frankfurt/M. 1980, 399-418.

Plessner, Helmuth (1953): Deutsches Philosophieren in der Epoche der Weltkriege. In ders.: Gesammelte Schriften IX, hg. von Dux, G./Marquard, O./Ströcker, E. Frankfurt/M. 1980, 263-299.

Popper, Karl (1957): Die offene Gesellschaft und ihre Feinde. Bern u.a.

Putnam, Hilary (1981): Reason, Truth and History. Cambridge.

Rapp, Christoph (1995): Wieviel Anthropologie braucht – wieviel Anthropologie verträgt die politische Theorie? Eine Problemskizze. In: Allgemeine Zeitschrift für Philosophie 20, 233-243.

Rehberg, Karl-Siegbert (1990): Zurück zur Kultur? Arnold Gehlens anthropologische Grundlegung der Kulturwissenschaften. In Brackert, H./Werfelmeyer, F. (Hg.): Kulturreflexionen im 20. Jahrhundert. Frankfurt/M, 254-294.

Rehberg, Karl-Siegbert (1990a): Eine Grundlagentheorie der Institutionen: Arnold Gehlen. Mit systematischen Schlußfolgerungen für eine kritische Institutionentheorie. In Göhler, G./Lenk, K./Schmalz-Bruns, R. (Hg.): Die Rationalität politischer Institutionen. Baden-Baden, 115-144.

Rehberg, Karl-Siegbert (2000): Mängelwesen, Entlastung und Institutionen. Arnold Gehlen: Der Mensch (1940). In: W. Erhart/H. Jaumann (Hg.): Jahrhundertbücher. Große Theorien von Freud bis Luhmann. München.

Rehbock, Theda (1997): Warum und wozu Anthropologie in der Ethik? In: Wils (1997), 64-109.

Rentsch, Thomas (1999): Die Konstitution der Moralität. Transzendentale Anthropologie und praktische Philosophie. Frankfurt/M.

Rentsch, Thomas (2003): Die Macht der Negativität. Kritik und Rekonstruktion philosophischer Anthropologie im Blick auf Gehlen. In: Fischer/Joas (2003), 41-57.

Rorty, Richard (1988): Der Vorrang der Demokratie vor der Philosophie. In ders.: Solidarität oder Objektivität? Drei philosophische Essays. Stuttgart, 82-125.

Rorty, Richard (2000): Wahrheit und Fortschritt. Frankfurt/M.

Rorty, Richard (2000a): Menschenrechte, Rationalität und Empfindsamkeit. In: Rorty (2000): 241-268.

Rorty, Richard (2000b): Gerechtigkeit als erweiterte Solidarität. In ders.: Philosophie & die Zukunft. Essays. Frankfurt/M. 79-100.

Rosa, Hartmut (1998): Identität und kulturelle Praxis. Politische Philosophie nach Charles Taylor. Frankfurt/M.

Rosa, Hartmut (2001): Die politische Theorie des Kommunitarismus: Charles Taylor. In Brodocz, A./Schaal, G. S. (Hg.): Politische Theorien der Gegenwart. Opladen, 56-88.

Rothacker, Erich (1944): Mensch und Geschichte. Studien zur Anthropologie und Wissenschaftsgeschichte. Berlin.

Rothacker, Erich (1965): Mensch und Materie. Stuttgart.

Roughley, Neil (2000): Anthropologie und Moral: Philosophische Perspektiven. In Endreß, M./ders. (Hg.): Anthropologie und Moral. Philosophische und Soziologische Perspektiven. Würzburg, 13-51.

Roughley, Neil (Hg.) (2000): Being Humans. Anthropological Universality and Particularity in Transdisciplinary Perspectives. Berlin/New York.

Sandel, Michael J. (1982): Liberalism and the Limits of Justice. Cambridge.

Sandel, Michael J. (1984): The Procedural Republic and the Unencumbered Self. In: Political Theory 12, 18-35.

Sander, Angelika (2001): Max Scheler zur Einführung. Hamburg.

Sanders, Lynn M. (1997): Against Deliberation. In: Political Theory 25, 347-376.

Saretzki, Thomas (1990): Biopolitics – ein erklärungskräftiger Ansatz für die Theorie politischer Institutionen? In G. Göhler, K. Lenk u. R. Schmalz-Bruns (Hg.): Die Rationalität politischer Institutionen. Interdisziplinäre Perspektiven. Baden-Baden, 85-114.

Schacht, Richard (1990): Philosophical Anthropology: What, Why and How. In: Philosophy and Phenomenological Research 50, 155-176.

Scherer, Christiane 1993: Das menschliche und das gute menschliche Leben. Martha Nussbaum über Essentialismus und menschliche Fähigkeiten, in: Deutsche Zeitschrift für Philosophie 41, 905-920.

Schmidinger, Heinrich/Sedmak, Clemens (Hg.) (2005): Der Mensch – ein freies Wesen? Darmstadt.

Seiffert, Helmut (1991): Einführung in die Wissenschaftstheorie 2. Geisteswissenschaftliche Methoden. München.

Shalin, Dmitri N. (1992): Critical Theory and the Pragmatist Challenge. In: American Journal of Sociology 98, 237-279.

Siep, Ludwig (1996): Ethik und Anthropologie. In: Barkhaus et. al (1996), 274-298.

Siep, Ludwig (2002): Moral und Gattungsethik In: Deutsche Zeitschrift für Philosophie 50, 111-120.

Skinner, Quentin (1996): Moderne und Entzauberung: einige historische Reflexionen. In: Deutsche Zeitschrift für Philosophie 44, 609-616.

Sloterdijk, Peter (1999): Regeln für den Menschenpark. In Antwortschreiben zu Heideggers Brief über den Humanismus. Frankfurt/M.

Smith, Nicholas H. (2002): Charles Taylor – Meanings, Morals and Modernity. Oxford.

Somit, Albert/ Peterson, Steven A. (1997): Darwinism, Dominance, and Democracy. Westport.

Somit, Albert/ Peterson Steven A. (1998): Review Article: Biopolitics After Three Decades – A Balance Sheet. In: British Journal für Political Science 28, 559-571.

Sonnemann, Ulrich (1969): Negative Anthropologie. Vorstudien zur Sabotage des Schicksals. Frankfurt/M.

Streminger, Gerhard (1995): David Hume. Sein Leben und sein Werk. Paderborn.

Sturgeon, N. (2001): Moral Skepticism and Moral Naturalism in Hume's Treatise. In: Hume Studies 27, 3-84.

Sturma, Dieter (2000): Universalismus und Neoaristotelismus. Amartya Sen und Martha C. Nussbaum über Ethik und soziale Gerechtigkeit. In W. Kersting (Hg.): Politische Philosophie des Sozialstaates. Weilerwist, 257-292.

Taylor, Charles (1964): The Explanation of Behaviour. London.

Taylor, Charles (1985): Philosophical Papers (2 Bd.), Bd.1: Human Agency and Language, Bd. 2: Philosophy and the Human Sciences. Cambridge.

Taylor, Charles (1988): Negative Freiheit? Zur Kritik des neuzeitlichen Individualismus (Aufsatzsammlung, mit einem Nachwort von Axel Honneth). Frankfurt/M.

Taylor, Charles (1993): Multikulturalismus und die Politik der Anerkennung. Mit einem Essay von Jürgen Habermas. Frankfurt/M.

Taylor, Charles (1993a): Aneinander vorbei: Die Debatte zwischen Liberalismus und Kommunitarismus. In Honneth, A. (Hg.): Kommunitarismus. Eine Debatte über die moralischen Grundlagen moderner Gesellschaften. Frankfurt/M, 103-130.

Taylor, Charles (1994): Quellen des Selbst. Die Entstehung der neuzeitlichen Identität. Frankfurt/M.

Taylor, Charles (1995): Das Unbehagen an der Moderne, Frankfurt/M.

Taylor, Charles (2002): Wieviel Gemeinschaft braucht die Demokratie? Aufsätze zur politischen Philosophie. Frankfurt/M.

Thies, Christian (1997): Die Krise des Individuums. Zur Kritik der Moderne bei Adorno und Gehlen. Reinbek.

Thies, Christian (2000): Gehlen zur Einführung. Hamburg.

Thies, Christian (2004): Einführung in die philosophische Anthropologie. Darmstadt.

Trivers, Robert (1981): Sociobiology and Politics. In White, E. (Hg.): Sociobiology and Politics. Lexington/Toronto, 1-43.

Voland, Eckart (2000): Grundriss der Soziobiologie. Heidelberg/Berlin.

Wallach, John R. (1992): Contemporary Aristotelianism. In Political Theory 20, 613-641.

Walzer, Michael (1993): Kommentar. In: Taylor, C.: Multikulturalismus und die Politik der Anerkennung. Frankfurt/M. 109-115.

Walzer, Michael (1999): Vernunft, Politik, Leidenschaft. Defizite liberaler Theorie. Frankfurt/M.

Weiland, René (Hg.) (1995): Philosophische Anthropologie der Moderne. Weinheim.

Wellmer, Albrecht (1986): Ethik und Dialog. Elemente des moralischen Urteils bei Kant und in der Diskursethik. Frankfurt/M.

White, Stephen K. (1988): The Recent Work of Jürgen Habermas. Reason, Justice & Modernity. Cambridge.

White, Stephen K. (2000): Sustaining Affirmation. The Strengths of Weak Ontology in Political Theory. Princeton/Oxford.

Williams, Bernard (1985): Ethics and the Limits of Philosophy. Cambridge.

Wils, Jean-Pierre (Hg.) (1997): Anthropologie und Ethik. Biologische, sozialwissenschaftliche und philosophische Überlegungen. Tübingen/Basel.

Wilson, Edward, E. (1975): Sociobiolgy. The New Synthesis. Cambridge, Ma.

Wilson, James Q. (1991): On Character. Washington.

Wilson, James Q. (1993): The Moral Sense. New York.

Wimmer, Reiner (1995): Anthropologie und Ethik. Erkundungen in unübersichtlichem Gelände. In Demmerling/Gabriel/Rentsch (Hg.): Vernunft und Lebenspraxis. Frankfurt/M, 215-245.

Wuketits, Franz M. (2000) Evolution. Die Entwicklung des Lebens. München.

Wuketits, Franz M. (2002) Was ist Soziobiologie? München.

Wulf, Christoph (2004): Anthropologie. Reinbek.

Neu im Programm Politikwissenschaft

Jürgen Dittberner

Die FDP
Geschichte, Personen, Organisation, Perspektiven. Eine Einführung
2005. 411 S. Br. EUR 24,90
ISBN 3-531-14050-7

Die FDP hat sich als einzige der kleinen Parteien seit 1949 gehalten. In dieser Einführung wird eine umfassende Darstellung geboten zu Geschichte, Organisation, Personal, Programm und Wählerbasis der FDP.

Jan Fuhse

Theorien des politischen Systems
David Easton und Niklas Luhmann. Eine Einführung
2005. 125 S. Studienbücher Politische Theorie und Ideengeschichte.
Br. EUR 12,90
ISBN 3-531-14674-2

Diese Einführung stellt zwei Theorien des politischen Systems exemplarisch und systematisch vor: einmal das Werk David Eastons, das in der Politikwissenschaft grundlegend geworden ist, zum anderen die politische Theorie Niklas Luhmanns, die eine radikal neue Fassung einer Theorie des politischen Systems darstellt. Das Werk beider Denker wird jeweils in den biographischen, werkgeschichtlichen und den wissen-

schaftlichen Kontext eingeordnet. Das Buch enthält praktische Hinweise zur Weiterarbeit und ist somit gut als Arbeits- und Seminargrundlage geeignet.

Thomas Jäger / Alexander Höse / Kai Oppermann (Hrsg.)

Transatlantische Beziehungen
Sicherheit – Wirtschaft – Öffentlichkeit
2005. 520 S. Br. EUR 39,90
ISBN 3-531-14579-7

Nach dem Ende der Ost-West-Konfrontation und dem Wegfall der gemeinsamen Bedrohung durch die Sowjetunion hat sich das Konfliktpotential zwischen Europa und den USA deutlich erhöht. Auf die breite Welle der Solidarisierung mit den Vereinigten Staaten in Europa nach dem 11. September 2001 folgten mit den Auseinandersetzungen über den Irakkrieg schon bald die heftigsten Erschütterungen seit mehr als fünf Jahrzehnten.

Dennoch bilden die transatlantischen Beziehungen unverändert den Kern der internationalen Ordnung. In allen Sachbereichen der Politik: Sicherheit, Wohlfahrt und Herrschaft ist das transatlantische Verhältnis zugleich von Kooperation und Konflikt geprägt. Dieser Band analysiert das komplexe Beziehungsgeflecht auf den Feldern der äußeren und inneren Sicherheit, der Wirtschaft und der Öffentlichkeit. Er bietet eine umfassende und aktuelle Darstellung der transatlantischen Beziehungen der Gegenwart.

www.vs-verlag.de

Erhältlich im Buchhandel oder beim Verlag.
Änderungen vorbehalten. Stand: Juli 2005.

VS VERLAG FÜR SOZIALWISSENSCHAFTEN

Abraham-Lincoln-Straße 46
65189 Wiesbaden
Tel. 0611.7878-722
Fax 0611.7878-400

Neu im Programm
Politikwissenschaft

Alexander Bogner /
Helge Torgersen (Hrsg.)

Wozu Experten?
Ambivalenzen der Beziehung
von Wissenschaft und Politik
2005. 395 S. Br. EUR 36,90
ISBN 3-531-14515-0

Jan W. van Deth (Hrsg.)

Deutschland in Europa
Ergebnisse des European Social Survey
2002-2003
2005. 385 S. Br. EUR 34,90
ISBN 3-531-14345-X

Daniel Dettling (Hrsg.)

**Parteien in der
Bürgergesellschaft**
Zum Verhältnis von Macht
und Beteiligung
2005. 158 S. Br. EUR 21,90
ISBN 3-531-14543-6

Nico Fickinger

Der verschenkte Konsens
Das Bündnis für Arbeit, Ausbildung und
Wettbewerbsfähigkeit 1998 - 2002: Moti-
vation, Rahmenbedingungen und Erfolge
2005. 352 S. mit 38 Abb. und 61 Tab.
Br. EUR 34,90
ISBN 3-531-14517-7

Wolfgang Strengmann-Kuhn (Hrsg.)

Das Prinzip Bürgerversicherung
Die Zukunft im Sozialstaat
2005. 220 S. Perspektiven der Sozial-
politik. Br. EUR 24,90
ISBN 3-531-14509-6

Ralf Tils

Politische Strategieanalyse
Konzeptionelle Grundlagen und
Anwendung in der Umwelt- und
Nachhaltigkeitspolitik
2005. 328 S. mit 5 Abb. Br. EUR 32,90
ISBN 3-531-14461-8

Franz Walter

Abschied von der Toskana
Die SPD in der Ära Schröder
2., erw. Aufl. 2005. 206 S. Br. EUR 21,90
ISBN 3-531-34268-1

Hans Zehetmair (Hrsg.)

Das deutsche Parteiensystem
Perspektiven für das 21. Jahrhundert
2005. 232 S. Br. EUR 21,90
ISBN 3-531-14477-4

Erhältlich im Buchhandel oder beim Verlag.
Änderungen vorbehalten. Stand: Juli 2005.

www.vs-verlag.de

VS VERLAG FÜR SOZIALWISSENSCHAFTEN

Abraham-Lincoln-Straße 46
65189 Wiesbaden
Tel. 0611.7878-722
Fax 0611.7878-400

If you have any concerns about our products,
you can contact us on
ProductSafety@springernature.com

In case Publisher is established outside the EU,
the EU authorized representative is:
**Springer Nature Customer Service Center GmbH
Europaplatz 3, 69115 Heidelberg, Germany**

Printed by Libri Plureos GmbH
in Hamburg, Germany